Friedensreich Hundertwasser

Ein Sonntagsarchitekt

Gebaute Träume und Sehnsüchte

Ausstellung im

Deutschen Architektur Museum DAM,
Frankfurt am Main
19. November 2005 – 5. Februar 2006

Stiftung Schleswig Holsteinische Landesmuseen
Schloß Gottorf
5. März 2006 – 23. April 2006

Bausparkasse Schwäbisch Hall AG,
Hauptverwaltung, Schwäbisch Hall
Mai – September 2006

Städtische Museen Zwickau, Kunstsammlungen
10. September – 5. November 2006

Friedensreich Hundertwasser

Ein Sonntagsarchitekt

Gebaute Träume und Sehnsüchte

Herausgegeben von / Edited by

Ingeborg Flagge

DIE GALERIE

DAM DEUTSCHES ARCHITEKTUR MUSEUM

Inhalt
Table of Contents

Hundertwasser

Rotgrüne Fahrt durch
Lichttunnel saust die
Immaterielle Zeit

Räder Fische Übergangslinien
Mit Röntgenaugen
nimm deine Welt
wahr

Spiralen im Kreislauf
verschiebbarer Schienen
Was dreht sich um
alles
in allem ein
zäher gezähmter Fluss

Ins Haus führt ein Weg
in die rätselhaft
dingfeste Ordnung

Rose Ausländer

Tafel/Plate 1: 100 Vorstadt/The outskirts of town, 1950

Aquarell, 49 x 39 cm. KunstHausWien

Ingeborg Flagge

Vorwort

Wieland Schmied, der ehemalige Direktor der Kestner Gesellschaft Hannover und profunde Hundertwasser-Kenner, gab der Ausstellung des DAM über Friedensreich Hundertwasser den Titel. Er nennt ihn in seinem Beitrag zu diesem Buch einen »Sonntagsarchitekten«. Er meint diese Bezeichnung keineswegs abschätzig, sondern definiert sie vielmehr so: »Hier ist ein Mensch, der sich seine kindliche Naivität bewahrt hat und dem es gelungen ist, sie für seine Aufgaben fruchtbar zu machen, die sich in unserer nüchternen Welt stellen«. Ungefähr dasselbe meint wohl Gustav Peichl, wenn er Hundertwasser wie folgt charakterisiert: »Als Architekt muss ich Ihnen sagen, dass Hundertwasser eigenständige, eigenwillige Werke vollbringt, er ist für mich kein Architekt, er ist für mich ein Künstler, der die Grenzen überschreitet, eine interessante Persönlichkeit, ein Muntermacher ... «.[1]

So viele positive Beschreibungen, so viele hasserfüllte Beschimpfungen Hundertwassers vor allem aus der Architekturszene. Rob Kriers Kritik an ihm, die hier stellvertretend für andere zitiert wird, gehört dabei noch zu den gemäßigten. »Das Bauen ist nicht Hundertwassers Gewerbe ... Es ist Dilettantismus von vorne bis hinten, da ist liebliche Intention, aber es ist absolut unprofessionell umgesetzt. Die Details passen nicht, vom Fenster über die Geländer bis hin zum Fußboden. Es ist Wald- und Wiesen – wenn nicht Schrebergartenqualität, auch wenn sie noch so populistisch sein mag, noch so nett und so heimelig«.[2]

Es ist diese Dialektik einer breiten Massenzustimmung zu Hundertwasser und seiner internationalen Popularität einerseits und der Ablehnung bis hin zur totalen Feindschaft andererseits, die ihm von Seiten der etablierten Architektenschaft entgegenschlägt, die das DAM zu einer Ausstellung

1 Robert Schediwy, Hundertwassers Häuser, Dokumente einer Kontroverse über zeitgemäße Architektur, Wien 1999, S. 141
2 Robert Schediwy, a. a. O., S. 125

Preface

Wieland Schmied, former Director of the Kestner Gesellschaft Hanover and a profound expert on Hundertwasser, came up with title for the Friedensreich Hundertwasser exhibition at DAM. In his essay in this volume he calls it "Sunday architecture" meaning amateur architecture, and he does not intend the term derogatively. Instead, he defines it as follows: "Here is a person who has preserved his child-like naivety and who has succeeded in bringing it to bear for his works, which he places in our sober world." Gustav Peichl probably means something similar when he writes of Hundertwasser: "As an architect I must tell you that Hundertwasser creates idiosyncratic and strange works; for me, he is not an architect, but an artist who transgresses the boundary lines, an interesting personality, someone who brings joy to our hearts ..."[1]

First and foremost, it is in the architectural world that Hundertwasser has been the subject of so many favorable descriptions and so many hate-filled insults. The criticism Rob Krier leveled at him, and I cite this as representative of many, is among the more moderate. "Building is not Hundertwasser's trade ... This is dilettantish from start to finish, pretty intention, and executed quite unprofessionally. The details do not fit, from the window via the railing to the floor. This is backwoods stuff, not allotment garden quality, however much it wishes to be populist, to be nice and homely."[2]

It is this dialectic between broad mass approval for Hundertwasser and his international popularity on the one hand, and rejection of his œuvre or downright animosity toward him, on the other, on the part of the established architectural community that prompted DAM to assemble an exhibition on 13 of his buildings and his building-related artworks. The express aim

von dreizehn seiner Bauten und baubezogener Kunstwerke veranlasst hat. Dabei war das erklärte Ziel, das Vorurteil gegenüber Hundertwasser nachzufragen, und zwar durch ein breitgefächertes Autorenteam, zu dem der Architekt Arno Lederer gehört, der Architekturkritiker Gert Kähler, der Biologe und Verhaltensforscher Bernd Lötsch, der Kunsthistoriker Wieland Schmied, der Kunsthistoriker und Philosoph Robert Fleck, der Soziologe Bernhard Schäfers, der Psychologe Micha Hilgers, der Architekt und Kritiker Patrick Zöller. Sie alle bemühen sich um Argumente pro und contra die Bauten Hundertwassers und um begründete Ansätze von deren sachlicher Diskussion.

Ich glaube, dass die Lektüre dieser Beiträge geeignet ist, Hundertwasser ein wenig anders sehen zu lernen, als es die populistischen Spiralen- und Zwiebelturmausstellungen einerseits oder die wortgewaltigen Vorurteile andererseits ihm gegenüber deutlich machen.

Um diese Art der Aufklärung geht es dem DAM in diesem Buch ›Friedensreich Hundertwasser. Ein Sonntagsarchitekt‹. Aufklärung ist allerdings nur dort möglich, wo es eine gewisse Bereitschaft zu Offenheit und Lernen gibt, mindestens aber Neugierde. Die Ausstellung selbst lebt von der Konfrontation der großen bunten Fotos der Bauten und Modelle Hundertwassers, dem Versuch einer psychologischen Deutung seiner Bauten und einem Video auf mehreren Monitoren, das die Filmer und Designer Simone Wendel und Mario A. Conte erstellt haben. Sie befragten über zehn bekannte deutsche Architekten nach ihrer Meinung über Hundertwasser und filmten die Architekten dabei. Ein eindrucksvolles Dokument, entlarvend.

Robert Fleck, der Direktor der Deichtorhallen in Hamburg, analysiert in einem hochinteressanten Katalogbeitrag die Rolle Hundertwassers als Maler. Er kommt wie auch Wieland Schmied zu der Charakteristik eines ungemein begabten Querdenkers,

was to investigate the prejudice toward Hundertwasser, by bringing together a team of authors who include architect Arno Lederer, architectural critic Gert Kähler, biologist and behavioral researcher Bernd Lötsch, art historian Wieland Schmied, art historian and philosopher Robert Fleck, sociologist Bernhard Schäfers, psychologist Micha Hilgers, as well as architect and critic Patrick Zöller. They all endeavor to provide arguments for and against Hundertwasser's buildings and to offer an objective basis for an informed discussion.

I believe that reading these essays is a good way to learn to see Hundertwasser a little differently than do the populist spirals and onion-tower exhibitions on the one hand and the massive prejudices expressed in fierce writing, on the other.

This is the kind of enlightenment that the DAM attempts to offer in his book ›Friedensreich Hundertwasser. A Sunday Architect‹. However, enlightenment can only be provided where visitors are willing to be open-minded and learn, or at least are filled with curiosity. The exhibition itself thrives on the confrontation of the large colorful photos of Hundertwasser's buildings and models, the attempt to psychologically interpret the buildings and a video screened on several monitors, created by filmmakers and designers Simone Wendel and Mario A. Conte. The duo asked ten well-known German architects what they thought of Hundertwasser and filmed the architects during the conversation. An impressive and revealing document.

Robert Fleck, Director of the Deichtorhallen in Hamburg, has written a very interesting essay analyzing Hundertwasser's role as a painter. Like Wieland Schmied, he suggests Hundertwasser was a highly gifted eccentric thinker who was anything but the 'creator of harmlessness' so many architects consider him to be. "He was one of the most dynamic communicators in the art world, an ingenious routine player, who knew all the tricks, a 'beautifier' and

Abb. 1:
»Gruß aus Wien«
Karikatur Hundertwasser
1985 von Ironimus

Fig. 1:
"Greetings from Vienna"
Caricature of Hundertwasser, 1985, by Ironimus

der alles andere war als ein ›Verharmloser‹, wie gerade Architekten ihn beschreiben. »Er galt als einer der umtriebigsten Kommunikatoren der Kunstszene, als raffinierter Routinier, als mit ›hundert Wassern‹ gewaschen, als ›Behübscher‹ und als gewiefter marktkundiger ›Tausendsassa‹. In einer lustigen Karikatur hat ihn der Wiener Standard einmal als einen auf allen Hochzeiten tanzenden Derwisch dargestellt, der durch unzählige Aktivitäten die verschiedensten Wünsche gleichzeitig bedient«.[3]

Dem Erbauer von biomorphen Häusern, von ornamentalen Fassaden, von bunten Märchenschlössern sprechen die Autoren dieses Kataloges die guten Absichten einer sinnlichen Architektur nicht ab. Einig allerdings sind sich alle, dass Hundertwassers Bauten nicht mit den sanften Kurven der Architektur eines Oscar Niemeyers zu vergleichen sind oder den reich dekorierten gebauten Sinfonien eines Antoni Gaudi. Niemeyers Architektur ist innen wie außen aus einem Guss; Antoni Gaudi war ein großartiger Ingenieur und die meisten seiner Bauten ebenso handwerklich bestechend wie statisch innovativ.

a clever 'all-rounder' who knew how to play the market. In an amusing caricature, the Vienna Standard once portrayed him as a dervish dancing for all occasions, unleashing countless activities to fulfill any number of wishes simultaneously."[3]

The authors in this catalog do not deny the good intentions behind the sensuous architecture devised by the builder of biomorphic houses, of ornamental façades, of colorful fairytale castles. However they are in agreement that Hundertwasser's buildings cannot be compared with the soft curves of the architecture of an Oscar Niemeyer or the richly decorated built symphonies of an Antoni Gaudi. Niemeyer's architecture is made from a single source, on both the inside and the outside; Antoni Gaudi was a brilliant engineer and most of his buildings were as perfectly crafted as they were innovative in their load-bearing achievements.

Hundertwasser is not unique in rejecting right angles and finding straight lines criminal. Japanese Metabolism resisted any uniformity and strict order, and sought instead to archive the symbiosis of nature

3 Wieland Schmied, Hundertwassers Paradiese. Das verborgene Leben des Friedrich Stowasser, München 2003

Dass Hundertwasser den rechten Winkel ablehnte und die gerade Linie verbrecherisch fand, macht ihn noch nicht einzigartig. Auch der japanische Metabolismus war jeder Einheitlichkeit und starren Ordnung abhold und suchte die Symbiose von Natur und Technik, von Ordnung und Chaos; für die immer weiter um sich greifende Blobarchitektur gilt als Prinzip der emotionale Schwung gegen die rationale Struktur der Box. »Würfel sind nicht das Maß aller Dinge«, kommentiert Greg Lynn diese Entwicklung.[4] Seit eine hoch entwickelte Software schwingende, fließende Architekturen jeder Form möglich macht, sind ohnehin alle bisher gewohnten geometrischen und perspektivischen Proportionen abhanden gekommen.

Um solche Architektur geht es Hundertwasser wohl auch nicht. Das Kriterium des Neuen und Originalität waren nie seine Ziele, vielmehr der Wunsch, eine sicher zu Recht als trist und einheitlich empfundene Umwelt zu verändern. »Mit seinen Architekturprojekten, den baumbewachsenen Häusern, den begrünten Dächern und bemalten Fenstern hat Hundertwasser seiner Sehnsucht nach einem irdischen Paradies eine Wendung ins Praktische gegeben und so noch einmal deutlich gemacht, wie bei ihm von jeher der kleinste Entwurf in nuce ein Bild der ganzen Welt enthält«.[5]

Sehnsucht nach einer anderen Architekturwelt dürfte das stärkste Motiv für Hundertwassers bunte Traumschlösser und seine märchenhaften Verschönerungen sein. Dabei weiß er sich im Einklang mit der überwältigenden Mehrheit der Menschen, vor allem der Kinder. »Hundertwasser vertraut der Fähigkeit des Einzelnen, er setzt seine Hoffnungen in sie. Zwar weiß er um die vielen Unzulänglichkeiten, aber das hält ihn nicht zurück. Zu Hilfe kommt ihm dabei ein anderer Außenseiter der heutigen Gesellschaft: das Kind. Es ist, wie der Einzelne und der Künstler, von fast allen guten Geistern verlassen worden. Kinder stören in ihrer unfestgelegten,

and technology, of order and chaos; Blob architecture, which is becoming ever more widespread, champions the principle of emotional verve as opposed to the rational structure of the box. "Cubes are not the measure of all things," comments Greg Lynn in this regard.[4] Ever since highly developed software has made curving and flowing architectures in any shape possible, all the previously customary geometric and perspectival proportions have been swiftly jettisoned.

Hundertwasser was likewise not interested in such architecture. His goals were never criteria such as new and original; instead it was his wish to change surroundings he rightfully felt were barren and overly uniform. "With his architecture projects, his tree-covered houses, his flat roofs with their greenery, and his painted windows, Hundertwasser gave his yearning for Paradise on earth a practical twist and yet clearly showed how for him always even the smallest idea had to contain in nuce the image of the whole world."[5]

Yearning for a different architectural world was probably the strongest motivation behind Hundertwasser's colorful dream castles and his fairytale-like beautifications. And here he knew he was in harmony with the overwhelming majority of people, above all children. "Hundertwasser trusts the individual's abilities and places his hope in them. Although he is aware of the inadequacies, this does not stop him. He is helped here by another outsider in society today: the child. Like the solitary person or the artist, most children have been abandoned by the good fairies. Because they act and behave not in line with a preset pattern, but spontaneously and often in a strangely awkward and long-winded way, children upset the impression of today's streamlined, conformist and rapid speed of progress. Hundertwasser recognizes this in them and discerns their curious abilities. Children are creative by their nature; they are affirmative in this sense."[6]

Anyone reading the euphoric reports on the conversion of a former prefabricated

4 in mobil 3/2005, S. 64
5 Wieland Schmied, Hundertwassers Bilder sind Häuser für die Seele, in: Hundertwasser, Verlag Galerie Welz, Salzburg 1974
6 Walter Schurian, Hundertwasser – Schöne Wege, Gedanken über Kunst und Leben – Schriften 1943–1999, München 2004
7 Joachim Göres, Platte mit Perspektive, Frankfurter Rundschau, 16. 11. 2004, S. 24
8 Manuskript von Peter Kraftl, Constructing and Unsettling Utopia: The Hundertwasser-Haus, Vienna and Nant-y-Curm Steiner School, Pembrokeshire, Dissertation zum Doktor der Philosophie, University of Wales Swansea, 2004
9 a. a. O.

Abb. 2:
Ein Dorf mit spitzen Türmen an der Ausfahrt 66 zwischen Würzburg und Frankfurt
KMD Architekten, San Francisco

Fig. 2:
A village with pointed towers at Exit 66 between Würzburg and Frankfurt
KMD Architekten, San Francisco

spontanen, umständlich absonderlichen Art und Weise zu handeln und sich zu verhalten, den Eindruck des gegenwärtig stromlinienförmig angepassten rasanten Tempos des Fortschritts. Hundertwasser erkennt ihre Art, und er erkennt ihre eigentümlichen Fähigkeiten. Das Kind ist noch schöpferisch von Natur aus, es ist der ›Ja-Sager‹.[6]

Wer die euphorischen Berichte über die Umgestaltung eines ehemaligen Plattenbaus zur Hundertwasserschule in Wittenberg liest, der muss konzidieren, dass nicht jeder der 740 Schüler und Pädagogen naiv sein kann und dem Enthusiasmus Hundertwassers auf den Leim gegangen ist. »Es gibt bei uns nicht weniger Probleme als an anderen Schulen. Aber die Identifikation durch die gemeinsame Gestaltung ist groß, wir haben keinen Vandalismus. Und wir sind eine fröhliche Schule«.[7]

Eine kürzlich in England erstellte Dissertation[8] berichtet ausführlich über Gespräche mit den Bewohnern des Wiener Hundertwasser Hauses und deren Motivation, dort zu wohnen. Zwar ärgern sich fast alle langjährigen Bewohner – es gibt kaum Fluktuation – über die ständigen Busladungen immer neuer Touristen, die das Haus nur noch von außen anschauen dürfen – gleichzeitig fühlen sich einige durch die permanente Beobachtung wie in ständigem Urlaub (›constant holiday‹)[9]. Sie fühlen sich in ihrem Haus als touristische Attraktionen und genießen dies.

building into the Hundertwasser High School in Wittenberg will be forced to concede that not all the 740 pupils and teachers can be naïve and have been tricked by Hundertwasser's enthusiasm. "There are no fewer problems at our school than at others. But the identification given by the shared design is great; there are no instances of vandalism. And we are a happy school."[7]

A doctoral dissertation recently written in England[8] reports extensively on conversations with inhabitants of the Vienna Hundertwasser House and their reasons for living there. Although almost all the long-standing inhabitants (there is hardly any fluctuation) tend to be irritated by the bus loads of tourists that constantly arrive to gawp at the building from the outside (they are not allowed inside), some of them also feel that this constant observation means they are on 'constant holiday'[9]. They enjoy being at home and feeling as though they were a tourist attraction.

"Does Hundertwasser belong to the future," asked Wolfgang Jean Stock in an article in which he covered Christoph Braendle's criticism of Hundertwasser's spa hotel Bluman.[10] Braendle considered it a 'superficial spectacle': "Round the pool, façades rise up as if they wished to simulate some traditional old town center, and they seem all the more absurd as there is nothing urban to be seen for miles around."

Hundertwasser perhaps does not belong to the future, although two posthumous

»Gehört Hundertwasser die Zukunft«, fragte Wolfgang Jean Stock in einem Artikel, worin er über Christoph Braendles Kritik an Hundertwassers Badehotel Bluman berichtet.[10] Braendle schildert es als ›Vordergründiges Spektakel‹: »Rund ums Badebecken erhoben sich die Fassaden, als wollten sie gewachsene Altstadt simulieren, was umso absurder wirkte, als es weit und breit nichts Urbanes gab«.

Hundertwasser gehört die Zukunft vielleicht nicht, obwohl zwei Projekte erst Jahre nach seinem Tod im Sommer und Herbst 2005 fertig wurden: das bisher unpublizierte Haus für Verwandte kranker Kinder in Essen und die Zitadelle Magdeburg.

Aber eine Architektur, die sich an gemütvollen historischen Vorbildern und an naiven formreichen und bunten Gegenwelten orientiert, ist auf dem Vormarsch – weltweit. Die Beispiele reichen von ›Tropical Islands‹ des Freizeitparks in der ehemaligen Luftschiffwerfthalle in Brand[11] bis zu den künstlichen Inseln mit ihren Märchenvillen in Dubai, von den neuen Städten à la Germany oder good old England in China über Disneyland bis hin zu dem Outlet Shopping auf dem Almosenberg an der A3 in Franken, das es mit seinen spitzen Türmchen, Säulen-bekränzten Fassaden und Prairie Stil Applikationen mit jeder ältlichen postmodernen Gestaltung aufnehmen kann.[12] Das Emirates Palace Hotel in Abu Duabi stellt nicht nur durch seine schiere Größe (Länge: 1km) und durch die Tatsache, dass alles Gold ist, was hier glänzt, alles in den Schatten, was man kennt; das sandfarbene Märchenschloss ist auch in Sachen Architektur eine verwegene Mischung aus indischer Mogularchitektur und neogotisch-arabischer Renaissancebauten à la Canale Grande in Venedig. [13]

Gegenüber solchen Bauten, die viele Architekten zwar nicht schön finden, sondern belächeln, die sie aber nicht zu geharnischten Verbalattacken bewegen, wirken Hundertwassers Bauten kindlich,

projects were first completed in summer and fall, 2005: the hitherto unpublished house for the relatives of sick children in Essen and the Magdeburg Citadel.

That said, an architecture that takes its cue from comfortable historical predecessors and the naïve but varied shapes and colors of counter-worlds is on the advance, worldwide. Examples range from the 'Tropical Islands' theme park in the former airship assembly hall in Brand[11] to the artificial islands with their fairytale villas in Dubai, from the new cities à la Germany or good old England in China via Disneyland through to outlet shopping on the Almosenberg adjacent to the A3 interstate in Franconia, which with its pointed turrets, façades topped with pillars, and prairie-style applications can hold its own against any oldworldly postmodern designs.[12] The Emirates Palace Hotel in Abu Dhabi outclasses everything not only by its sheer size (it is 1km long) and the fact that everything that glitters here is gold, but the sand-colored fairytale castle is also an audacious mixture of Indian Mogul archi-

Abb. 3:
Der Schein trügt: die Fassaden sind reine Dekoration, im Dachgeschoss gibt es keine Wohnungen

Fig. 3:
Appearances deceive: the facades are pure decoration, there are no apartments on the top floor

Photo: Robert Winterhager

Abb. 4:
Emirates Palast
in Abu Dhabi

Fig. 4:
Emirates Palace
in Abu Dhabi

10 Der Architekt 4/1999, S. 3
11 Friederike Meyer, Tropical Islands in Brand, in Bauwelt 5/2005, S. 26
12 Robert Winterhager in: Bauwelt 16–17/2005, S. 20ff
13 Thomas Niederberghaus in: Die Zeit, 7. v. 10. 02. 2005, S. 65–66
14 Wieland Schmied, Hundertwassers Paradiese. Das verborgene Leben des Friedrich Stowasser, München 2003

naiv und regelrecht harmlos, eben Sonntagsarchitektur. »Vieles an seinen Unternehmungen wirkte bis zuletzt kindlich und besaß naiven Charme. Doch konnte er zuweilen im Beharren auf bestimmten Ideen geradezu kindisch sein. Unbeirrbare Konsequenz und unbelehrbarer Starrsinn wohnen nahe beieinander, und oft sind sie kaum zu unterscheiden. Hinter einer solchen Haltung war aber die Lebenserfahrung zu erkennen, dass unbeugsame Sturheit ihn oft weiter gebracht hatte als bereitwillige Anpassung. Vielleicht hat er deshalb das Mittel der Übertreibung bewusst eingesetzt, weil er ahnte, dass seine Botschaft sonst keine Chance hatte, gehört zu werden«.[14]

Es wäre schön, wenn Ausstellung und Katalog helfen würden, einige Vorurteile gegenüber Friedensreich Hundertwasser zu hinterfragen und den Respekt vor seiner Lebensleistung zu fördern. Dank für die Unterstützung durch Joram Harel, Hundertwasser Archiv Wien und durch den Galeristen Peter Femfert, Frankfurt, der dieses Buch verlegt.

tecture and Neo-Gothic/Arabic Renaissance buildings à la Canale Grande in Venice.[13]

Compared with such buildings, and many architects do not find them beautiful, and perhaps smile at them in superiority rather than attacking them verbally, Hundertwasser's edifices seem child-like, naïve, and decidedly harmless – amateur architecture, as it were. "Many of his enterprises have always seemed child-like and possess a naïve charm. Indeed, on occasion he could be decidedly child-like in his insistence on specific ideas. Unerring consistency and headstrong obduracy are closely allied and often it is hard to distinguish between them. Behind such a stance we can discern the experiences he made in life, that unremitting stubbornness often got him further than willing conformity. Perhaps that is why he so deliberately used the tool of exaggeration as he sensed that his message would otherwise have little chance of being heard."[14]

It would be marvelous should the exhibition and the catalog help to undermine some of the prejudices shown toward Friedensreich Hundertwasser and to foster respect for his œuvre. For the support we received my thanks go to Joram Harel of the Hundertwasser Archive Vienna and to gallery-owner Peter Femfert, Frankfurt, who has published this book.

Tafel/Plate 2: 102 Häuser mit grünen Dächern und Gärten / Houses with green roofs and gardens, 1951
Aquarell, 36 x 29 cm. KunstHausWien

Wieland Schmied

Hundertwasser und seine Konzeption von Architektur

Hundertwasser and his idea of architecture

Zu Anfang dieses Jahres erschien in einer großen deutschen Tageszeitung eine Beilage zum Thema ›Wellness‹. Als Aufmacher diente dabei ein Artikel mit dem Titel ›Thermenwelt und Alpenland‹. Diesem vorangestellt war ein dreispaltiges, in Farbe gedrucktes Foto mit einer Ansicht der ›Hundertwassertherme in Bad Blumau‹, obwohl im ganzen Aufsatz von dieser speziell gar nicht die Rede war. Der verantwortliche Redakteur, der diese Beilage gestaltete, muss die Aufnahme aus einem Stapel möglicher Illustrationen als die attraktivste herausgefischt haben, am besten geeignet, als Blickfang zu dienen und Interesse zu wecken.

Eine solche mehr oder weniger dem Zufall geschuldete Bildwahl verdeutlicht in vielfacher Hinsicht die Problematik, die mit den architektonischen Unternehmungen Hundertwassers und ihrer Resonanz in der

At the beginning of this year, a major German daily newspaper ran a supplement on the subject of 'Wellness'. The keynote article was entitled 'Theme World and Alpine Countryside'. It was introduced by a three-column, color photograph with a view of the 'Hundertwasser Thermal Baths in Bad Blumau', although in the bodycopy there was no specific mention of it. The editor who designed the supplement must have simply fished the shot out from a stack of possible stock images, decided it was the most appealing, and most suitable as an eye-catcher that would kindle the reader's interest.

A choice of image more or less indebted to chance highlights in many ways the difficulties that are apparently inevitably involved when it comes to Hundertwasser's architectural projects and the public response to them today,

Abb. 1:
Hundertwasser zeigt eine moderne Adaption der chinesischen Erdhäuser in der Provinz von Henan, Wien, 1974

Fig. 1:
Hundertwasser presenting a modern adaptation of the Chinese subterranean houses in Henan Province, Vienna, 1974

Photo: Bernd Lötsch

Öffentlichkeit heute zwangsläufig verbunden scheint, auch wenn sie im konkreten Fall nicht reflektiert wurde.

Einmal erschien es selbstverständlich, dass Hundertwassers visuelle Ideen – soweit sie das Bauen betrafen – geeignet sind, nach wie vor Aufmerksamkeit zu erregen, zum anderen wurden sie ganz selbstverständlich auch hier einer ernsthaften Auseinandersetzung nicht für würdig befunden. Dann wurde aus dieser Publikation deutlich, dass als korrekter Kontext ihrer Wahrnehmung die Ferien-, Freizeit- und Fitness-Architektur vorausgesetzt wird, womit schließlich zugleich mit dem unbestrittenen ›Unterhaltungswert‹ der architektonischen Entwürfe Hundertwassers eine höherrangige Einschätzung gar nicht zur Diskussion stand.

Ähnlich ließ sich die Veröffentlichung in einer anderen großen Tageszeitung interpretieren, die freilich schon einige Jahre zurückliegt. Da hatte die wöchentlich erscheinende Sonderseite ›Jugend und Umwelt‹ ihre Spalten der vielstimmig intonierten, aber einhelligen Begeisterung junger Menschen geöffnet, die sich über die bunte Fassadengestaltung des Martin-Luther-Gymnasiums in Wittenberg freuten. Aus der Öde eines ehemaligen DDR-Plattenbaus war eine anheimelnde Schule geworden, der man sich gerne zugehörig fühlte. Aber, so mochten Kritiker einwenden, es waren ja ›nur‹ Jugendliche, die da zu Wort kamen, unerfahrene Menschen, die nichts von moderner Architektur wussten, die sich nicht von Fachleuten hatten ›aufklären‹ lassen.

Hundertwasser – eine Sache für Jugendliche also, über die man als Erwachsener hinausgewachsen ist wie über die Lektüre von Karl May und ›Lederstrumpf‹? Nur eine Angelegenheit für wenig bedarfte Mitmenschen, die sich unreflektiert ihrem Empfinden hingeben? Es fällt jedenfalls auf, dass die meist rückhaltlose Zustimmung, die Hundertwassers Architektur bei ihren Benutzern erfährt, oft als naiv in Frage gestellt wird. Die Bewohner des Hundertwasser-Hauses in Wien beschweren sich

Abb. 2:
Hundertwasser
auf einer Terrasse des
Hundertwasser-Hauses,
Wien, 1989

Fig. 2:
Hundertwasser
on a patio in the
Hundertwasser House,
Vienna, 1989

Photo: Alfred Schmid

even if in the above case there was no reflection on them.

On the one hand, it seemed self-evident that Hundertwasser's visual ideas – inasmuch as they related to building – are ideal as attention-grabbers. On the other, they were of course not considered worthy of a serious discussion here, either. Moreover, the above publication made it clear that the correct context in which to view them was that of holiday/leisure-time/fitness architecture, meaning that no cause was seen for an appreciation of Hundertwasser's architectural projects over and above their undisputed 'entertainment value'.

A publication in another major daily a few years ago can be interpreted in a similar vein. There, the weekly special section on 'Youth and Environment' gave its columns over to the polyphonic but unanimous enthusiasm of young people who were delighted by the colorful façade designed for the Martin Luther High School in Wittenberg. The drabness of the former East German prefabricated building had been transformed into a cozy school which

Abb. 3:
Architekturmodell,
Martin-Luther-Gymnasium,
Wittenberg, 1997
Modellbau: Alfred Schmid

Fig. 3:
Architectural model for
the Martin Luther High
School, Wittenberg, 1997
Model: Alfred Schmid

zwar regelmäßig über die Busse voller angekarrter Besucher, deren zudringlicher Neugierde sie ausgesetzt sind, sonst aber kennen sie nur Lob für diesen Bau.

Alle Einwände, die gegen Hundertwasser und seine Konzeption von Architektur erhoben werden, sind nicht völlig unbegründet. Er selbst hatte die fatale Neigung, sie zu nähren, indem er sie aufgriff, die

pupils were happy to be members of. Yet, or so the critics objected, it was after all 'only' young people who stated their opinions, in other words inexperienced individuals who knew nothing of modern architecture and had not be 'enlightened' by the experts.

Hundertwasser – something for young people, something you grow out of the way

Abb. 4:
Hundertwasser stellt
sein Konzept mit einem
Zündholzschachtel-
modell dar, 1979

Fig. 4:
Hundertwasser presenting
his concept using a
matchbox model, 1979

Photo: Gerhard Krömer

Bezeichnung ›Behübscher‹ akzeptierte, als man ihn so nannte, den Titel ›Fassadenguru‹ wie ein Adelsprädikat annahm, den Kitsch verteidigte, als man ihn bezichtigte, solchen hervorzubringen. Wohl niemand hat das Wort Franz Kafkas, im Kampf mit der Welt gelte es der Welt zu assistieren, so sehr verinnerlicht wie Hundertwasser. Er nannte dies den ›Verzögerungsmechanismus‹ (oder die ›Vorurteilsfalle‹) und glaubte damit, die Strategie zu verfolgen, negative Urteile allmählich in ihr Gegenteil zu wenden. Ihm ging es darum – so behauptete er jedenfalls – die Rezeption seiner Ideen zu erschweren, in der Hoffnung, dass diese später nur umso intensiver aufgenommen und umso dauerhafter akzeptiert würden.

Wenn wir uns näher auf Hundertwasser einlassen, wird sein Bild uns nicht nur als das eines ›Behübschers‹ erscheinen, der er zweifellos auch sein wollte. Er war zugleich das, was man einen Querdenker nennt. Ein Verharmloser der Weltübel war er gewiss nicht, und die viel zitierte ›heile Welt‹ schien ihm nur als Utopie vorstellbar. Zu oft hat er Menetekel beschworen – wenn auch nicht immer richtig geortet – , als dass man ihm nachsagen könnte, er habe nur die Herstellung einer allumfassenden Harmonie im Auge gehabt. Wenn er so entschieden gegen den Rationalismus in der Architektur, gegen gerade Linie und rechten Winkel, gegen unseren Ordnungs- und Sauberkeitswahn polemisierte, stand dahinter sein grundsätzliches Bekenntnis zu den ›unreglementierten Unregelmäßigkeiten‹ wie seine ebenso elementare Ablehnung aller die Entfaltung unserer kreativen Kräfte einengenden Regeln und Vorschriften, die Gleichmacherei durch ein bedingungsloses ›Law and Order‹-Denken. Mit seinem Engagement für den Umweltschutz und für die Erhaltung der natürlichen Ressourcen, seinem leidenschaftlichen Einsatz für die gefährdeten Hainburger Auen (1984) und mit vielen ähnlichen Aktivitäten hat er Henry David Thoreaus ›Aufforderung zum Ungehorsam gegen den Staat‹ gelebt.

you grow out of reading the Famous Five? At any rate, there is a noticeable trend often to describe the usually unreserved approval expressed by users of Hundertwasser's architecture, as naïve and thus questionable. The inhabitants of the Hundertwasser House in Vienna actually complain regularly about the buses of visitors carted to their door and to whose obtrusive curiosity they are subjected; otherwise, however, they are full of praise for the building.

All the objections raised against Hundertwasser and his concept of architecture have some substance. He himself was fatally inclined to fuel them, because he took them up, accepted the designation of 'beautifier' when he was called such, along with that of 'façade guru' as if it were an aristocratic distinction, defended kitsch when accused of producing such. Probably no one took Franz Kafka's suggestion that in the battle with the world the object must be to side with the world as seriously as Hundertwasser did. He called this a 'delay mechanism' (or the 'prejudice trap') and believed that in this way he pursued a strategy of gradually turning negative judgments into their opposite. What he wanted, or so he claimed, was to make it hard to address his ideas, in the hope that they would at a later date be all the more readily accepted and accepted in the long term.

If we study Hundertwasser more closely, then we will find his image is not just that of a 'beautifier', although he manifestly wanted to be one. He was also someone who raised awkward questions. And he most certainly did not play down the difficulties in the world, and believed that the oft-cited 'intact new world' was only conceivable as a utopia. He often evoked the image of unholy portents (albeit not always locating these correctly), and it would thus be impossible to say that he simply focused on creating some all-embracing harmony. He resolutely and polemically attacked rationalism in architecture, straight lines and right angles, our craving for order and

Hundertwassers unbestreitbarem Drang zu ›Schönheitsoperationen‹, seinem Wirken als ›Architekturdoktor‹, seinem vielgeschmähten Konzept der ›Behübschung‹ lag eine Welttheorie zugrunde, die gewiss ›querdenkerisch‹ genannt werden darf. Seine Welttheorie hatte zwei Fixpunkte. Diese waren: die Natur und die Kindheit, oder, anders gesagt, die Ökologie und das Märchen.

Die Natur war für Hundertwasser in allen Bereichen unseres Daseins die oberste Lehrmeisterin. An ihrem Formenschatz und an den Bauprinzipien der Vegetation versuchte er sich in seiner Architekturkonzeption zu orientieren. Unbegrenzte Vielfalt und beständige Variation wurden ihm zu wichtigen Grundsätzen jeglicher Gestaltung durch den Menschen. Darum hörte er nicht auf, an die keinem Reglement unterliegenden ›Unregelmäßigkeiten‹ zu denken, auf die er überall in der Natur stieß. Sie zu erhalten, darin sah er den Sinn der Ökologie.

Für die Ökologie war er bereit, alles einzusetzen, nicht zuletzt seine Kunst. Von Joseph Beuys stammt das Wort »Hiermit trete ich aus der Kunst aus«. Hundertwasser dachte mit den Jahren immer ausschließlicher in den organischen Prozessen der Natur, die ihm als Vorbild für das proklamierte ›natur- und menschengerechte Bauen‹ erschienen. Er hätte sagen können: »Hiermit trete ich in die Natur ein«.

Die Natur in uns ist die andere große Lehrmeisterin, die unser Meditieren und unsere Tätigkeiten leiten muss. Sie korrespondiert mit der Natur außerhalb von uns und ergänzt sie in organischer Weise. An die im Menschen angelegten schöpferischen Fähigkeiten denkend glaubte er, ihre Quelle gefunden zu haben. Diese lag nirgendwo anders als in der Kindheit. An ihre Empfindungen und Vorstellungen möglichst nahtlos anzuschließen und ihre Quelle wieder sprudeln zu lassen, war ihm ein besonderes Anliegen. Er selbst hat sich ein Leben lang ein kindliches Gemüt bewahrt. Darin lag seine Stärke, daher kam

cleanliness, but did so on the basis of a fundamental advocacy of 'unregulated irregularity' and an equally elementary rejection of all rules and stipulations that hindered the evolution of our creative abilities, of some leveling through a 'law-and-order' mindset. With his commitment to environmental protection and the preservation of natural resources, his passionate defense of the endangered Hainburger meadowbanks in 1984, and innumerable similar activities he actually lived Henry David Thoreau's 'call for civil disobedience'.

Hundertwasser's undisputable focus on 'cosmetic operations', his impact as an 'architectural doctor', his much-disparaged concept of 'beautification' rested on a world theory that can be termed thinking 'against the grain'. His theory of the world had two fixed points and they were: nature and childhood, or, put differently, ecology and fairytales.

For Hundertwasser, nature was the foremost teacher in all segments. In his concept of architecture he strove to draw on its formal stocks and the structural principles of vegetation. For him unlimited variety and constant variation became the key principles of all human design. For this reason, he did not cease to think of the 'irregularities' that were subject no regulations and which he encountered everywhere in nature. He believed the meaning of ecology was to preserve them.

He was prepared to bring everything to bear on ecology's behalf, including his art. It was Joseph Beuys who said "I herewith resign from art". As the years passed, so Hundertwasser's thinking became ever more exclusively based on the organic processes of nature, which he felt were the model for his proclaimed 'building that does justice to nature and humans'. He could have said: "I herewith join nature".

Nature in us is the other major teacher, which must guide our meditating and our activities. It corresponds to the nature without, and supplements it organically. Hundertwasser, thinking of the creative

seine Unbeirrbarkeit; hier liegt aber auch der Grund für so manchen Fehler, den er gemacht hat.

Gedanken an seine Kindheit und ihre Ideale haben Hundertwasser auch bei der Entwicklung seiner architektonischen Vorstellungen geleitet. So hatte er sich, als er Ende der achtziger Jahre an der Salzburger Sommerakademie ein Seminar über ›Natur- und menschengerechtes Bauen‹ zu leiten hatte, vorher verschiedene Märchenbücher besorgt, deren Illustrationen ihn begeisterten. Da gab es Wohnungen in Wurzelstöcken und im Inneren hohler Bäume, Plätze, in denen sich Hasen oder Bären eingerichtet hatten, schützende Höhlen oder luftige Baumkronen erwiesen sich als höchst einladende Aufenthaltsorte. Solche märchenhaften Architekturmodelle entsprachen seinem Herzen, und es schwang Bedauern mit, wenn er feststellte, dass sie sich selbstverständlich nicht ohne weiteres in die Wirklichkeit der Menschen übersetzen ließen, nicht unmittelbar Vorbild für eigene Entwürfe sein konnten. Ganz hat er den Gedanken an sie freilich bei allen seinen Unternehmungen nicht aufgegeben, auch wenn sich bei ihm utopische Vorstellungen mit einem praktischen Sinn für das in der Realität Machbare paarten.

Etwas vom Geist der Märchenbücher meinte er dann auch in den meisten selbstgezimmerten Hütten der Schrebergartensiedlungen an der Peripherie der Großstädte wiederzufinden, so dass er in mehreren Manifesten das Ideal der Schrebergärten gerühmt und das Lob der Schrebergärtner gesungen hat, die ihm als die letzten freien und autarken Menschen erschienen, denen ein Stück Selbstverwirklichung und damit auch ein Stück individuelles Schöpfertum gelungen sei.

Das Schrebergartenhaus hatte für Hundertwasser Modellcharakter. Hier meinte er, im Kleinen zu finden, was er seit seinem ›Verschimmelungsmanifest‹ immer wieder gefordert hatte. Architekt, Maurer und Benutzer eines Hauses müssten eine Einheit sein, sozusagen eine Dreieinigkeit

potential in humans, believed he had found its source. This was nowhere else than in our childhood. It was especially important to him to take up the sensations and notions of childhood as closely as possibly and allows its source to bubble forth again. Throughout his life, he nurtured the child within himself. That was his strength, his unerring sense of purpose; and it was also the reason for the one or other mistake he made.

Thoughts of his childhood and its ideals also informed Hundertwasser when developing his architectural ideas. For example, when at the end of the 1980s he led a seminar on 'Building that does justice to nature and humans' at the Salzburg Summer Academy, he first procured various books of fairytales, and was filled with enthusiasm for the illustrations they contained. There were apartments in knotted roots and inside hollow tress, and squares that hares or bears had made for themselves, protective caves or airy tree tops served as highly inviting places to reside. Such fairytale-like architectural projects were in line with his heart, and there was a sense of regret in his voice when he ascertained that they could of course not simply be translated into human reality, and not be directly taken as the model for his own designs. Although he never completely abandoned the idea of them in all his undertakings, even if he always coupled utopian notions with a practical sense of what was feasible in reality.

He believed that he encountered something of the spirit of the fairytales in the usually self-made sheds in allotment gardens on the outskirts of the cities, and as a consequence devoted several manifestos to lauding the ideal of the allotment garden and singing panegyrics to the allotment gardener, whom he felt was the last free and self-sufficient person on the planet, having succeeded in self-realization to a degree, and thus in individual creativity.

Hundertwasser felt the allotment garden house was the model to follow. There he

bilden. Falle diese Dreieinigkeit auseinander, beginne das Unheil seinen Lauf zu nehmen. Wir wissen nichts mehr von einander, der Architekt weiß nichts vom Bewohner, der Handwerker versteht nichts von Architekten und der Bewohner ist dem Gehäuse fremd ausgeliefert, mit dem er nichts Sinnvolles anfangen kann und darf.

Mit dem Schrebergartenhaus verband sich für Hundertwasser neben dem Gedanken an Kindheit und Märchenbücher noch eine andere Vorstellung, die ebenfalls untrennbar mit seinem Schönheitsbegriff zusammengehört und ihn entscheidend ergänzt: das Altern, das Schicksal-Haben, das Teil-der-Geschichte-Sein. Auf diesen Aspekt der Schönheit zielte schon das

decided he had found at the micro level what he had repeatedly called for ever since the 'Mouldiness Manifesto'. The architect, mason and user of a house should all be rolled into one, as it were a trinity. If this trinity fell apart, then disaster started to happen. We know nothing of one another; the architect does not know the inhabitants, the craftsman does not understand the architect, and the user is left with a strange habitat that offers and can offer him nothing meaningful.

Hundertwasser associated the allotment garden house not only with notions of childhood and fairytale books, but also with another property that was likewise part and parcel of his concept of beauty,

Abb. 5:
Säule im Eingangsbereich des Hundertwasser-Hauses, Wien, 1993

Fig. 5:
Column in the entrance of the Hundertwasser House, Vienna, 1993

Photo:
Herbert Schwingenschlögl

›Verschimmelungsmanifest‹, das er 1958 in Seckau vorgetragen hatte. Spuren des Alters zeigen, des Gebrauchs, des gelebten Lebens, der Verwitterung, des Verfalls, der beginnenden Verschimmelung, das war gegen die allgemein herrschende Lust am Neuen, an der Innovation, an der Fixierung auf Novitäten gesagt.

Dem stellte Hundertwasser seine Freude an Dingen gegenüber, die uns durch langen Umgang vertraut waren und hoffte, vor allem in Bauwerken auf Spuren eines solchen Umgangs zu stoßen. Kacheln und Fliesen sollten Risse und Sprünge haben. Das zerbrochene Glas eines Spiegels sollte geflickt, nicht ersetzt werden. Gras sollte sich in Spalten und Ritzen des Mauerwerks festsetzen, der Schimmelpilz sich an den glatten Wänden bilden dürfen. Diese Spuren des Alt-Werdens bedeuteten für Hundertwasser Schönheit.

Im einzelnen hat Hundertwasser folgende Elemente eingesetzt, um in den von ihm entworfenen Bauwerken den Eindruck von Abwechslung, Asymmetrie und Vielfalt zu erreichen: die Entscheidung für Fenster verschiedener Größe und unterschiedlicher Proportionen, die in ungleichmäßigen Abständen anzubringen seien, das Einsetzen von ›Schlußsteinen‹ als Fensterbekrönung, die Verwendung (auch schief stehender) mit farbiger Keramik eingefasster Säulen, das Insistieren auf welligen Böden, unebenen Wänden, runden Ecken, das Aufsetzen vergoldeter Zwiebeltürme und Kuppeln, die unregelmäßige Verlegung der Fliesen in Badezimmer und Küche – den ›tanzenden Fenstern‹ entsprechen so die ›betrunkenen‹ Fliesen. Nicht zu vergessen: die begrünten – im Idealfall ›bewaldeten‹ – Terrassen auf dem Dach und vor einzelnen Wohnungen sowie die Aufnahme von ›Baummietern‹. Die Fassade wird einerseits durch die verschiedenartigen Fenster, andererseits durch schwingende Keramikbänder und die unterschiedliche, auf ›dunkelbunt‹ gestimmte Farbigkeit gegliedert.

Hundertwasser hat sich intensiv mit der Verwendung von Farbe an seinen Bauten

and supplemented it in a crucial manner: ageing, having a destiny, being part of history. His 'Mouldiness Manifesto', presented in 1958 in Seckau, had already focused on this side to beauty. To show traces of age, of use, of lived life, of weathering, of decay, of nascent mold, that ran counter to the generally prevalent pleasure in things new, in innovation, in fixating on novelty.

In their place, Hundertwasser held up his joy in things with which we were familiar from long use and hoped to encounter traces of such usage above all in buildings. Tiles and floor tiles thus needed chips and cracks, the broken glass in a mirror repaired not replaced, grass was to grow in the cracks in the masonry, and mold on smooth walls. Hundertwasser considered these traces of ageing to be beautiful.

To be specific, Hundertwasser made use of the following elements to achieve the impression of alternation, asymmetry and diversity in the buildings he devised: He decided in favor of windows of differing sizes and proportions, to be placed at irregular intervals; he utilized 'capstones' to crown windows; he opted for (at times slating) pillars clad in colored ceramic, insisted on undulating floors, uneven walls, round corners, and the inclusion of gold-coated turrets and domes, that tiles be laid irregularly in bathrooms and kitchens. The 'dancing windows' thus corresponded to the 'drunken' tiles. Not to forget the green terrace roofs – in an ideal case 'forested' and in front of the individual apartments as well as the inclusion of 'tree tenants'. The façade is structured on the one hand by different types of windows and, on the other, by curving ceramic ribbons and the different 'dark-colored' tones.

Hundertwasser concerned himself intensively with the use of color in buildings. As a painter, for him everything that related to color was decisively important. After all, he had accorded the painter a special role in the conceptualization of the 'building that does justice to nature and humans'.

Abb. 6:
Straßenansicht der ehemaligen Thonet-Fabrik vor der Umgestaltung durch Hundertwasser

Abb. 7:
Straßenansicht nach der Umgestaltung, 2000

Fig. 6:
Street view of the former Thonet Factory prior to remodeling by Hundertwasser

Fig. 7:
View of the street after the conversion work, 2000

Photo: Gerhard Krömer

beschäftigt. Für ihn als Maler war alles, was Farbe betraf, entscheidend wichtig. Noch dazu, wo er dem Maler bei der Konzeption einer ›natur- und menschengerechten Architektur‹ eine besondere Rolle zugewiesen hatte. Früher, meinte er, hätten die Maler Häuser ›abgemalt‹, jetzt sollten sie vorangehen und die Häuser vorgeben, die zu bauen wären – die Architekten sollten sich nach ihnen richten. Nicht zuletzt aus diesem Postulat leitete er seine Berufung ab, Bauwerke zu entwerfen, ohne selbst Architekt zu sein und ohne je ein Architektur-Diplom erworben zu haben.

Die Farbe in der Architektur, so fasste er seine Prinzipien in einem Aufsatz aus dem Jahr 1981 zusammen, müsste immer im Kontakt mit der Natur stehen, entweder sie fortsetzen oder als bewusster Kontrast zu ihr auftreten. Eigentlich sei die Frage der Farbe etwas sehr Einfaches. Die Natur kenne, so meinte Hundertwasser, im Grunde nur zwei Farben, das Grün der Vegetation und das Schwarzbraun der Erde und der Schatten. Wenn man die Farbe als

In the past, so he opined, painters had simply 'painted over' the houses; now, he suggested, they should take precedence and state what houses were to be built and the architects should then obey these instructions. It was not least from this that he derived his calling as a creator of buildings who was not himself an architect and had never graduated in the field.

Color in architecture, or so he summarized his principles in an essay dating from 1981, always had to be in contact with nature or continue it, or deliberately contrast to it. In actual fact, he felt the question of color could be answered very simply. Nature, so he proposed, actually only knows of two colors: the green of vegetation and the black-and-brown of the earth and shadows. If color is used as a counterpoint, then the object must be to prioritize strong colors: a deep red, a dark blue, etc. Everything else was just pale compromise, he felt.

If we address the elements that are characteristic of Hundertwasser's buildings,

Kontrapunkt verwende, dann gelte es, auf starke Farbigkeit zu setzen: ein tiefes Rot, ein dunkles Blau usw. Alles andere führe zu blassen Kompromissen.

Wenn von den Elementen gesprochen wird, die für die Bauten Hundertwassers charakteristisch sind, dann müssen auch die unterschiedlichen Haustypen erwähnt werden, an denen er sich orientiert hat – und die in ganzer Breite im ›Hügelwälderland‹ der Thermenanlage Bad Blumau realisiert wurden: das ›Grubenhaus‹, das ›Augenschlitzhaus‹, das ›Rehrückenhaus‹, das ›Bergschneckenhaus‹ usw. Allen gemeinsam ist die Begrünung der (flachen) Dächer, die sie – von oben gesehen – beinahe unsichtbar machen sollen.

Das ›Grubenhaus‹ verwirklicht am konsequentesten den Gedanken, ›unter die Erde‹ zu gehen. Der Wanderer, der in einer Busch-, Wald- und Wiesenlandschaft unterwegs ist, blickt plötzlich in eine Mulde oder Grube, um die herum sich Häuser wie in einen Hof öffnen, Häuser, die zum größten Teil im Erdreich verborgen sind. Hundertwasser hatte solche traditionellen Wohnanlagen auf Reisen im Süden Tunesiens gefunden, und er kannte vergleichbare Erdhäuser aus Bildern von der chinesischen Provinz Henan. Er war von den Fluchtburgen in den Felsen Kappadokiens fasziniert, und auf der Kykladeninsel Santorin hatten ihn die höhlenartig in die Gesteinsschichten der Hügel hineingetriebenen Wohnungen beeindruckt. Überhaupt hat er stets seine Vorliebe für die Zeugnisse anonymen Bauens bekundet.

Will man die verschiedenen Elemente, die Hundertwasser bei seinen Bauten einsetzt, kritisch Revue passieren lassen, dann ist grundsätzlich kaum etwas gegen einzelne Gestaltungsprinzipien vorzubringen. Wohl aber muss vor ihrer Hypertrophie gewarnt werden. Hundertwasser ist dieser Gefahr – wie der willkürlichen Mischung der Stile bei der Inspiration durch alte bzw. anonyme Haustypen, siehe Blumau – nicht immer entgangen. Ohne Zweifel hat er zuweilen des Guten zuviel getan;

then they include the different types of houses from which he took his cue – and the entire panoply of building then made in the 'Hügelwälderland' of the spa complex in Bad Blumau: the 'Grubenhaus', the 'Augenschlitzhaus', the 'Rehrückenhaus', the 'Bergschneckenhaus' etc. All of them have greenery on their flat roofs intended to render them as good as invisible when seen from above.

The 'Grubenhaus' is the most consistent in realizing the idea of going 'underground'. A hiker walking through bushland, woods or meadows suddenly finds himself staring into a hollow or pit around the sides of which houses stand as if surrounding a courtyard, houses that are in large part concealed in the earth. Hundertwasser had witnessed such traditional living quarters in the South of Tunisia, and he knew of comparable earth dwellings from photographs from the Chinese province of Henan. He was fascinated by the overground cave-havens in the rock formation in Cappadocia, and on the island of Santorini in the Cyclades he had been impressed by the cave-like apartments cut into the tuff-strata of the cliffs. In fact, he constantly professed his preference for such testimonies to anonymous building work.

To critically summarize the different elements which Hundertwasser used in his buildings, then essentially there can be no objections to the individual principles behind them. However, we must warn against their hypertrophy. Hundertwasser on occasion succumbed to this danger – as in the arbitrary mixture of styles when inspired by old or anonymous types of houses, as in Blumau. Without doubt, he sometimes overdid things; less would have then been more (specifically given the idiosyncrasy of his architectural visions).

I would like to exclude his green-covered roof terraces from such criticism. Of course, Hundertwasser did not invent them (and never claimed to have done so); but he did raise them, and far few of them have been realized, to the status

weniger wäre (gerade bei der Eigenart seiner Architekturvisionen) zuweilen mehr gewesen.

Ausnehmen von einer derartigen Kritik möchte ich die begrünten Dachterrassen. Gewiss, Hundertwasser hat sie nicht erfunden (und das auch nie behauptet), aber er hat sie, die bisher viel zu selten realisiert wurden, zu einem Gebot zeitgenössischen Bauens, zu einer conditio sine qua non, erhoben. Mit ihnen sollten die Dachflächen ›der Natur zurückgegeben werden‹ gemäß seinem Grundsatz, dass jedes Stück Erde, das der Natur durch eine Baumaßnahme genommen werde, ihr auf einer anderen Ebene wieder zu erstatten sei.

Dagegen scheinen Einwände gegen bestimmte Gestaltungselemente wie die sogenannten ›Baummieter‹ durchaus angebracht. Sicher besaß Hundertwassers Beziehung zu ›Bruder Baum‹ religiöse Dimensionen, und es verdient Anerkennung, dass er in ihm so etwas wie unseren ›Nächsten‹ sah, den wir – wie das neue Testament verlangt – lieben sollten ›wie uns selbst‹. Ist es doch der Baum, der (metaphorisch für die Natur als Ganzes genommen) das Überleben der Menschheit sichern hilft. Wenn wir ihn aber, um ihm nahe zu sein, in unsere Wohnung holen und ihn zwingen, mehr oder weniger verkrüppelt sich aus dem Fenster zu schlängeln, um an ›die frische Luft‹ zu gelangen, dann tun wir ihm Gewalt an. Außerdem verstößt Hundertwasser hier eindeutig gegen sein immer wieder propagiertes Prinzip, dass alle ebenen Flächen der Natur gehören sollten, die Vertikale hingegen dem Menschenwerk vorbehalten sei. Die Idee des ›Baummieters‹ entzieht dem Baum die horizontale Fläche des Waldbodens und verpflanzt ihn in die Vertikale menschlicher Bauten, wo er nicht gedeihen kann.

Ein anderer Einwand, der gegen Hundertwasser vorgebracht wurde, besteht im Vorwurf, in Sachen Ökologie bei seinem Hundertwasser-Haus im dritten Wiener Bezirk nicht weit genug gegangen zu sein und aus Kostengründen die eigenen radi-

of a mandatory element of contemporary buildings, to a conditio sine qua non. He wished thus to 'return the roof surfaces to nature' in keeping with his principle that every piece of earth taken from nature by a building measure should be returned to it at another level.

By contrast, the objections to specific design elements he deployed, such as the so-called 'tree tenants' are very valid. There was certainly a religious dimension to Hundertwasser's relationship to 'brother tree' and it bears acknowledging that he considered trees as something like our 'next of kin', which we should, in keeping with the Bible, treat as if they were ourselves. After all, it is the tree (taken metaphorically for nature as a whole) that helps ensure human survival. If, however, to be close to trees we include them in our apartments, and force it to more or less wind its way in crippled form out of a window to get some 'fresh air', then we do violence to it. Moreover, here Hundertwasser quite obviously violates his own repeatedly propagated principle that all surfaces be given over to nature, but the verticals kept for man-made edifices. The idea of the 'tree tenant' robs the tree of the forest floor as horizontal surface and transplants it into the verticality of man-made edifices, where it will not flourish.

Another objection raised against Hundertwasser's architecture was that in terms of ecology his Hundertwasser House in Vienna's 3rd District did not go far enough and for reasons of cost only in part fulfilled his own radical ideas. There is little way of blunting this critique. Hundertwasser was evidently on occasion persuaded to compromise.

However, such objections relate to individual items or the hypertrophy of means used and should not reduce our respect for his life's achievements as a whole. He tried to take the sting out of much of the criticism leveled against him by pointing to his complex image of the world. For example, he countered

kalen Forderungen nur zum Teil erfüllt zu haben. Dieser Vorwurf ist schwer zu entkräften. Hundertwasser hat sich eben gelegentlich doch zu Kompromissen bewegen lassen.

Aber solche Einwände, die Einzelnes betreffen – bzw. sich gegen die Hypertrophie der eingesetzten Mittel wenden – sollten nicht den Respekt vor seiner Lebensleistung insgesamt schmälern. Viele Vorwürfe, die man ihm machte, hat er mit dem Hinweis auf sein komplexes Weltbild zu entkräften versucht. So begegnete er dem Vorwurf, nur an den Fassaden seiner Häuser interessiert zu sein, mit dem Argument, dass er auf eine Wirkung ziele, die von Außen nach Innen gehe und nicht aufzuhalten sei.

Im gleichen Sinn lässt sich auch seine Arbeit als ›Architekturdoktor‹ verteidigen. Das stärkste Argument für sie ist sicher der Vergleich mit dem jeweils zuvor – vor den Eingriffen Hundertwassers – gegebenem Zustand. Diese Eingriffe konnten radikal ausfallen, aber auch sehr behutsam sein. Im Wesentlichen bestanden sie immer in der Einbeziehung von Elementen der Natur.

Hundertwasser setzte als Architekt nicht auf Genialität. Die geniale Konstruktion, die so viele zeitgenössische Architekten auszeichnet, war nicht seine Sache. Er wollte nicht um jeden Preis spontan oder expressiv sein. Originalität gehörte nie zu seinen Zielen. Konstruktives Denken lag ihm fern. Er vertraute nicht auf den momentanen Einfall. Er ließ sich mit allem Zeit. Er hatte sich ganz in den Schutz der Natur begeben und wollte produzieren wie sie, ihren langsamen Wachstumsprozessen folgend. Die Natur braucht keine Genialität, aber sie ist unaufhörlich schöpferisch.

Hundertwasser hat in seinem Rückzug in die Vorstellungen der Kindheit viele Tabus verletzt, willentlich und unwillentlich. Die rationale Welt der Erwachsenen war ihm suspekt und blieb ihm fremd. Auch seine Paradiesvorstellungen hatten etwas Kindliches (was sie so liebenswert machte). Hundertwasser war der geborene Zivilisationsflüchtling, darin nicht weniger

Abb. 8: Hundertwasser-Haus, Wien. Brunnen im Eingangsbereich, 1997

Fig. 8: Hundertwasser House, Vienna. Fountain in the entrance zone, 1997

Photo: Hubert Kluger

the accusation that he was only interested in the façades of his houses by saying that he wanted to have an effect that ran from the outside inside and was no longer to be halted.

His work as an 'architectural doctor' can be justified the same way. The strongest argument in its favor is undoubtedly a comparison with the state of the building before Hundertwasser changed them. His interventions were in part radical, in part very caring and essentially always involved incorporating elements of nature.

radikal als einst Paul Gauguin. Sein Refugium in Neuseeland – in dem er in einem Vierteljahrhundert an die 150.000 Bäume gepflanzt hat – besaß die Züge einer Bonsai-Welt. Manches erinnerte dabei an Swifts Parabel von Gullivers Besuch bei den Liliputanern.

Am glücklichsten war Hundertwasser, wenn er an seinen Architekturmodellen herumbasteln und über immer neue Verbesserungen nachgrübeln konnte. Hier war die Welt noch handlich und überschaubar. Er brauchte die Anschauung, auch wenn er sie manchmal nur im Reich des Spielzeugs suchte. Ohne sie war er verloren, wie in dem antiken Mythos Antaios, wenn man ihn des festen Standes auf dem Erdboden beraubte.

Vielleicht dürfen wir von Hundertwasser als von einem Sonntagsarchitekten sprechen. So wenig der Begriff des Sonntagsmalers seit dem Hervortreten des Zöllners Henri Rousseau einen abwertenden Beigeschmack hat, so wenig muss der Begriff des Sonntagsarchitekten abschätzig gemeint sein. Was er besagen will, ist vielmehr dieses: hier ist ein Mensch, der sich seine kindliche Naivität bewahrt hat, und mehr, dem es gelungen ist, sie für die Aufgaben fruchtbar zu machen, die sich in unserer nüchternen Welt stellen.

As an architect, Hundertwasser did not focus on ingeniousness and his were not the brilliant structures such as were the hallmark of many contemporary architects. He did not wish to be spontaneous or expressive whatever the cost. Originality was never one of his aims, nor was his a structural mindset. He did not trust some momentary inspiration. He took his time with everything; having given himself over fully to the protection of nature, he wished to produce like it did, following its slow growth processes. Nature requires no ingeniousness, but is incessantly creative.

When resorting to the notions of childhood, Hundertwasser broke many a taboo, deliberately or not. He was suspicious of the rational world of adults, and it remained foreign to him. And his notions of paradise also had something childish about them, which made them so lovable. Hundertwasser was the born refugee from civilization, no less radically than before him Paul Gauguin. His refuge in New Zealand, where in a quarter of a century he planted some 150,000 trees, had a sense of a bonsai world about it. Some of it is reminiscent of Swift's parable of Gulliver's travels to the Liliputians.

Hundertwasser was happiest when messing about with his architectural models and pondering over some new improvement or other. Here, the world was still manageable and to be seen in its entirety. He needed to be able to see things before him, even if he sometimes only sought this out in the realm of toys. Without them, he was lost, like the ancient myth of Antaios, when robbed of the firm ground beneath his feet.

Perhaps we can term Hundertwasser an amateur architect. In the appreciative sense that customs master Henri Rousseau was an amateur painter. What I mean is this: Here we have a person who has retained his childish naivety and has gone even further, namely has succeeded in using it fruitfully for the tasks that arise in our sober world.

Tafel/Plate 3: 103 Häuser mit grünen Dächern an schwarzer Straße / Houses with green roofs on black street, 1951
Aquarell, 29 x 36 cm. Privatbesitz

Friedensreich Hundertwasser

Verschimmelungsmanifest gegen den Rationalismus in der Architektur

(1958/1959/1964)

Die Malerei und die Skulptur sind jetzt frei, denn jedermann darf heute allerlei Gebilde produzieren und nachher ausstellen.
In der Architektur besteht jedoch diese grundsätzliche Freiheit, die als Bedingung jeder Kunst anzusehen ist, noch immer nicht, denn man muß erst ein Diplom haben, um bauen zu können. Warum?

Jeder soll bauen können, und solange diese Baufreiheit nicht existiert, kann man die gegenwärtige, geplante Architektur überhaupt nicht zur Kunst rechnen. Die Architektur unterliegt bei uns derselben Zensur wie die Malerei in der Sowjetunion. Was realisiert ist, sind einzeln dastehende erbärmliche Kompromisse von Linealmenschen mit schlechtem Gewissen!

Man soll den Baugelüsten des Einzelnen keine Hemmungen auferlegen! Jeder soll bauen können und bauen müssen und so die wirkliche Verantwortung tragen für die vier Wände, in denen er wohnt. Und man muß das Risiko mit in Kauf nehmen, daß so ein tolles Gebilde nachher zusammenfällt, und man soll und darf sich vor Menschenopfern nicht scheuen, die diese neue Bauweise vielleicht erfordert. Es muß endlich aufhören, daß Menschen ihr Quartier beziehen wie die Hendeln und die Kaninchen ihren Stall.

Wenn so ein von den Bewohnern selbstgebautes, tolles Gebilde zusammenfällt, so kracht es ja meistens ohnehin vorher, so daß man flüchten kann. Der Mieter wird jedoch von da an kritischer und schöpferischer den Gehäusen gegenüberstehen, die er bewohnt, und wird mit den eigenen Händen die Wände und Pfeiler verdicken, falls sie ihm zu zerbrechlich scheinen.

Von Hundertwasser am 4. Juli 1958 in der Abtei Seckau/Österreich verlesen, außerdem am 11. Juli 1958 in der Galerie Van de Loo, München, und am 26. Juli 1958 in der Galerie Parnass, Wuppertal. Veröffentlicht in einer numerierten und signierten Broschüre, hrsg. von Galerie Renate Boukes, Wiesbaden 1958, sowie in vielen anderen Publikationen.

Mouldiness Manifesto Against Rationalism in Architecture

(1958/1959/1964)

Painting and sculpture are now free, inasmuch as anyone may produce any sort of creation and subsequently display it.
In architecture, however, this fundamental freedom, which must be regarded as a precondition for any art, does not exist, for a person must first have a diploma in order to build. Why?

Everyone should be able to build, and as long as this freedom to build does not exist, the present-day planned architecture cannot be considered art at all. Our architecture has succumbed to the same censorship as has painting in the Soviet Union. All that has been achieved are detached and pitiable compromises by men of bad conscience who work with straight-edged rulers.

The individual's desire to build something should not be deterred! Everyone should be able and have to build and thus be truly responsible for the four walls in which he lives. And one must take the risk into the bargain that such a fantastic structure might collapse later, and one should not and must not shrink from human sacrifice which this new mode of buildings demands, perhaps demands. We must at last put a stop to having people move into their quarters like chickens and rabbits into their coops.

If such a fantastic structure built by the tenants themselves collapses, it will usually creak beforehand, anyway, so that people will be able to escape. But from then on the tenant will deal more critically and more creatively with the housing he lives in and will bolster the walls and beams with his own hands if they seem too fragile to him.

Read by Hundertwasser at Seckau Abbey, Styria, July 4, 1958, read in Galerie Van de Loo, Munich, July 11, 1958, and in Galerie Parnass, Wuppertal, July 26, 1958. Published in a signed and numbered broschure, 1958, and in many other publications.

+ Die materielle Unbewohnbarkeit der Elendsviertel ist der moralischen Unbewohnbarkeit der funktionellen, nützlichen Architektur vorzuziehen. In den sogenannten Elendsvierteln kann nur der Körper des Menschen zugrundegehen, doch in der angeblich für den Menschen geplanten Architektur geht seine Seele zugrunde. Daher ist das Prinzip der Elendsviertel, das heißt der wild wuchernden Architektur, zu verbessern und als Ausgangsbasis zu nehmen und nicht die funktionelle Architektur. +*

Die funktionelle Architektur hat sich als Irrweg erwiesen, genauso wie die Malerei mit dem Lineal. Wir nähern uns mit Riesenschritten der unpraktischen, der unnutzbaren und schließlich der unbewohnbaren Architektur.

Die große Wende, für die Malerei der absolute tachistische Automatismus, ist für die Architektur die absolute Unbewohnbarkeit, die uns noch bevorsteht, da die Architektur um dreißig Jahre nachhinkt.

So wie wir heute schon, nach Überschreitung des totalen tachistischen Automatismus, die Wunder des Transautomatismus erleben, so werden wir erst nach Überwindung der totalen Unbewohnbarkeit und der schöpferischen Verschimmelung die Wunder einer neuen, wahren und freien Architektur erleben. Da wir jedoch die totale Unbewohnbarkeit noch nicht hinter uns haben, da wir uns leider noch nicht im Transautomatismus der Architektur befinden, müssen wir vorerst einmal die totale Unbewohnbarkeit, die schöpferische Verschimmelung in der Architektur so rasch wie möglich anstreben.

Ein Mann in einem Mietshaus muß die Möglichkeit haben, sich aus seinem Fenster zu beugen und – so weit seine Hände reichen – das Mauerwerk abzukratzen. Und es muß ihm gestattet sein, mit einem langen Pinsel – so weit er reichen kann – alles rosa zu bemalen, so daß man von weitem, von der Straße, sehen kann: Dort wohnt ein Mensch, der sich von seinen Nachbarn unterscheidet, dem zugewiesenen

+ The tangible and material uninhabitability of slums is preferable to the moral uninhabitability of utilitarian, functional architecture. In the so-called slums only the human body can be oppressed, but in our modern functional architecture, allegedly constructed for the human being, man's soul is perishing, oppressed. We should instead adopt as the starting point for improvement the slum principle, that is, wildly luxuriantly growing architecture, not functional architecture. +*

Functional architecture has proved to be the wrong road to take, similar to painting with a straight-edged ruler. With giant steps we are approaching impractical, unusable and ultimately uninhabitable architecture.

The great turning point – in painting the absolute tachistic automatism – is in architecture its absolute uninhabitability, which has yet to come, because architecture lags thirty years behind.

Just as today, after crossing beyond total tachistic automatism, we are already witnessing the miracle of transautomatism, we will only experience the miracle of a new, true and free architecture after overcoming total uninhabitability and after a creative moulding process. However, since we do not yet have total uninhabitability behind us, as we are unfortunately not yet in the transautomatism of architecture, we must first strive to achieve total uninhabitability, the creative moulding in architecture, as quickly as possible.

The apartment-house tenant must have the freedom to lean out of his window and as far as his arms can reach transform the exterior of his dwelling space. And he must be allowed to take a long brush and – as far as his arms can reach – paint everything pink, so that from far away, from the street, everyone can see: there lives a man who distinguishes himself from his neighbours, the pent-up livestock! He must also be allowed to cut up the walls and make

* Die mit + eingefaßten Zusätze sind erst nach dem Vortrag auf der Seckauer Tagung dem Verschimmelungsmanifest hinzugefügt worden.

* Paragraphs marked with + have been included in the manifesto only after the speech in Seckau

Kleinvieh! Auch muß er die Mauern zersägen und allerlei Veränderungen vornehmen können, auch wenn dadurch das architektonisch-harmonische Bild eines sogenannten Meisterwerkes der Architektur gestört wird, und er muß sein Zimmer mit Schlamm oder Plastilin anfüllen können.

Doch im Mietvertrag ist dies verboten!

Es ist an der Zeit, daß die Leute selbst dagegen revoltieren, daß man sie in Schachtelkonstruktionen setzt, so wie die Hendeln und die Hasen in Käfigkonstruktionen, die ihnen wesensfremd sind.

+ Eine Käfigkonstruktion oder Nützlichkeitskonstruktion ist ein Gebäude, das allen drei Kategorien von Menschen wesensfremd bleibt, die damit zu tun haben!

1. Der Architekt hat keinerlei Beziehung zum Gebilde.
   Selbst wenn er das größte Architekturgenie ist, so kann er doch nicht voraussehen, welcher Art der Mensch ist, der darin wohnen wird. Das sogenannte menschliche Maß in der Architektur ist ein verbrecherischer Betrug. Besonders dann, wenn dieses Maß als Mittelwert aus einem Gallupsystem hervorgegangen ist.
2. Der Maurer hat keinerlei Beziehung zum Gebilde.
   Wenn er beispielsweise eine Mauer nur etwas anders, nach seinen persönlichen Auffassungen, falls er welche hat, gestalten will, so verliert er seine Arbeit. Und außerdem ist es ihm ja ganz egal, da er ja nicht in dem Gebilde wohnen wird.
3. Der Bewohner hat keinerlei Beziehung zum Gebilde.
   Weil er es ja nicht gebaut hat und er nur eingezogen ist. Seine menschlichen Notwendigkeiten, sein menschlicher Raum, ist sicherlich ein ganz anderer. Und dies bleibt aufrecht, selbst wenn sich Architekt und Maurer bemühen, genau nach den Angaben des Bewohners und Bestellers zu bauen. +

all kinds of changes, even if this disturbs the architectural harmony of a so-called masterwork, and he must be able to fill his room with mud or children's modelling clay.

But the lease prohibits this!

The time has come for people to rebel against their confinement in cubical constructions like chickens or rabbits in cages, a confinement which is alien to human nature.

+ Such a cage or utility construction is a building alien to the nature of all three groups of men having to do with it:

1. The architect has no relationship to the building.
   Even the greatest architectural genius cannot foresee what kind of being will dwell in the house. The so-called human dimension and proportions in architecture are a criminal fraud, especially when measurements are based on the average value of a Gallup poll.
2. The bricklayer has no relationship to the building.
   If, for example, he wants to vary, if only slightly, the construction of a wall according to his own moral and aesthetic concepts – if he has any – he loses his job. And besides, he doesn't care, since he will not be living in the structure.
3. The tenant has no relationship to the structure.
   He has not built it, but only moved into it. His human needs, his human space, are probably completely different. And this remains the case even if the architect and the bricklayer try to build according to the instructions of the future tenant and the building sponsor. +

+ Nur wenn Architekt, Maurer und Bewohner eine Einheit sind, das heißt eine und dieselbe Person, kann man von Architektur sprechen. Alles andere ist keine Architektur, sondern eine verbrecherische, gestaltgewordene Tat.

Architekt-Maurer-Bewohner sind eine Dreieinigkeit genau wie Gottvater-Sohn-Heiliger-Geist. Man beachte die Ähnlichkeit, quasi Identität der Dreieinigkeiten. Geht die Einheit Architekt-Maurer-Bewohner verloren, so gibt es keine Architektur, so wie die jetzt fabrizierten Gebilde nicht als Architektur anzusehen sind. Der Mensch muß seine kritisch-schöpferische Funktion wiedereinnehmen, die er verloren hat und ohne die er aufhört, als Mensch zu existieren! +

+ Only when architect, bricklayer and tenant are a unity, or one and the same person, can we speak of architecture. Everything else is not architecture, but a criminal act which has taken on form.

Architect/bricklayer/tenant is a trinity just like the Holy Trinity of God-Father/Son/Holy Spirit. The great similarity, almost identity of these two trinities should be noted. If this unity, architect/bricklayer/tenant is lost, there can be no architecture, just as the current manufactured constructions should not be considered architecture. Man has to regain the critical, creative function he has lost and without which he ceases to exist as a human being! +

+ Verbrecherisch ist ferner die Benutzung des Lineals in der Architektur, das, wie leicht zu beweisen ist, als Instrument des Zerfalls der architektonischen Dreieinigkeit anzusehen ist. +

+ Also criminal is the use of ruler and T-square in architecture, which, as can be easily proved, have become instruments of the breakdown of the architectural trinity. +

Schon das Bei-sich-Tragen einer geraden Linie müßte, zumindest moralisch, verboten werden. Das Lineal ist das Symbol des neuen Analphabetentums. Das Lineal ist das Symptom der neuen Krankheit des Zerfalls.

Wir leben heute in einem Chaos der geraden Linien, in einem Dschungel der geraden Linien. Wer dies nicht glaubt, der gebe sich einmal die Mühe und zähle die geraden Linien, die ihn umgeben, und er wird begreifen; denn er wird niemals ans Ende gelangen.

Auf einer Rasierklinge habe ich 546 gerade Linien gezählt. Durch die lineare und imaginäre Verbindung zu einer zweiten Rasierklinge derselben Produktion, die sicher haargenau so aussieht, ergeben sich 1090 gerade Linien und, wenn man die Verpackung dazuzählt, an die 3000 gerade Linien derselben Rasierklinge.

Vor nicht allzulanger Zeit war der Besitz der geraden Linien ein Privileg der Könige, der Begüterten und der Gescheiten. Heute besitzt jeder Depp Millionen von geraden Linien in der Hosentasche.

Just carrying a ruler with you in your pocket should be forbidden, at least on a moral basis. The ruler is the symbol of the new illiteracy. The ruler is the symptom of the new disease, disintegration of our civilisation.

Today we live in a chaos of straight lines, in a jungle of straight lines. If you do not believe this, take the trouble to count the straight lines which surround you. Then you will understand, for you will never finish counting.

On one razor blade I counted 546 straight lines. By imagining linear connections to another razor blade of the same manufacturing process, which surely looks exactly the same, this yields 1,090 straight lines, and adding on the packaging, the result is about 3,000 straight lines from the same blade.

Not all that long ago, possession of the straight line was a privilege of royalty, the wealthy, and the clever. Today every idiot carries millions of straight lines around in his pants pockets.

Dieser Urwald der geraden Linien, der uns immer mehr wie Gefangene in einem Gefängnis umstrickt, muß gerodet werden. Der Mensch hat bisher immer noch die Dschungel gerodet, in denen er sich befand, und sich befreit. Allerdings muß er sich erst dessen bewußt werden, daß er sich in einem Dschungel befindet, denn dieser Dschungel hat sich schleicherisch gebildet, ohne daß die Bevölkerung davon etwas weiß. Und diesmal ist es ein Dschungel der geraden Linien.

Jede moderne Architektur, bei der das Lineal oder der Zirkel auch nur eine Sekunde lang – und wenn auch nur in Gedanken – eine Rolle gespielt hat, ist zu verwerfen. Gar nicht zu reden von der Entwurf-, Reißbrett- und Modellarbeit, die nicht nur krankhaft steril, sondern wahrhaft widersinnig geworden ist. Die gerade Linie ist gottlos und unmoralisch. Die gerade Linie ist keine schöpferische, sondern eine reproduktive Linie. In ihr wohnt weniger Gott und menschlicher Geist als vielmehr die bequemheitslüsterne, gehirnlose Massenameise.

Die Gebilde der geraden Linie, auch wenn sie sich noch so krümmen, biegen, überhängen und sogar durchlöchern, sind somit hinfällig. Das ist alles Anschlußpanik, ist die Angst der konstruktiven Architekten, nur ja rechtzeitig umzuwechseln zum Tachismus, das heißt zur Unbewohnbarkeit.

Wenn sich an einer Rasierklinge der Rost festsetzt, wenn eine Wand zu schimmeln beginnt, wenn in einer Zimmerecke das Moos wächst und die geometrischen Winkel abrundet, so soll man sich doch freuen, daß mit den Mikroben und Schwämmen das Leben in das Haus einzieht und wir so mehr bewußt als jemals zuvor Zeugen von architektonischen Veränderungen werden, von denen wir viel zu lernen haben.

Die verantwortungslose Zerstörungswut der konstruktiven funktionellen Architekten ist bekannt. Sie wollten die schönen Häuser mit Stuckfassaden der neunziger Jahre und des Jugendstils einfach abreißen und ihre leeren Gebilde hinpflanzen. Ich verweise auf Le Corbusier, der Paris dem Erdboden

This jungle of straight lines, which is entangling us more and more like inmates in a prison, must be cleared.

Until now, man has always cleared away the jungles he was in and freed himself. But to clear a jungle you must first become aware that you are in one, for this jungle took form stealthily, unnoticed by mankind. And this time it is a jungle of straight lines.

Any modern architecture in which the straight line or the geometric circle have been employed for only a second – and were it only in spirit – must be rejected. Not to mention the design, drawing-board and model-building work which has become not only pathologically sterile, but absurd. The straight line is godless and immoral. The straight line is not a creative line, it is a duplicating line, an imitating line. In it, God and the human spirit are less at home than the comfort-craving brainless intoxicated and unformed masses.

Consequently, T-square structures, be they ever so curved, bending, overhanging, or perforated, are invalid. This is all just the panic of the constructive architects not to lose contact with trends and to change their style in time. (Look at the Postmodernist style twenty years later.)

When rust sets in on a razor blade, when a wall starts to get mouldy, when moss grows in a corner of a room, rounding its geometric angles, we should be glad because, together with the microbes and fungi, life is moving into the house and through this process we can more consciously become witnesses of architectural changes from which we have much to learn.

The irresponsible vandalism of the constructive, functional architects is well known. They simply wanted to tear down the beautiful stucco-façade houses of the 1890s and Art Nouveau and put up their own empty structures. Take Le Corbusier, who wanted to level Paris completely in

gleichmachen wollte, um geradlinige Monsterkonstruktionen hinzusetzen. Um Gerechtigkeit zu üben, müßte man jetzt die Gebilde von Mies van der Rohe, Neutra, Bauhaus, Gropius, Johnson, Le Corbusier usw. auch abreißen, da sie seit einer Generation veraltet und moralisch unerträglich geworden sind.

Die Transautomatisten und alle, die sich jenseits der unbewohnbaren Architektur befinden, verfahren jedoch humaner mit ihren Vorgängern. Sie wollen nicht mehr zerstören.

Um die funktionelle Architektur vor dem moralischen Ruin zu retten, soll man auf die sauberen Glaswände und Betonglätten ein Zersetzungsprodukt gießen, damit sich dort der Schimmelpilz festsetzen kann.

++ Es ist an der Zeit, daß die Industrie ihre fundamentale Mission erkennt, und die ist: schöpferische Verschimmelung betreiben!

Es ist jetzt Aufgabe der Industrie, bei ihren Spezialisten, Ingenieuren und Doktoren ein moralisches Verantwortungsgefühl gegenüber der Verschimmelung hervorzubringen.

Dieses moralische Verantwortungsgefühl gegenüber der schöpferischen Verschimmelung und der kritischen Verwitterung muß schon im Erziehungsgesetz verankert sein.

Nur die Techniker und Wissenschaftler, die imstande sind, im Schimmel zu leben und Schimmel schöpferisch zu erzeugen, werden die Herren von morgen sein. ++**

Und erst nach der schöpferischen Verschimmelung, von der wir viel zu lernen haben, wird eine neue und wunderbare Architektur entstehen.

order to erect his straight-line, monstrous constructions. Now, in the name of justice, the constructions of Mies van der Rohe, Neutra, the Bauhaus, Gropius, Johnson, Le Corbusier, Loos etc. should be torn down, as they have been outdated for a generation and have become morally unbearable.

However, the transautomatists, and everyone who is at a point beyond uninhabitable architecture, deal with their predecessors more humanely. They don't want any more destruction.

In order to rescue functional architecture from its moral ruin, a decomposing solution should be poured over all those glass walls and smooth concrete surfaces, so the moulding process can set in.

++ It is time for industry to recognise its fundamental mission, which is to engage in creative moulding!

It is now the task of industry to engender in its specialists, engineers and doctors a feeling of moral responsibility towards moulding.

This moral responsibility towards creative moulding and critical weathering must already be established in education laws.

Only the engineers and scientists who are capable of living in mould and producing mould creatively will be the masters of tomorrow. ++**

And only after creative moulding, from which we have much to learn, will a new and wonderful architecture come about.

** Die mit ++ markierten Absätze sind eine Einfügung von Pierre Restany, 1958

** Paragraph marked with ++ are an addition by Pierre Restany, 1958

Zusatz, 1959

Die heutige Architektur ist kriminell steril. Denn fatalerweise hört jegliche Bautätigkeit in dem Augenblick auf, in dem Menschen ›ihr Quartier beziehen‹, wo doch normaler-

Addendum, 1959

Today's architecture is criminally sterile. For unfortunately, all building activity ceases at the very moment when man 'takes up quarters', but normally building

weise die Bautätigkeit nach Einzug des Menschen überhaupt erst beginnen sollte.

Wir werden so unerhörterweise durch Schanddiktate unserer Menschlichkeit beraubt und auf verbrecherische Art gezwungen, nichts an der Fassade, Anlage, an den Innenräumen weder in Farbe noch Struktur oder Mauerwerk zu ändern oder hinzuzufügen. Selbst Eigenbesitzwohnungen unterliegen der Zensur (siehe Verordnungen der Baubehörde und Statuten des Mietvertrages). Das Charakteristische eines Gefängnisses, Käfigs oder Stalles ist eben der a priori fertiggestellte Bau, der endgültige Abbruch der Bautätigkeit vor Einzug des Tieres oder des Gefangenen in für ihn wesensfremde Gebilde, verbunden mit dem kategorischen Zwang für den Insassen, an ›seinem‹ aufoktroyierten Gehäuse nichts zu ändern. Daß der Mensch dann zwischendurch aus dem Gefängnis herauskommt und ›frei‹ in der Stadt herumgehen kann, ändert nichts an der Sache.

Denn die wahrhafte Architektur entsteht durch normale Bautätigkeit, und diese normale Bautätigkeit ist das organische Wachstum einer Hülle um eine Gruppe von Menschen. Dieses Bauwachstum verhält sich genau so wie das Wachstum des Kindes und des Menschen.

Der absolute Schlußstrich unter die Bautätigkeit eines Gebildes ist nur bei Monumenten und unbewohnbaren Architekturen bedingt tragbar.

Falls das Gebilde jedoch dazu bestimmt ist, Menschen in seinem Inneren zu beherbergen, so ist der absolute Abbruch der Bautätigkeit vor Einzug des Menschen als widernatürliche Sterilisierung des Wachstums und somit als kriminelles Vergehen zu betrachten und zu ahnden.

Der Architekt, wie wir ihn heute kennen, hat nur das Recht, unbewohnbare Architekturen zu bauen, falls er überhaupt dazu fähig ist. Bewohnbare Architekturen zu bauen, unterliegt nicht seiner Kompetenz und dies muß ihm entschieden verwehrt werden; wie man auch notorische Giftmischer und Massenausrotter nicht frei hantieren läßt.

activity should not begin until man moves in.

We are outrageously robbed of our humanity by defiling dictates and criminally forced not to make any changes or additions to façades, the layout or interiors, either in colour, structure, or masonry. Even tenant-owned dwellings are subject to censorship (see building-inspection regulations and lease statutes). The characteristic thing about prisons, cages or pens is the prefabricated 'a-priori' structure, the definitive termination of building activity prior to prisoner's or animal's moving in to a structure which is innately incompatible to him or it, coupled with the categorical restriction that the inmate may change nothing in this 'his' housing, which has been imposed upon him.

For true architecture grows out of normal building activity, and this normal building activity is the organic development of a shell around a group of people. Such building growth is like the growth of a child and of man.

Absolute completion of building construction is tolerable, if at all, only in monuments and uninhabited architecture.

But if a structure is intended to house people inside it, the discontinuation of construction prior to habitation must be seen as an unnatural sterilisation of the growing process and as such as a criminal act which should be punished.

The architect as we know him today is only entitled to construct uninhabitable architecture, if he is indeed capable of doing so. Habitable architecture is not his responsibility, and he must be vehemently denied the right, just as society does not leave a notorious poisoner or a mass murderer free to his devices.

Denn die jetzt vielgepriesene architektonische Vorplanung von Wohnstätten ist nichts anderes als gelenkter Massenmord durch vorsätzliche Sterilisierung. Es genügt ein Gang durch eine europäische Stadt, besonders aber durch ein neuerbautes Stadtviertel, um diese erschütternde Anklage für jedermann beweiskräftig zu machen.

Nur eine Idee von beispielgebenden gesunden Architekturen der Jetztzeit, und diese Liste ist leider beschämend klein:

1. Die Gebäude von Gaudí in Barcelona.
2. Gewisse Gebilde des Jugendstils.
3. The Tower of Watts von Simon Rodia in einem Vorort von Los Angeles.
4. Le Palais Du Facteur Cheval im Departement de la Drôme, Frankreich.
5. Die Elendsviertel, die sogenannten ›Schandflecke‹ jeder Stadt (Slums, Taudis, Quartiere in Salubres).
6. Die Bauernhäuser und Häuser der Primitiven, falls sie jetzt noch wie früher mit den Händen geformt werden.
7. Die Schrebergartenhäuser der Arbeiter.
8. *Illegal, von den Bewohnern selbst errichtete Häuser in Amerika.****
9. Holländische Hausboote, *Sausalito-Hausboote.****
10. Bauten der Architekten Christian Hunziker, *Lucien Kroll**** und weniger anderer.

For the currently highly praised architectural pre-planning of dwellings is little more than planned mass murder by premeditated sterilisation. To prove this accusation, you just have to walk through any recently constructed European town or suburb.

To give just an idea of some exemplary, healthful contemporary architecture, and this list is, unfortunately, shamefully short:

1. The Gaudí buildings in Barcelona.
2. Certain Art Nouveau buildings.
3. The Tower of Watts by Simon Rodia, in a residential section of Los Angeles.
4. Le Palais du Facteur Cheval in the Département de la Drôme, France.
5. The slum sections of cities, the so-called 'urban blemish' ('taudis' in French, sections in 'salubres').
6. Homes of peasants and primitives, whenever still handmade, as earlier.
7. Old Austrian and German 'schrebergärten' (workers' allotment-garden houses).
8. *Illegally built, American self-made houses****.
9. Dutch and *Sausalito houseboats****.
10. Buildings by the architects Cristian Hunziker, *Lucien Kroll**** and few others.

*** *Kursiv* gesetzte Korrekturen und Ergänzungen Hundertwassers von 1996.

*** Additions and corrections *in italics* by Hundertwasser made in 1996.

Zusatz, 1964

Architekten dürfen nur die Funktion von technischen Beratern ausüben, das heißt Fragen über Stabilität etc. beantworten; müssen jedenfalls aber dem Bewohner beziehungsweise den Wünschen der Bewohner untergeordnet sein.

Jeder Bewohner muß Zugang zu seiner ›Außenhaut‹ haben, das heißt, auch die zur Straße gekehrte Hülle seiner Behausung gestalten dürfen.

Addendum, 1964

The architect's only function should be that of technical advisor, i. e., answering questions regarding materials, stability, etc. The architect should be subordinate to the occupant (tenant, owner, lodger) or at least to the occupant's wishes.

All occupants must be free to create their 'outer skins' – they must be free to determine and transform the outward shell of their domicile facing the street.

Tafel/Plate 4: 104 Kathedrale I/Cathedral I, 1951

Aquarell, 67 x 50 cm. KunstHausWien

Tafel/Plate 5: 151 Blutende Häuser/Bleeding houses, 1952
Mixed media, 104 x 60 cm. KunstHausWien

Arno Lederer

Sinnlichkeit für alle

Vom Büro des Autoren, der Architekt ist, hat man einen guten Blick über die Straße. Die Räume liegen in einem umgenutzten Industriegebäude. Drumherum gruppieren sich vorbildliche Wohnbauten. Das Quartier gehört zu den Beispielen, die in der Fachwelt hoch gelobt werden. Was sich die Entwerfer vorgestellt haben, ist hier eingetroffen: ein lebendiges Stück Stadt ist entstanden. Zwischen den in frischen Farben gehaltenen Häusern flanieren Menschen, spielen Kinder und sieht man Radfahrer und Autos in friedlicher Koexistenz mit den Fußgängern. Der Raum, über den wir dabei sprechen, ist ohne Zweifel modern. Flache Dächer, helle Putzflächen wechseln mit Metallfassaden und Glasflächen, da und dort auch Sichtbeton. Kurzum, eine Umgebung, die man all jenen vorführen könnte, die glauben, moderne Architektur und lebenswerte Umwelt seien zwei ungleiche Geschwister.

Manchmal fahren auf der Straße, auf die man vom Büro aus blicken kann, Busse mit Menschen vorbei, die sich für die Besonderheiten der Stadt interessieren. Vielleicht sind die Architektenaugen dem Bus anfänglich in der Erwartung gefolgt, dass das eigene Werk von Interesse sein könnte. Aber die Köpfe im großen Wagen verharren in jener gleichgültig entspannenden Haltung, die einen vermuten lässt, dass Stadtrundfahrten etwas Obligatorisches seien, was man ebenso nolens volens hinnimmt wie eine zu lange Predigt am Sonntag. Erst beim nächsten Halt, wenige hundert Meter weiter, gerade außer Sichtweite, hält der Bus und die Traube der Betäubten quillt aus dem Wagen hinaus ins Freie. Da sind sie plötzlich quicklebendig wie kleine elektrisch betriebene Weihnachtsmänner, die auf Knopfdruck die Hüfte schwingen und Jingle-Bells intonieren.

Sensuality for all

From the office of the author – who is an architect – you have a good view across the street. Located in a disused industrial area, the office is surrounded by exemplary housing. Indeed, experts sing the quarter's praises. It is a living example of architects' ideas being put into practice, and the result is a lively urban area. The houses are painted in fresh colors, and here and there people stroll, children play and you see cyclists and cars in peaceful coexistence with pedestrians. Without doubt, the ambience is a modern one: Flat roofs, pale expanses of plaster alternate with metal façades and glass surfaces, here and there you see exposed concrete. In short, the sort of area to show all those who believe modern architecture and an environment offering quality of life are totally incompatible.

Sometime buses drive past on the street you can see from the office. The passengers are interested in what the town has to offer. Maybe the architect's gaze initially followed the bus in the hope that his own work might be of interest. But the heads in the large vehicle remain in that indifferent relaxing position that make you think city sightseeing tours are something obligatory that must be endured willy nilly, like a long-winded Sunday sermon. Not until the next stop, a few hundred meters down the road and just out of sight, does the bus come to a halt and a cluster of benumbed passengers pours out of the vehicle into the open. And suddenly they are as lively as small, battery-operated Santa Clauses, who swing their hips and sing Jingle Bells at the touch of a button. Seized with excitement they stand in front of the Hundertwasser building with the certainty that they have been hoodwinked. Boring

Freudig ergriffen stehen sie nun vor dem Hundertwasserhaus mit der Gewissheit, dass sie Lügen gestraft wurden. Von wegen langweilige Stadtrundfahrt: jetzt erst hat sich die Tour wirklich gelohnt!

Auf dieses Phänomen angesprochen, reagieren Architekten gereizt. Sie schauen lieber weg von dem, wonach der Laie sich die Lippen leckt. Der wiederum fragt sich, warum ein gesamter Berufsstand partout nicht verstehen will, dass es sich hier um wirklich gute Architektur handele und warum etwas, das endlich dem Geschmack einer Mehrheit gerecht werde, nicht zur Norm erhoben werden könne. Das, so meint er, sei doch nun wirklich der Beweis dafür, dass die moderne Architektur auf der ganzen Linie versagt habe. Eine unüberwindbare Kluft tut sich auf.

Die meisten Architekten, die eine ordentliche Lehre an einer renommierten Hochschule oder Akademie genossen haben, entziehen sich einer Diskussion über Hundertwasser. Sie verspüren nicht einmal die Lust, eines seiner Gebäude wenigstens heimlich anzuschauen. Kitsch, Konditorware, Rattenfängerei. Weit weniger Aggression kommt auf, wenn man die belanglosen Durchschnittsbauten der näheren Umgebung anschaut. Obwohl auch dort Bögen, schick bemalte Balkonbrüstungen und bajuwarische Kunststofftüren um den geschmacklichen Zuspruch des Durchschnittbürgers buhlen. Und dass beim Döner oder Italiener die Farben von Sonnenuntergängen mit bukolischen Architekturszenen um die Wette eifern, ist erträglich, ja wird sogar als lustig empfunden.

Was die Häuser von Hundertwasser wirklich auszeichnet, ist die unmittelbare und spontane Wirkung, die auf den Betrachter übergeht. Er muss nichts verstehen von räumlichen Zusammenhängen, von Städtebau, Konstruktion, Tragwerk und Material. Er begegnet ausschließlich einem dreidimensionalen Bild, dessen Duktus er vielleicht schon aus der Zweidimensionalität kennt. Hängen nicht überall die bunten

sightseeing tour my foot: Now the tour is really worthwhile!

Architects become annoyed when asked about this phenomenon. They prefer to look away from those things that make the innocent layman lick his lips. And the latter wonders why an entire profession refuses to admit this is really good architecture and why something that finally caters to the taste of a majority cannot be raised to a norm. As he sees it, this more than proves that modern architecture has failed all down the line. An invincible gulf opens up.

Most architects who benefited from decent training at a reputable university or academy are reluctant to get involved in a discussion about Hundertwasser. They do not even feel moved to take a secret peek at one of his buildings, deriding it as kitsch, wedding cake icing, or the work of a pied piper. Much less aggression surfaces when you examine the insignificant, nondescript buildings in the immediate vicinity. Even though here too curves, smartly painted balcony balustrades and Bavarian plastic doors vie to woo the approval of Mr Average. And nobody minds that sunset reds and oranges compete with bucolic architectural scenes at the Italian restaurant or döner kebab joint. People even find it amusing.

What really makes Hundertwasser's buildings stand out is their direct, spontaneous impact on the onlooker. He does not need to understand anything about spatial contexts, urban development, design, support structures or material. What he encounters is a three-dimensional image whose handwriting he may even recognize from a two-dimensional context. After all, do you not see those bright Hundertwasser pictures adorning the walls of hospitals, Protestant community centers and local libraries? And did not those earlier encounters with swirls, ribbons of color and colorful surfaces meet with unreserved approval? Standing in front of the building it would not much impair our enjoyment

Hundertwasser-Bilder auf den Fluren von Krankenhäusern, evangelischen Gemeindehäusern und Stadtbibliotheken? Und fanden nicht da schon die Begegnungen mit den Spiralen und Farbbändern und Buntflächen einen uneingeschränkten Zuspruch? Ebenso wenig wie einem jetzt, vor dem Gebäude, die Vermittlung kunstwissenschaftlicher Grundkenntnisse eher den Genuss des Anblickes verderben würde, sind bei der Bildbetrachtung tiefer gehende Erläuterungen eher störend. Vielleicht ist das die eigentliche Qualität, die Bild und Architektur dieser Art vermögen: die unmittelbare Zugänglichkeit, die direkte Wirkung auf Gemüt und Empfindung.

Nun gibt es so etwas ja auch in der ›ernsten‹ Architektur. Nehmen wir Corbusiers Ronchamp, Neumanns Grotte im Schloss Bruchsal, Gaudís Park Güell in Barcelona oder O'Gormans eigenes Haus in Mexiko-Stadt. Dort kommt es zu jenem spontanen Einswerden, einer unmittelbaren sinnlichen Wirkung, die diese Gebäude auf den Besucher ausüben, vor allem auf jene, die sich wenig oder überhaupt nicht für Architektur interessieren. Beim unvermittelten Anblick dieser Beispiele kippt das Desinteresse. »Warum bekommt ihr das nicht hin?«, fragen sie die Architekten. »Warum habt ihr einen so fürchterlichen Geschmack, den nur ihr habt, und den die Öffentlichkeit nicht mit euch teilen will?«

Es ist exakt dieser Vorwurf, den Hundertwasser sich zu eigen macht. Den Mangel, dass die Moderne nicht dem gesunden Volksempfinden entspreche, nimmt er zum Anlass und zum zentralen Thema seiner Opposition. Das Verschimmelungsmanifest, das Manifest ›Los von Loos‹, könnten direkt ein Nachschlagewerk für Architekturhasser darstellen. Die unmittelbare Wirkung der Wutausbrüche entspricht bis heute dem Vokabular, das zahlreiche Bürgerinitiativen für sich beanspruchen, die da und dort gegen die ›Zubetonierung‹ von Stadt und Landschaft auftreten. Im ›Fensterrecht‹ von 1974 erscheint der Hintergrund, auf dem die Argumentation aufbaut, am deutlichsten:

of it to be provided with some basic information about the theory of art, and similarly, in-depth explanations would not add much to our enjoyment of one of his paintings. Perhaps that is what constitutes the real quality of such pictures and architecture: The immediacy and direct impact on mood and senses.

Admittedly, you do also find this in 'serious' architecture. Take Corbusier's Ronchamp, Neumann's grotto in Schloss Bruchsal, Gaudí's Park Güell in Barcelona or O'Gorman's own house in Mexico City. These are also instances of buildings producing the same spontaneous sense of cohesion, a direct sensual impact – especially on those visitors with little if any interest in architecture. One look at such buildings, and all disinterest evaporates. "Why can't you do that?" they ask the architects. "Why do you have such awful taste that you alone appreciate, one that is not shared by the general public?"

It is precisely this criticism that Hundertwasser takes up. He makes this very shortcoming – Modernist architecture's failure to cater to sensible public opinion – the motivating force and central topic of his opposition. His Mouldiness Manifesto, 'Los von Loos' (Away from Loos) could easily serve as a reference work for those who despite architecture. The direct impact of the angry outbursts still reflects the language favored by numerous civic action groups that protest here and there against the 'spread of concrete', which blots our towns and landscapes. The 1974 'Window Right' most graphically illustrates the background on which the argumentation was based: "Every person has the right to lean out of his window and to paint the outer wall pink, as far as his arm reaches, so that you can see from a distance: a person lives there."

Naturally, this sentence does not immediately call to mind either art or houses, which by virtue of a coat of paint are lent an expression that has a positive, sensual appeal to onlookers,

Tafel/Plate 6: 167 Die Stadt/The city, 1953

Mixed media, 74 x 176 cm. Österreichische Galerie Belvedere, Wien

»Jeder Mensch hat das Recht, sich aus seinem Fenster zu lehnen und die Außenwand rosa zu bemalen, soweit sein Arm reicht, damit man von weitem sehen kann: dort wohnt ein Mensch.«

Bei diesem Satz denkt man natürlich nicht an Kunst und auch nicht an Häuser, die aufgrund ihrer Bemalung jenen Ausdruck erhalten, der den Betrachter sinnlich positiv anspricht. Obwohl dabei natürlich eine gewisse malerische Absicht dahinter steht. Denn die bunten Putzfaschen stellen in der Gestaltung der Hundertwasser Fassaden ein ganz wesentliches Merkmal dar. Um nicht zu sagen, sie sind neben den dicken, bauchigen Stützen und kugelförmigen Kapitellen und Abschlüssen geradezu das Markenzeichen seiner Architektur. Nein, zunächst geht es nur um die Frage, wie sich der Einzelne gegen eine anonyme, durch Technik und Vorschriften fremd bestimmte Welt durchsetzt. Somit hat die Farbe nicht den Sinn, die Architektur selbst zu ergänzen oder gar die räumliche Wirkung zu verstärken. Sie stellt zunächst für den Außenstehenden ein Mittel der Auflehnung dar.

Man stelle sich vor, Bewohner irgendwelcher anonymer Wohngebäude hätten in einer unermesslichen Zahl zum Pinsel gegriffen, sich aus dem Fenster gelehnt und, soweit es geht, die angrenzende Wandfläche angestrichen. Das hätte vermutlich wenig mit der von Touristen so geschätzten Sinnlichkeit zu tun, die die Hundertwasser Fassaden ausstrahlen. Nicht nur, dass die Fenster den Mündern kleiner Mädchen geglichen hätten, die das erste Mal heimlich den Lippenstift der Mutter ausprobieren. Auch dass in der Gesamtheit der Erscheinung sich ein Muster schlecht geschminkter Münder ergeben hätte, die in sich wieder zu einer Anonymität führen und sich weit von der Art des gestalterischen Potenzials entfernten, die man den wenigen Beispielen durchaus attestieren kann. Gewiss, man könnte auch den Schluss ziehen, dass es Hundertwasser vielleicht auch um ein Mittel zum Zweck ging. Denn sicher stand hinter

even allowing for the fact that there is also creative intention behind the act. However, in Hundertwasser's façades the bright plaster frameworks represent a highly distinctive design aspect. Indeed, you could say they are the very trademark of his architecture along with the thick, bulbous supports and spherical capitals and finishing. No, the initial issue is how an individual can assert himself against an anonymous world governed by technology and regulations. As such, color does not serve to complement the architecture itself or even reinforce the spatial impact. For the outsider it represents first and foremost a means of revolt.

Just imagine huge numbers of inhabitants from some anonymous apartment building or other grabbing brushes, leaning out of their windows and, where possible, painting parts of the adjacent wall. Presumably the outcome would have little in common with the sensuality that Hundertwasser's façades exude, and which sends tourists into raptures. It is not merely that the windows would have looked like the mouths of young girls, who covertly try out their mother's lipstick for the first time. In addition, their repetition would have produced a pattern of poorly made-up mouths, which in turn would create an anonymous quality and would be far removed from the artistic potential, which is most certainly evident in the handful of examples. Certainly, you could come to the conclusion that Hundertwasser merely saw his protest as a means to an end. After all, his rebellious affectation no doubt also concealed a secret desire to determine the design of things. Today, the differences between Hundertwasser's architecture and emulations of it are abundantly clear. Here and there you sometimes see the bright, cheerful efforts of the alternative movement that set about putting Hundertwasser's ideas into practice in the early 1970s. Such efforts, however, do not compare to Hundertwasser's extremely meticulous approach to surfaces. Seen

dem revoltierenden Gehabe auch insgeheim sein Wunsch zu bestimmen, wie diese Dinge zu gestalten sind. Heute sieht man diesen Unterschied ganz deutlich. Manchmal kann man da und dort noch die farbig-fröhlichen Bemühungen der alternativen Bewegung sehen, die sich in den frühen siebziger Jahren anschickte, die Gedanken Hundertwassers umzusetzen. Doch steht das in keinem Vergleich zu den sehr sorgfältig behandelten Oberflächen von Hundertwassers Häusern. Diese spiegeln, auch aus heutiger Sicht, nicht den Inhalt der gesellschaftspolitisch radikalen Postulate wider, sondern eher die Frage nach einem Verlust von Sinnlichkeit.

Jene Sinnlichkeit ist hingegen etwas, das man den bereits zitierten Beispielen Ronchamp und Gaudí nicht absprechen kann. Vielleicht kann man aber gerade Ronchamp als Maßstab nehmen und daran das herausschälen, was Hundertwasser auf der einen und ›richtige‹ Architekten auf der anderen Seite trennt. Denn die Kirche von Corbusier stieß kurz nach ihrer Fertigstellung bei führenden Architekten der damaligen Zeit auf herbe Kritik. Und diese Kritik war es auch, die in einer ungefähren Verwandtschaft zu dem Phänomen des Zuspruches steht, den Hundertwasser-Häuser von vielen Menschen erhalten. So schreibt Gerhard Kapierske im Katalog zur Egon Eiermann Ausstellung: »Ronchamp ist für Eiermann ein abschreckendes Beispiel für die Verletzung der tektonischen Spielregeln. Die Kirche sei keine Architektur, sondern eine sentimentale begehbare Plastik, darin der New Yorker Freiheitsstatue eng verwandt und somit unausgesprochen ein Zeugnis einer längst überwundenen Zeit. Le Corbusiers scheinbare 2,50 Meter dicke Außenwand, die beim Klopfen hohl klingt, (...) ist für ihn ein Zeugnis der Täuschung um der Effekte Willen, bestenfalls Kinoarchitektur, die man nicht ernst nehmen könnte.«[1] Diese Einschätzung ist fast identisch mit jener von Rudolf Schwarz, der meinte, die Kapelle erinnere ihn allzu sehr an Hollywood.[2]

1 Kapierske, Gerhard, in: Egon Eiermann, 1904–1970, Kontinuität der Moderne, Ostfildern 2004

2 Pehnt, Wolfgang und Strohl, Hilde (Hrsg.): Rudolf Schwarz, Architekt einer anderen Moderne, Ostfildern 1998

from the current perspective the latter do not reflect radical socio-political postulates, but rather address the loss of sensuality.

Indisputably the aforementioned examples by Corbusier and Gaudí also exude such sensuality. If we look more closely at Ronchamp in this light it might help us extract from it what separates Hundertwasser on the one hand from the 'proper' architects on the other. After all, shortly after its completion Corbusier's chapel met with harsh criticism from leading architects of the time. And it was this criticism that has a certain affinity to the popular reception Hundertwasser houses are given by many people. Accordingly, Gerhard Kapierske writes in the catalog for the Egon Eiermann exhibition: "Eiermann views Ronchamp as drastic illustration of what happens when tectonic rules are ignored. He claims the chapel is not architecture but rather a sentimental, walk-through installation, in this sense closely related to the Statue of Liberty in New York, and thus tacitly represents a regression of sorts. Le Corbusier's outer wall that appears to be 2.50 meter thick, but which sounds hollow when knocked, (...) is for him a sign of deception for the sole purpose of effect, at best a movie set that cannot be taken seriously."[1] This view is almost identical with that of Rudolf Schwarz, who claimed the chapel reminded him too much of Hollywood.[2]

However, this aspect, such is dealt severe condemnation, is precisely the thing so appreciated by those people, who do not make the arduous journey to the small chapel on the mountain for religious reasons alone: the immediate impact of form and color on the senses. Something is manifested in this building that seems to rise out of the subconscious like something long forgotten. This is what Modernist architecture has withheld and what we were deprived of by reason, technology and science.

Yet Corbusier is worlds apart from Hundertwasser. For in his case color is

Was da eine vernichtende Verurteilung erfährt, ist aber umgekehrt das, was von den Menschen, die sich nicht nur aus religiösen Gründen auf den Berg zu der kleinen Kirche bemühen, wertgeschätzt wird: die unmittelbare Wirkung von Form und Farbe auf das Gemüt. Es tritt in diesem Bau etwas zutage, das wie verschollen aus dem Unterbewusstsein auftaucht. Das ist es doch, was die Moderne den Menschen vorenthalten hat und was uns durch Ratio, Technik und Wissenschaft genommen wurde.

Dennoch ist Corbusier meilenweit von Hundertwasser entfernt. Denn bei ihm ist Farbe in ein Gesamtkonzept eingebunden. Unabhängig von der ›Scheinkonstruktion‹, der von Eiermann bemängelten Außenwand, sind Farbe, Raum, Erschließung und Konstruktion Eines und untrennbar voneinander verbunden. Damit steht dieser Bau in der Tradition der Anwendung von Farbe in der Architektur. In diesem Verständnis wird Farbe immer zur Unterstützung des architektonischen Konzeptes eingesetzt, ob es sich um die Füllung von Feldern zwischen konstruktiven Elementen handelt oder um die Betonung der Tragelemente selbst. Immer stärkt Farbe die räumlichen Verhältnisse und trägt zur Intensivierung des Raumes an sich bei. Die sinnliche Wahrnehmung erfolgt also immer durch die Gesamtheit der Dinge, die nicht in Einzelteile zerlegt werden kann.

Im Grunde genommen kann man dem folgen, was Karl Philipp Moritz 1789 in seinem Aufsatz ›Die Zierrathen in den verschiedenen Säulenordnungen‹[3] entwickelt hat. So wie es dort für das Ornament besprochen ist, kann Farbe als ein Mittel gesehen werden, das die Wesenhaftigkeit eines Gebäudes ›erst eigentlich‹ zum Ausdruck bringt. Danach ist das Ornament bzw. in unserem Fall die Farbe dann ohne Sinn, wenn sie nicht aus der Physis der Konstruktion heraus entwickelt ist. Dieser Gedanke ist nicht unwesentlich, denn er hängt unmittelbar mit der Frage der Lesbarkeit von Architektur zusammen.

an integral part of his overall concept. Irrespective of the outer wall's 'illusory construction' criticized by Eiermann, color, space, development and design are one, and inseparably linked with one another. This places the building in the tradition of the use of color in architecture. In this context, color is always employed to underscore the architectural concept, whether the purpose is to fill the areas between structural elements or to emphasize the supporting elements themselves. Color always reinforces the spatial proportions and is instrumental in intensifying space per se. In other words, sensual perception always results from the sum total of things, an entirety that cannot be broken down into separate elements.

Essentially, we can concur with what Karl Philipp Moritz 1789 sets out in his essay 'Die Zierrathen in den verschiedenen Säulenordnungen'[3] (The Decoration in the Various Column Orders). What Moritz says about the use of ornament can be applied to color, namely that it is the aspect which truly expresses a building's essential nature. According to Moritz, ornament or in our case color makes no sense when it is not developed out of the physical constitution of the design. This idea is not insignificant since it is directly connected with the question of architecture's readability.

Corbusier and O'Gorman, as well as Gaudí, derive their approach from architecture, while Hundertwasser derives his solely from painting. Architects always elaborate their work on the parameters of design, supporting structure, function and so on. This is their terrain. By contrast, Hundertwasser approaches his work from the two-dimensional, the flat surface. However, the use of color in architecture implies that it is not the image that is the decisive thing, and this explains how architecture can also be conceived without color. Only seldom is the reverse possible, though, namely that color can be seen independently of the architecture itself. This is the striking

3 in: Moritz, Karl Philipp: Schriften zur Ästhetik und Poetik, Tübingen 1962

Tafel/Plate 7: 219 Schachtelhaus in Perspektive – petites prisons / Box house in perspective – small prisons, 1955
Aquarell, 45 x 58 cm. KunstHausWien

Corbusier, O'Gorman oder auch Gaudí kommen von der Architektur her, Hundertwasser hingegen von der Malerei. Architekten entwickeln ihre Arbeit immer aus den Parametern von Konstruktion, Tragwerk, Funktion u. s. w.. Dort sind sie zu Hause. Hundertwasser kommt jedoch vom Zweidimensionalen, der ebenen Bildfläche. Farbe in der Architektur bedeutet jedoch, dass nicht das Bild das Entscheidende ist. Dies erklärt im Endeffekt, dass die Architektur auch ohne Farbe gedacht werden kann. Selten ist der umgekehrte Fall möglich, nämlich dass Farbe unabhängig von der Architektur gesehen werden kann. Das ist der eklatante Unterschied zwischen dem, was Hundertwasser macht und dem, was von jenen Architekten ausgeht, die man zunächst scheinbar in einer gewissen Verwandtschaft sehen könnte.

Dieses Dilemma ist Hundertwasser offensichtlich aufgefallen. Er selbst spricht von einer notwendigen Einheit von Architekt, Bauherr und Handwerker. Diese sollten im Idealfall in einer Person vertreten sein. Er selbst kann dieser Forderung natürlich nicht nachkommen. Deshalb nimmt er sich bei seinen Projekten für all das, was außerhalb der gekrümmten Linie und der Farbe liegt, einen Architekten hinzu. Das muss der tiefere Grund sein, warum einem, denkt man an Hundertwasser-Häuser, nur die Fassaden in den Sinn kommen. Nicht die Grundrisse, nicht der räumliche Zuschnitt, nicht die Konstruktion, nur die Farbe und die bukolischen Linienführungen prägen diese Wahrnehmung. Da sich aber alles auf diesen einen Punkt konzentriert, erhält umgekehrt das Bild der Fassade eine unglaubliche Wichtigkeit. Geradezu autistisch konzentriert er sich unter Ausblendung nahezu aller die Architektur bestimmenden Parameter auf die sinnliche Erfassung der Gebäude, da damit alle rationalen Elemente ohne gestalterische Berücksichtigung bleiben. Das macht die enorm starke Wirkung, die Faszination, aus, die von diesen Bauten auf die Besucher übergeht.

Abb. 1:
Hundertwasser
auf der Baustelle des
Hundertwasser-Hauses,
1985

Fig. 1:
Hundertwasser
on the building site
of the Hundertwasser
House, 1985

Photo: Gerhard Krömer

difference between what Hundertwasser does and what is created by those architects, who initially seem to have a certain affinity with him.

Hundertwasser was evidently aware of this dilemma. He himself speaks of the necessary unity of architect, developer and craftsman, who ideally should be one and the same person. Naturally, he is not able to meet this requirement himself, which is why he routinely consults an architect for all those projects that require more than curved lines and color. This must also be the reason why, when you think of Hundertwasser buildings, you automatically think of the façades, not of the layouts nor the spatial cut, and not the design; our perception takes in only the color and the bucolic lines. However, as everything is focused on this single aspect the appearance of the façade assumes extraordinary significance. Hundertwasser concentrates egocentrically on the façade's sensual composition to the almost virtual exclusion of all the parameters defining the architecture; in effect, none of the rational elements

Es könnte durchaus sein, dass gerade darin auch eine Stärke liegt. Da es für die Erfassung keine objektiven Maßstäbe mehr gibt und nur noch die sinnlichen Werte herangezogen werden können, können ganz andere Botschaften transportiert und das Augenmerk des Betrachters nur auf diesen Punkt fokussiert werden. Das ist der Konflikt, der dazu führt, dass eine Vielzahl von Architekten, vor allem jene, die sich der Tradition der Moderne verpflichtet fühlen, eine Abneigung gegen Hundertwasser Bauten empfinden. Es ist auch der Grund dafür, dass der Bus nicht an den Projekten hält, die ganz aus der Entwicklungslinie der Moderne heraus entworfen sind. Er hält dort, wo Menschen, denen räumliches Verständnis und die Komplexität der Architektur eher fremd sind, plötzlich eine bemerkenswerte Übereinstimmung zu sich finden. Und genau an dieser Stelle legt Hundertwasser den Finger in die Wunde der Moderne. Seelenlos sei diese, sagte ja auch schon Bloch.

Hundertwasser war schlau genug, sich nicht an den Großen der Architektur zu orientieren. Er nennt zwar Gaudí einen seiner Paten, doch dieser war sozusagen Aussteiger und pflegte einen Antiakademismus (was seine Stärke war). Ferdinand Cheval, der Briefträger, der das Palais Idéal in Hauterives errichtete und Simon Rodia, Erbauer der Watts-Towers in Los Angeles, sind die wichtigen Leitfiguren Hundertwassers. Beide sind Spinner und Aussteiger mit autistischen Zügen, geniale Bastler, die aus ihrer naiven Welt prachtvolle Gebilde schufen. Denen ist Hundertwasser sehr verwandt mit seinen Häusern, die manche als ›Schlumpfarchitektur‹ diskreditieren. Aber genau an diesen Bauten halten die Busse, denn sie bieten etwas, woran es der ›offiziellen‹ Architektur viel zu oft mangelt: Sinnlichkeit für alle!

are taken into account in design terms. This constitutes the powerful impact, the fascination that these buildings exert on visitors.

It is possible that precisely this concentration makes for certain strength. Given that there are no longer objective standards for architectural perception and only the sensual values can be drawn on, it is possible to convey totally different ideas and the viewer's attention can be focused exclusively on this aspect. This is the conflict responsible for the fact that many architects, and above all those who feel bound to the tradition of Modernism have an aversion to Hundertwasser buildings. It is also the reason why the bus does not stop at those projects that are developed entirely from the Modernist line of development. Instead, it stops at those places where people who find it difficult to relate to spatial concepts and the complexity of architecture suddenly detect something to which they can relate. And it is precisely at this point that Hundertwasser puts his finger into the wound that is Modernism. Bloch had already said it was soulless.

Hundertwasser was intelligent enough not to be guided by the big names in architecture. Admittedly, he cites Gaudí as being one of his inspirations but the latter was essentially a dropout and cultivated a certain anti-intellectualism (which was his strength). Ferdinand Cheval, the postman, who built the Palais Idéal in Hauterives and Simon Rodia, builder of the Watts Towers in Los Angeles, are Hundertwasser's most important models. Both are crackpots and dropouts with a tendency towards extreme self-absorption, brilliant improvisers, who created magnificent buildings from their naive world. Hundertwasser has a great affinity to them with his houses some dismiss as 'dwarf architecture'. But it is precisely at these buildings that the tourist buses halt, because they offer something all too often lacking in 'official' architecture: Sensuality for all!

Tafel/Plate 8: 455 Die drei Regentropfen / The three raindrops, 1959
Mixed media, 72,5 x 61 cm. DIE GALERIE, Frankfurt am Main

Gert Kähler

»Das alles rührt an die Grundgesetze der Baukunst«

Märchenschloss kontra weiße Moderne?

Die ganze Aufregung ist für Nicht-Architekten schwer verständlich.

Zwar gab es schon, als Friedensreich Hundertwasser noch Bilder malte, viele sachkundige Kritiker, die aufgrund seines immensen Erfolges wussten, es könne sich keinesfalls um höhere Kunst handeln. Das gilt für seine Architektur ebenso. Beim Hundertwasser-Haus in Wien musste noch ein Erwachsener helfen (der später ausstieg); die Grundrisse sind bestenfalls banal. Umgestaltungen von Müllverbrennungsanlagen, Kleinstadtbahnhöfen und Plattenbauten sind Fassadendekoration, haben aber mit Architektur als einer Raum-Kunst nichts zu tun. Und ein veritables Märchenschloss, unglücklicherweise auf einer verseuchten Deponie gebaut, entzückte die Kinder, musste aber, da für jene gebaut, von den Kritikern nicht weiter Ernst genommen werden. Eine Stadt ganz aus Hundertwassern möchten die sich nicht einmal im Alptraum vorstellen.

Dass man die Sehnsüchte der Kinder und der kindlich gebliebenen Erwachsenen Ernst nehmen muss, steht außer Frage. Für viele Architekten aber wird Hundertwasser zum wohlfeilen Alibi: Die Sehnsüchte nach Emotion und Geborgenheit auf diese Weise erfüllen? Das disqualifiziert die Sehnsüchte zusammen mit den Mitteln. Weil die Mittel falsch sind, müssen es auch die Sehnsüchte sein?

Offenbar ist Gefälliges, gar von vielen Geliebtes, in den höheren Sphären architektonischer Reinheit und Askese verdächtig. Sind Skat, Western und Krimis für die Architekten unerträglich, die den puren Kubus einer ›Neuen Einfachheit‹ bauen wollen? Schon Robert Venturi hatte propagiert, er liebe die Beatles und Scarlatti. Er gilt

"It all shakes the fundamental laws of architecture"

Fairy-tale castle versus white Modernism?

Anybody who is not an architect finds it hard to understand what all the fuss is about.

When Friedensreich Hundertwasser was still painting pictures, there were many well-informed critics who – as a result of his immense success – opined that there was no way this was great art. The same is true of his architecture. At the Hundertwasser House in Vienna an adult (who later left the project) still had to help out; the ground plans are banal at best. Façade decorations are the term given the refashioned former garbage incineration plants, small town train stations and prefabricated buildings, that have nothing to do with architecture as a spatial art form. And a veritable fairy-tale castle, which was unfortunately built on a contaminated dumpsite, enchanted children, but precisely because it was built for children the critics were loath to take it seriously. A city full of Hundertwassers – it didn't even bear thinking about.

It goes without saying that the longings of children and those adults who have remained children have to be taken seriously. But for many architects Hundertwasser has become a cheap alibi: why fulfill the longing for emotion and security this way? It disqualifies both the longings together with the means. Just because the means are wrong, does it mean that the longings are wrong as well?

Apparently, what is pleasing to or even loved by many is considered suspect in the higher spheres of architectonic purity and asceticism. Are the card game skat, westerns and thrillers unbearable for architects who want to build a pure cube of 'New Simplicity'? Even Robert Venturi proclaimed that he loved The Beatles and

allerdings, fälschlich, inzwischen als theoretischer Bruder Leichtfuß, weil des obsoleten postmodernen Eklektizismus verdächtig.

Aber muss Architektur zwingend gravitätisch daherkommen, mit marschierenden Säulen, zumindest aber in weißer Reinheit der klassischen Moderne? Die Baugeschichte liefert keine Belege dafür, dass Architekten keinen Humor haben dürfen. Was ist mit dem Manierismus am Ausgang des Barocks, was mit den Follies des 18. und frühen 19. Jahrhunderts? Ist der Nachbau einer italienischen Villa in Berlin von Schinkel todernst gemeint? Und wie steht es mit gebauten Scherzen von John Nashs pseudo-indischem Brighton Pavilion bis zu Hans Holleins Fremdenverkehrsbüro am Opernring in Wien? Darf Charles Moore für einen vermutlich mafiösen Bauunternehmer in New Orleans ein leichtes, intelligentes Soufflé als ›Piazza d'Italia‹ bauen, Hundertwasser aber kein Märchenschloss, weil man Märchenschlösser heute nur post-modern bauen darf, nämlich im Bewusstsein – frei nach Umberto Eco –, dass man Märchenschlösser heute nicht mehr bauen kann? Wann genau schlägt die gesellschaftlich akzeptierte, unbefangen-naive Art des Kindes in die nicht akzeptierte Form einer Naivität von Erwachsenen um, die nicht mehr reizend, sondern aufreizend ist – zumindest für Architekten und Kritiker?

Der Bürger, der sich in der gebauten Umwelt zurechtfindet, sich mit ihr identifizieren soll, findet Hundertwassers Bauten in der Regel schön. Aus einer wissenschaftlichen Befragung von Schülern: »Nach Gebäuden gefragt, die ihnen gefallen, nennen sie fast ausschließlich optisch spektakuläre Einzelbauten, z. B. den Frankfurter Messeturm oder Gebäude von Friedensreich Hundertwasser. Die meistgenannten ›Qualitätskriterien‹ sind: bunt, phantasievoll, kreativ, anders, ungewöhnlich.«[1] Auch Studenten – wohlgemerkt nicht solche der Architektur! – sind da nicht viel anders: »27,3 % waren

Scarlatti. However, he is now – falsely – considered a theoretical lightweight as he was suspected of the obsolete eclecticism of postmodernism.

But does architecture always have to be so solemn, with marching columns, or at least be part of the white purity of classic Modernity? The history of building offers no proof that architects are not supposed to have a sense of humor. What about the mannerism at the end of the Baroque era, or what about the Follies of the 18th and early 19th centuries? Is Schinkel's Berlin imitation of an Italian villa supposed to be taken seriously? And what about humorous buildings – from John Nash's pseudo-Indian Brighton Pavilion to Hans Hollein's tourist office on Opernring in Vienna? Should Charles Moore be allowed to build a light, intelligent soufflé in the form of 'Piazza d'Italia' for a building contractor with alleged mafia connections but Hunderwasser not a fairy-tale castle, because nowadays fairy-tale castles should only be built in post-modern style, namely because we are aware – according to Umberto Eco – that we can no longer build fairy-tale castles today? Just when does this socially acceptable, unselfconsciously child-like naivety turn into the sort of adult naivety which is not accepted, which is no longer appealing but provocative – at least for architects and critics?

As a rule, citizens who feel at home with the buildings around them and who are supposed to identify with them find Hundertwasser's buildings attractive. A scientific survey conducted with school children came up with the following: "Asked about buildings they liked, they almost exclusively mentioned visually striking individual buildings e. g., the Frankfurt Messeturm or buildings by Friedensreich Hunderwasser. The most often mentioned 'criteria for quality' are: Colorful, imaginative, creative, different, unusual."[1] Even students – though admittedly not architecte students! – are not much

1 http://wwwpsy.uni-muenster.de/inst3/AEbromme/web/veroef/1998/Arch3.htm
2 Rainer Bromme & Riklef Rambow: Kommt es darauf an, was man daraus macht oder was man darüber weiß? Zur Psychologie der Kommunikation zwischen Architekten und Laien. Schriftliche Fassung eines Vortrags, gehalten am 05. 06. 96
3 W. Sewing: No More Learning from Las Vegas; in: W. Sewing: Bildregie. Basel/Gütersloh 2003, S. 29
4 »We no longer«, so die Mitglieder eines compound nach Wolfe, »depend on the patronage of the nobility, the merchant class, the state, or any other outside parties for our divine eminence. Henceforth, anyone who wishes to bathe in art's divine glow must come here, inside our compound, and accept the forms we bave created – No alterations, special orders, or loud talk from the client permitted. We know best. We have exclusive possession of the true vision of the future of architecture.« Tom Wolfe: From Bauhaus to our house. Toronto 1981, S. 17
5 Wolfe, a. a. O., S. 23

in der Lage, den Namen eines lebenden Architekten zu nennen, davon entfielen 22 % auf Friedensreich Hundertwasser.«[2]

Das macht ja Hundertwasser so verdächtig. Er ist kein Architekt, er hat Erfolg, er baut bunt und nicht weiß, gekurvt und nicht gerade, mit Mützchen und Säulchen anstatt kistenförmig, und er hat noch nicht einmal eine Theorie außer der, die gerade Linie sei verdammenswert. Hätte er eine Architekturtheorie, dann würde er vermutlich nicht seine privaten Mythen von Gold + Bunt + Krumm verkaufen, sondern am kollektiven Gedächtnis der gebauten Stadt weiter bauen, einem ›wesentlichen Kern sozialer Gruppenidentität‹[3]. Genau diese verfehlt Hundertwasser mit seinem privaten ›Zurück in die Kindheit‹. Das kollektive Gedächtnis der Stadt heute artikuliert sich eher in traditionellen Bauformen, wie sie Hundertwasser an seinem ersten Bau nur noch als Zitat erlaubte. Anderenfalls wäre er Vorreiter eines New Traditionalism und würde Kollhoff und andere auf das Trefflichste ergänzen; beider Erfolg beim Publikum ist ohnehin schon vergleichbar.

Aber ohne eine anerkannte Theorie? »Poor Hundertwasser«, möchte man ihm, frei nach Tom Wolfe, zurufen; der hatte Bruno Taut so bezeichnet, der zwar modern gewesen sei, aber nicht akkreditiertes Mitglied im compound der modernen Architekten um den Silberprinzen Walter Gropius herum![4] Er, Taut, hatte seine Siedlungen farbig bemalt, nicht weiß, grau, schwarz: »But a red façade? A color? Well, I mean, my God – how very bourgeois! (...) Oh how they sniggered at poor Bruno over his beloved red front«.[5]

Was als ›klassische Moderne‹ seit den zwanziger Jahren kanonisiert wurde, war, wie man weiß, nur ein Bruchteil dessen, was tatsächlich damals gebaut wurde. Der Erfolg der Moderne war ein Erfolg a posteriori. Schon 1931, mitten in den Folgen der Weltwirtschaftskrise, kamen die Widersprüche zwischen dem – echten oder politisch opportunen – sozialen Engagement der

different: 27.3 % were able to name their favorite architect, with 22 % opting for Friedensreich Hundertwasser."[2]

This is precisely what makes Hundertwasser so suspect. He is not an architect, he is successful, his buildings use color, not white, are curved and not straight, with little toppings and columns instead of box-shaped, and he doesn't even have a theory other than that the straight line should be condemned. If he had an architectural theory then he would probably not sell his private myths of gold + colorful + crooked, but continue to build on the collective memory of the developed city, an 'essential feature of social group identity'.[3] This is exactly what Hundertwasser lacks in his private 'return to childhood'. Today, the collective memory of the city is reflected rather in traditional building forms, such as Hundertwasser only permitted as a quotation in his first building. Otherwise he would be a pioneer of a New Traditionalism, and have perfectly complemented Kollhof et al.; the success both enjoy with the public is already comparable anyway.

But without a recognized theory? "Poor Hundertwasser", one would like to shout out to him, à la Tom Wolfe; this is what he said of Bruno Taut who although he was modern, was not an accredited member of the compound of modern architects surrounding the silver prince, Walter Gropius![4] He, Taut, painted his estates in color, not white, grey, black: "But a red façade? A color? Well, I mean, my God – how very bourgeois! (...) Oh how they sniggered at poor Bruno over his beloved red front".[5]

What, since the 1920s, has been canonized as "classic Modernism" represents, as we all know, only a fraction of what was actually built at the time. The success of Modernism was an a posteriori success. As early as 1931, in the midst of the world economic crisis, the contradiction between the – real or politically motivated – social commitment of architects and the taste

1 http://wwwpsy.uni-muenster.de/inst3/AEbromme/web/veroef/1998/Arch3.htm
2 Rainer Bromme & Riklef Rambow: Does it depend on what you make of it or what you know about it? On the psychology of communication between architects and amateurs. Written version of lecture held on June 10, 1996
3 W. Sewing: No More Learning from Las Vegas; in: W. Sewing: Bildregie. Basle/Gütersloh 2003, p. 29
4 "We no longer", according to members of a compound following Wolfe, "depend on the patronage of the nobility, the merchant class, the state, or any other outside parties for our divine eminence. Henceforth, anyone who wishes to bathe in art's divine glow must come here, inside our compound, and accept the forms we have created – No alterations, special orders, or loud talk from the client permitted. We know best. We have exclusive possession of the true vision of the future of architecture." Tom Wolfe: From Bauhaus to our House. Toronto 1981, p. 17
5 Wolfe, ibid., p. 23

© HUNDERTWASSER

Tafel/Plate 9: 456 Stadt in Blüte/City in bloom, 1960

Mixed media, 50 x 100 cm. Privatbesitz

Architekten und dem Geschmack einer bestimmten Schicht in Berlin auf den Punkt. Auf der einen Seite gab es den Wettbewerb für das ›wachsende Haus‹ für die Arbeitslosen, an dem immerhin 1079 Architekten teilnahmen – von Bruno Taut bis Hans Scharoun auch die namhaftesten modernen, die in diesen Vorschlägen aber jeden Gedanken an ein neues bauen fallen ließen.

Auf der anderen Seite gab es die große Bauausstellung ›Die Wohnung unserer Zeit‹, die von Ludwig Mies van der Rohe und Lily Reich eingerichtet wurde: Ein Fest opulenter Grundrisse, eine Orgie feinster Materialien und modernster (Stahlrohr-)Möbel – und ein unüberwindbarer Widerspruch zur Realität jener Zeit. Adolf Behne spottete: »Gelöst ist die Wohnung als ästhetisches Problem und als Installation. Wir sahen in den Häusern und Wohnungen (...) wahrhaft vollendete Waschbecken, Badewannen, Duschen, Warmwasserapparate und an 100 WC's von geradezu klassischer Schönheit. Ja, es scheint fast, als sei das WC zum ästhetischen Schrittmacher der modernen Wohnung geworden. (...) Und wer wollte bestreiten, dass unter den Kompositionen aus Glas, Stahl, Leder und Gummi – dieser manchmal in Form des lebenden Gummibaumes im Topf sehr reizvoll verwendet – ästhetisch ganz entzückende Dinge waren«. Und er resümiert »Die Wohnung unserer Zeit – das ist in furchtbarer Dringlichkeit die Volkswohnung, die Wohnung des Arbeiters«.[6]

Wobei im übrigen Hundertwasser nicht als Mann des Volkes missverstanden werden sollte, selbst wenn er dessen Geschmack trifft; sein fabrik-produzierter Individualismus findet spätestens da seine Grenzen, wo kein Sponsor für die zusätzlichen Kosten aufkommt – oder da, wo ein Bewohner der Aufforderung aus dem Verschimmelungsmanifest folgt und an einem echten Hundertwasser aus dem Fenster heraus, soweit seine Arme reichen, alles rosa anmalt.

Adolf Behne kritisierte in seinem Aufsatz nicht moderne Formen; im Gegenteil

of a certain strata of society in Berlin came to a head. On the one hand there was a competition for the 'growing house' for the unemployed, a competition in which, after all, 1,079 architects took part – from Bruno Taut to Hans Scharoun as well as the most renowned Modernists, who in their entries, however, failed to reveal any new method of building.

And on the other hand there was the major building exhibition, 'Die Wohnung unserer Zeit' (The Apartment for our Time), which was organized by Mies van der Rohe and Lily Reich: A celebration of opulent footprints, an orgy of the finest materials and the most modern (tubular steel) furniture – and an insurmountable contradiction to the realities of that time. Adolf Behne taunted: "the apartment is solved as an aesthetic problem and installation. We saw in the houses and apartments (...) truly perfect wash basins, tubs, showers, water heating systems and 100 WCs of genuinely classical beauty. Yes it almost appears as if the WC has become the aesthetic pacemaker of the modern apartment. (...) And who would argue that among the glass, steel, leather and rubber compositions – the latter at times used very appealingly, such as in the form of a living rubber plant in a pot – were aesthetically very charming things." He concluded, "the apartment of our times, is – and with great urgency – the people's apartment, the worker's apartment".[6]

Though Hundertwasser should not be mistaken for a man for the people even if he manages to appeal to their taste; the limits of his factory-produced individualism are revealed at the latest when no sponsor is willing to take on the additional costs – or when a resident follows the advice in the Mouldiness Manifesto and, hanging out of the window paints a genuine Hundertwasser pink for as far as his arm can reach.

Adolf Behne does not criticize modern shapes in his essay; on the contrary, he was a strong force in having these accepted

6 Behne, Adolf: ›Die Wohnung unserer Zeit‹. In: Zentralblatt der Bauverwaltung, 48/1931, S. 733

7 Franz Wichert: Die neue Baukunst als Erzieher; in: Das Neue Frankfurt 12/1928, S. 233 ff

half er kräftig, diese erst durchzusetzen. Er kritisierte aber deren ›elitäre Verkitschung‹, die Einstellung einer wohlhabenden und/ oder intellektuellen Schicht von Großstadtbewohnern, die sich in Askese übt: »Wir haben alles, deshalb können wir darauf verzichten – auf das Ornament, auf das Plüschsofa, auf das Gemütliche – so einfach wie möglich, koste es, was es wolle! Mit dieser Askese setzen wir uns unglaublich ab von den Habenichtsen, die auf dem Weg nach oben die Insignien der jeweils höheren Gesellschaftsschicht imitieren«. Wenn Bruno Taut bei seinen Vorträgen vor Hausfrauen vorschlug, den bürgerlichen Nippes von den Möbeln abzuschlagen, dann entstand etwas, das nur äußerlich der Askese der anderen nahe kam: die glatte Kiste, die dennoch etwas ganz anderes war; nämlich der unmögliche Traum der bürgerlichen Architekten von der Einheit von Armut und Askese. »Diese (modernen; Anm. G. K.) Häuser (...) erscheinen in der Tat als Erzieher zu neuer Geistigkeit. Während sie darauf angelegt sind, ihren Bewohner die reinsten und gesündesten Lebensquellen zu erschließen, fordern sie auf der anderen Seite eine gewisse Askese, Verzicht auf mancherlei ungeistige Behaglichkeit und Einfügung in die Gemeinschaft. Innerhalb der Grenzen, die die Gleichordnung verlangt, leiten sie hin zu einem Leben der Tat und der inneren Vertiefung« proklamierte apodiktisch der Pädagoge Franz Wichert in den zwanziger Jahren[7] – das faustische Ideal im Massenwohnungsbau!

Die Bürger aber wollten nicht ›Faust‹. Sie wollten ›ungeistige Behaglichkeit‹; sie entzogen sich dem Terror des guten Geschmacks. Alexander Schwab, einer der differenziertesten Kritiker jener Jahre, hatte das erkannt: »Nämlich: eine Wohnung soll ja auch eine große Zahl seelischer Zwecke erfüllen. Man will zu Hause etwas anderes sehen als im Beruf. Man will sich zu Hause erholen, will, allein oder mit Angehörigen oder Freunden, sich freuen können. Man will seine Ruhe haben und das Gefühl, wenigstens hier sein eigener Herr zu sein.

at all. But he did criticize them for being 'elite kitsch', the attitude of an affluent and or intellectual class of big-city dweller whose life is ascetic. "We have everything, so we can do without – the ornamentation, the plush sofa, the cozy atmosphere – as simple as possible, whatever the cost! By exercising this form asceticism we differentiate ourselves enormously from the have-nots who in their upward mobility imitate the insignia of the next higher strata of society." Bruno Taut suggested in his lectures to housewives that if they were to cut out the middle-class knick-knacks from their furniture they would have something which came close to the asceticism of the other on the outside only: the slick box, which was nevertheless something quite different, namely the impossible dream of middle-class architects to unite poverty and asceticism. "Indeed these (modern, G. K.) houses appear to teach a new spirituality. While they are designed so as to explore the purist and healthiest sources of life for their inhabitants, they also demand a certain form of asceticism, denial of certain unspiritual comfort and introduction into the community. Within the borders demanded by equality they lead to a life of action and inner absorption," the pedagogue Franz Wichert apodictically proclaimed in the 1920s[7] – the Faustian ideal in the building of mass apartments!

Citizens however, did not want 'Faust'. They wanted 'non-cerebral comfort'; they withdrew from the terror of good taste. Alexander Schwab, one of the most differentiated critics in those years, recognized namely that "an apartment should also fulfill a large number of emotional purposes. At home you want to see something different from what you see at work. At home you want to recuperate, to be able to enjoy yourself alone or with family and friends. You want to have a bit of peace and at least the feeling of being your own master. This is probably the point from which you

6 Behne, Adolf: 'Die Wohnung unserer Zeit' (The Apartment for our Time). In: Zentralblatt der Bauverwaltung, 48/1931, p. 733
7 Franz Wichert: Die neue Baukunst als Erzieher (The new architecture as educator); in: Das Neue Frankfurt 12/1928, p. 233 ff

Hier ist wahrscheinlich der Punkt, aus dem der innere Widerstand weiter Kreise auch gerade der erwerbstätigen Massen gegen das neue Bauen zu erklären ist, ein Widerstand, der nichts zu tun hat mit dem Bedürfnis, eine höhere Schicht nachzumachen (...), der vielmehr entsteht aus dem unbewussten Wunsch nach einer wirklich vollkommenen, hundertprozentigen Zweckmäßigkeit, die auch die sozialen und seelischen Bedürfnisse kennt, anerkennt und befriedigt.«[8]

Die Formen des neuen Bauens setzten sich in den zwanziger Jahren im Massenwohnungsbau nicht durch, und dort, wo sie realisiert wurden, waren diese Bauten keineswegs anerkannt. In einer Berliner Revue sang man 1928:

»Fort mit Schnörkel, Stuck und Schaden!
Glatt baut man die Hausfassaden!
Nächstens baut man Häuser bloß,
Ganz und gar fassadenlos.
Krempel sind wir überdrüssig,
Viel zu viel ist überflüssig!
Fort die Möbel aus der Wohnung!
Fort mit was nicht hingehört!
Ich behaupte ohne Schonung:
Jeder Mensch, der da ist, stört!
(...)«[9]

In der kabarettistischen Überspitzung kommt auf den Punkt, wie damals der neue Baustil empfunden wurde. Tatsächlich war die Architektur der Avantgarde auf eine bestimmte Schicht großstädtischer Intellektueller begrenzt, die sie als Ausdruck ihres fortschrittlichen Lebensgefühls interpretierten. Für die meisten Menschen aber war sie eher eine Marotte der Architekten, über die man spotten konnte. In den zwanziger Jahren dominierte ein architektonischer Mainstream, der ein modernes Detail durchaus akzeptierte, wenig Ornament zeigte, aber letztlich meist konventionell blieb.

Die Moderne aber, die nicht nur eine äußerliche Collage von glatten Kuben war, die Moderne, die Raum-Kunst war, die sprach auch die Emotion an – man lese nach, was zum Beispiel das Ehepaar Tugendhat

can explain the inner resistance, a resistance which has nothing to do with the need to imitate a higher level of society (...) and which derives much more from the unconscious desire for a really perfect, 100-percent usefulness which also knows, recognizes and satisfies the emotional needs."[8]

In the 1920s with regard to mass apartment construction the shapes emerging from the new style of building did not catch on, and in places where they were realized, these building were by no means recognized. In 1928, in a Berlin revue they sung:

"An end to décor and ornamental grooves
House façades are now built smooth
Soon they'll be building them all
With no fronts or outside walls
We've had our fill of fiddly bits,
Much too much leaves us in fits!
Get the furniture out the door!
Let's remember less is more!
And, no quarter, that includes:
Anybody, as they intrude!
(...)"[9]

In the exaggerated style of this cabaret we get the point of how the new building style was perceived back then. The avant-garde architecture was indeed limited to a certain strata of big-city intellectuals, who interpreted it as an expression of their progressive joie-de-vivre. For the majority of people, however, it was more of an architectural fad you could make fun of. In the 1920s an architectural mainstream was prominent that thoroughly accepted modern detail and showed little ornamentation yet in the end remained for the most part conventional.

Modernism, however, which was not only an external collage of flat cubes, the Modernism that was spatial art, which also appealed to the emotions – one only needs to read, for example, what the Tugendhat couple had to say about the liberating lifestyle they led in their Mies villa![10]

On the other hand, the following was reported in a newspaper of the day refer-

8 Alexander Schwab: Das Buch vom Bauen. Gütersloh 1973 (zuerst 1930), S. 126
9 Revue von Marcellus Schiffer, zitiert nach: Wasmuths Monatshefte für Baukunst 1928, S. 374

8 Alexander Schwab: Das Buch vom Bauen (The book of building). Gütersloh 1973 (first 1930), p. 126
9 Revue by Marcellus Schiffer, quoted from: Wasmuths Monatshefte für Baukunst (Wasmuth's Building Monthlies), 1928, p. 374
10 Die Bewohner des Hauses Tugenhat äußern sich (Residents of the Tugenhat Residence express their views); in: W. Tegethoff: Mies van der Rohe die Villen und Landhausprojekte. Krefeld 1981, p. 97f

Tafel/Plate 10: 557 Häuser im Schnee im Silberregen mit rotem Weg/
Houses in the snow in a silver shower with red path, 1962
Aquarell, 68 x 51 cm. KunstHausWien

zum befreienden Gefühl des Lebens in der Mies'schen Villa sagte![10]

Auf der anderen Seite heißt es in einem zeitgenössischen Zeitungsbericht zu einer ›wilden Siedlung‹ bei Düsseldorf: »Ich entdeckte tausend liebevolle Sächelchen, kleine Vorgärten mit Blumen, Loggien, eine winzige Hühnerfarm, blanken Haurat, märchenhafte Fensterdekorationen. Manche Häuser sind mit verblüffender Phantasie erdacht, einige mit architektonischen, aus Abbruchstellen geborgenen Fragmenten – Renaissancesünden unserer baulustigen Väter – überladen (...). Das alles rührt an die Grundgesetze der Baukunst«.[11] Selbst wenn man nichts mehr hat – nein: gerade, wenn man nichts mehr hat, schmückt man es, macht man es sich zu eigen, wie es dem Lebensgefühl entspricht. Soll man jetzt urteilen, ob das eine – die Villa Tugendhat – oder das andere – ›märchenhafte Fensterdekorationen‹ – richtig ist?

Das genau ist das Problem Hundertwassers wie auch das der Architekten, die ihn so vehement ablehnen. Sie glauben zu wissen, was richtig ist, und sie sind überzeugt, nur eines sei richtig. Das wusste man schon im 18. Jahrhundert besser, als das künstliche Dorf, die künstliche Ruine im Schlosspark als ›Follie‹ galt, als Schnurre eines fantasievollen Baumeisters oder Bauherrn. John Nash wollte nicht einen indischen Stil für ganz England propagieren, als er den Royal Pavilion 1818 baute, und als Hans Hollein ihn zitierte, entstand daraus mit den Beimengungen von Rolls Royce, Richard Meier e. a. eine witzige Collage, der niemand, auch nicht der Architekt, Ewigkeitswert zumessen wollte. Architekten wie diese verbanden das eine mit dem anderen, die fantasievolle Grille mit den ›ernsthaften‹ Bauten, in einer Person; sie wussten, dass das eine nicht ohne das andere kann.

Hundertwasser dagegen baute, völlig humorlos, für die Ewigkeit, mindestens, und tolerierte keine anderen Götter neben sich. Seine Kritiker fühlen sich dennoch

Abb. 1:
Hundertwasser am Modell der St. Barbara Kirche, Bärnbach, 1987

Fig.1:
Hundertwasser at the model of the Church of St. Barbara, 1987

Photo: Hundertwasser-Archiv

ring to a 'wild settlement' near Düsseldorf: "I discovered a thousand charming little details, small front gardens with flowers, balconies, a tiny chicken farm, household goods, magical window decorations. Some houses have been conceived with surprising imagination, some with architectural fragments retrieved from demolition sites – renaissance sins of our fathers in their enthusiasm for building – overdone (...). It all shakes the fundamental laws of architecture."[11] Even if you have nothing left, no, in particular when you have nothing left you decorate it, make it your own, an expression of your lifestyle. Should we pass judgment on whether one or the other – the Tugendhut villa or the magical window decorations – is right?

And that is exactly the problem faced by Hundertwasser as well as that of the architects who so vehemently rejected him. They believe they know what is right and they are convinced that there is only one right way. Even in the 18th century people knew better, when the artificial village, the artificial ruins in a Schlosspark served as a 'folly', as the whim of an imaginative architect or developer. When he built the

10 Die Bewohner des Hauses Tugenhat äußern sich; in: W. Tegethoff: Mies van der Rohe die Villen und Landhausprojekte. Krefeld 1981, S. 97f

11 Kölnische Zeitung v. 9. 8. 1931; in: T. Harlander, K. Hater, F. Meiers: Siedeln in der Not. Hamburg 1980, S. 154

11 Kölnische Zeitung, 9. 8. 1931; in: T. Harlander, K. Hater, F. Meiers: Siedeln in der Not (settling down in poverty). Hamburg 1980, S. 154

Abb. 2:
Hundertwasser
auf der Baustelle des
Hundertwasser-Hauses,
1985

Fig.2:
Hundertwasser
on the building site of
Hundertwasser House,
1985

Photo: Gerhard Krömer

ertappt. Denn Hundertwasser beweist wenigstens eines: Bauen ohne Emotion ist nur die Anhäufung von totem Gestein. Tatsächlich sind Märchenschloss und weiße Moderne zwei Seiten einer Medaille, genau so, wie es Schloss und künstliche Ruine um 1800 waren. Das eine kann nicht sein ohne das andere, von dem es sich abheben kann. ›Ganz anders‹ heißt immer ganz anders als etwas, das ebenfalls vorhanden sein muss, damit das Ganze andere als solches erlebt werden kann.

Insofern gibt die Baugeschichte als Kriterium für eine kritische Analyse der Architektur Hundertwassers nicht wirklich etwas her außer dem einen: wenn die Städte und Häuser der letzten 60 Jahre, die sich moderner Formen bedienen, nicht so aussähen, wie sie aussehen, dann hätte Hundertwasser keinen Erfolg. Insofern ist er ein, wenn auch unbeabsichtigtes, Produkt dieser Moderne. Indem er aber eine private Formenwelt schafft, ignoriert Hundertwasser die gesamte baugeschichtliche Tradition. Er macht damit genau das, was man der Moderne gern vorgeworfen hat.

Royal Pavilion in 1818 John Nash had no intention of proposing an Indian style for the whole of England, and when Hans Hollein quoted him, what he created was a humorous collage with touches of Rolls Royce, Richard Meier et al. which nobody, not even the architect, was prepared to claim would last for eternity. Architects such as these combined the one with the other, the imaginative absurdity with 'serious' buildings – in a single unit; they knew that one could not go without the other.

Hundertwasser on the other hand, built completely without humor, for eternity at least, and tolerated no other god beside himself. His critics nevertheless felt caught: after all, Hundertwasser proves at least one thing – that building without emotion is nothing other than stacking dead stone. Fairy-tale castles and white Modernism are indeed two sides of the same coin, just as were castle and artificial ruins back in 1800. The one cannot exist without the other, from which it can set itself apart. 'Completely different' always implies that it is completely different from something that must also exist, so that what is completely different can be experienced as such.

In this respect building history does not really offer us much in the way of criteria for a critical analysis of Hundertwasser's architectures apart from the fact that if the cities and houses built during the last 60 years and which make use of modern shapes did not look as they do, Hundertwasser would not have been successful. As such he is a product of this Modernism, even if unintentionally. By creating a private world of shapes, Hundertwasser ignores the entire tradition of building history. He does exactly what people liked to accuse Modernism of doing.

Tafel/Plate 11: 560 Introvertiertes Fenster/Introverted window, 1963

Mixed media, 54 x 73 cm. Courtesy Galerie Brockstedt, Hamburg

Patrick Zöller

Ein Vokabular der Sorglosigkeit

Die Applikation hat Tradition in Österreich – diesen Eindruck gewinnt, wer etwa in Wien durch die Ringstraße spaziert; historistische Fassadenapplikationen verkörpern einen Kanon dekorativer Bauglieder, deren Rolle im Stadtbild fraglos hingenommen wird. Die für Wien nicht weniger bedeutende Strömung des Art Nouveau steht zwar für den Bruch mit diesem traditionellen Konservativismus des späten 19. Jahrhunderts, erschöpft sich aber mit wenigen Ausnahmen in formal-ästhetischen Dekorationen und ornamentalen Detailformen.

Die historische Baukulisse von der Belle Epoque bis zum Jugendstil bildet den heute als Selbstverständlichkeit empfundenen Hintergrund, vor dem das Äußere des Hundertwasser-Hauses in der Löwengasse auf den ersten Blick provokativ wirkt. Es weckt Assoziationen vom Anders-Sein, obgleich es sich in ganz ähnlicher Weise des Mechanismus der Applikation stilistischer Versatzstücke bedient wie seine Nachbarn. Stärker noch drückt sich der gewollte Widerspruch zu Rationalität und Rechtwinkligkeit zeitgenössischer Architektur aus. Typisch für diese Art von sanfter Protesthaltung ist die Suggestion, die Bewohner oder Nutzer könnten ›ihr‹ Haus selbst gestaltet haben. Obwohl das in der Praxis nicht der Fall ist, erwecken die Formen den Anschein einer Jedermannskreativität, einer Ursprünglichkeit des Verzierens: So, als ob eben nicht nach der Vorgabe eklektizistischer Stilfibeln oder dem strengen Formdiktat einer intellektuellen Moderne gearbeitet wurde, sondern vielmehr so, wie Leute wie Du und ich ihre Umwelt intuitiv gestalten würden. Die kindlich-archaische Naivität und Unbekümmertheit der Motive, auch die scheinbar zufällige Unregelmäßigkeit, mit der sie über die Fassade verteilt sind, könnte ebenso gut das Ergebnis einer

A carefree vocabulary

Application enjoys a long-standing tradition in Austria – anyone along Ringstrasse in Vienna, for example, gets this impression; historical façade applications embody a canon of decorative construction elements whose role within the cityscape meets with unquestioned acceptance. Although the equally important trend of Art Nouveau represents for Vienna a break with this traditional late 19th century conservatism, its scope, bar few exceptions, is limited to some formally aesthetic decorations and ornamental details.

The historical architectural setting, from the Belle Epoque through Art Nouveau, forms a backdrop which has today come to be perceived as normal, against which at first sight the exterior of the Hundertwasser building in Löwengasse appears somewhat provocative, evoking as it does connotations of alienation, albeit by exploiting the same mechanism of applying stylistic pieces as its neighboring buildings. The desired contradiction of rationality and the right-angled nature of contemporary architecture are expressed to an even greater extent. Typical of this form of soft protest is the suggestion that its residents or users may have decorated 'their' house themselves. Although not in practice the case, the forms evoke associations with 'Mr Average creativity', an original form of decorating: As if things did not proceed in line with eclectic style bibles, or the strict form principles of intellectual Modernism but rather along the lines of how people like you and me would design intuitively. The childlike, archaic naivety and carefreeness of the motifs, as well as the seemingly accidental irregularity with which they are distributed across the façade, could equally well be the result

Eigeninitiative der fröhlich drauflos bastelnden Hausgemeinschaft sein.

Freilich sind die Interventionen Hundertwassers nicht das spontane Werk engagierter Nutzer, sondern kalkulierte Gestaltung vom Fachmann. Schon allein ihre Dimension[1] wäre kaum als Nutzerinitiative zu realisieren. Dabei trägt gerade der große Maßstab, in dem die scheinbaren Selbermach-Motive auftreten, entscheidend zu ihrer Faszination bei. Floral-organische Formen oder irrational-unregelmäßig verstreute geometrische Muster, die ähnlich wie eine gedankenverlorene Telefonskizze jedem von uns aus der Füllfeder geflossen sein könnten, bedecken hier ganze Häuserfronten. Ihr Umfang würde nicht derart beeindrucken, wenn die Motive nicht gleichzeitig durch die auf Publikumsnähe bedachte Naivität ein starkes identifikatorisches Potential in sich tragen würden.

Universelle Geste

Ein weiterer Grund für die breite Akzeptanz, ja Popularität ist die freundliche Harmlosigkeit der Fassadengestaltung. Zwar provozieren die Motive; sie protestieren lautstark gegen die mit gängigen Vorurteilen – etwa denen von der Tristesse oder der unglücklichen Rationalität – belegten Standards der zeitgenössischen Bauproduktion. Dabei schwingt auch eine gehörige Portion Mut zur Andersartigkeit mit. Die Tapferkeit im Kampf gegen die böse, graue Alltagsmonotonie wird als beispielhafte Leistung gewürdigt und verleiht den Werken einen heroischen Glanz.

Doch in seinem ›friedlichen Protest‹ schlägt Hundertwasser Töne an, die für jedermann leicht verständlich und unverkennbar ›der guten Seite‹ zuzuordnen sind. Niemand braucht sich durch die lustig-bunten, verspielten Schmuckformen gegängelt oder intellektuell überfordert zu fühlen, wie hingegen manches Beispiel einer konzeptionell anspruchsvollen und formal klaren, modernen Architekturhaltung in seiner Radikalität auf Laien bedrohlich und

of the initiative of the building community happily getting on with the job itself.

Admittedly, Hundertwasser's interventions are not the result of some spur-of-the-moment activity on the part of committed residents, but rather calculated expert design. The sheer dimension[1] of the project alone would be beyond the capabilities of any resident lobby group. The scale on which the seemingly self-made motifs occur, only contributes to the fascination with them. Floral, organic forms and geometrical designs scattered with an irrational irregularity which, like absent-minded scribbling during a phone conversation, could have flowed from anybody's pen, now cover entire rows of houses. The extent of them would not be so impressive if the motifs did not at the same time by virtue of a naivety aimed at the general public evoke a strong potential for identifying with.

Universal Gesture

An additional reason for the widespread acceptance, popularity even, of Hundertwasser's façade decorations lies in their friendly harmlessness. The motifs might well be provocative; they protest loudly against standards of contemporary building beleaguered by current prejudices such as dreariness and unsuccessful rationality. There is also a large portion of the courage to be different at play. Braveness in the battle against the evil, gray monotony of every day life is honored as an exemplary achievement and bestows his works with a heroic gleam.

In his 'peaceful protest', however, Hundertwasser adopts a tone which, easily and unmistakably understandable by everyone, can be pigeonholed on 'the good side'. Nobody need feel spoonfed or overtaxed intellectually by the merry-colored, fanciful ornaments, as is the case with many an example of the conceptually ambitious and formally clear-cut, modern approach to architecture which, in its radical nature, may have

1 Beispielsweise eine Wohnanlage auf 1,5 Hektar Fläche in einem Guss zu überarbeiten wie in Plochingen.

1 For example, to rework a complete apartment block on 1.5 hectares of land in one piece as in Plochingen.

brutal wirken oder zumindest Unverständnis auslösen kann. Die unmittelbar emotional ansprechende Botschaft von der Sehnsucht nach einer wenn nicht besseren, dann doch jedenfalls anderen Welt, die sich in kugel- und kuppelbekrönten Türmchen ausdrückt, bedarf keiner Erklärung, ästhetischen Schulung oder theoretischen Vorkenntnissen. Vielmehr scheint sie durch alle Klassen und Kulturen hinweg sofort nachvollziehbar zu sein; vielleicht könnte man sagen: die bauliche Manifestation eines international geläufigen Zeichens wie der Victory/Peace-Geste mit V-Förmig gespreiztem Zeige- und Mittelfinger. Oder noch archaischer: wie das Kindchen-Schema in der Verhaltensbiologie lösen die gerundeten, organischen Formen einen Reflex der freundlichen Gesinnung aus. Lässt sich das unausgesprochene Selbstverständnis, in einer ›Heilen Welt‹ könnten keine Ecken und Kanten vorkommen, gar auf die tief im Unbewussten verwurzelte Erfahrung vom sorglosen Schwebezustand im Uterus zurückführen?

Hundertwasser hat hier offensichtlich eine tiefe Sehnsucht vieler Menschen erkannt und zum Ausdruck gebracht; das mag erklären, warum seine Werke Pilgerscharen anziehen. Dabei hat er nicht nur einen unverwechselbaren Stil geprägt, sondern die Ausdrucksform ist zum Selbstläufer geworden. Die breite Begeisterung

Abb. 1:
Kunst-Raststätte an der A 7

Fig. 1:
Artistic Service Station on the A 7 interstate

Photo:
Photo-Hauck-Werbestudio

a threatening, brutal effect on the lay public, or can at least evoke a lack of understanding. The immediate, emotionally appealing message of a longing for an if not better, then at least different world, expressed in sphere- and cupola crowned turrets, has no need for explanation, aesthetic training or theoretical knowledge. Moreover, it seems to be immediately comprehensible across all classes and cultures; one might even say: the architectural manifestation of an internationally recognized symbol, such as the victory sign composed by making a V-shape with index and middle finger. Or even more archaic: as with the child scheme in behavioral biology, rounded organic forms trigger in us a friendly reflex. Can the fact that we take for granted that there are no rough edges in an 'ideal world' be traced back to the experience, deeply rooted in our subconscious, of the carefree state of suspension in the womb?

In this Hundertwasser clearly recognized and articulated a deep longing shared by many people; this may explain why his works attract hoards of pilgrims. In doing so he not only created his own distinctive style, but his form of expression became self-perpetuating. The widespread enthusiasm for this unmistakably positive attitude to architectural embellishment does not even stop for the numerous imitators. While it is hardly surprising that theme parks and fun pools are fitted with decorative, symbolical figures of illusiveness, in a similar fashion Disney-style shopping malls and fun food outlets are popping up all over the place; an example very close to Hundertwasser in terms of form is the 'Illertal Ost art service station' on highway 7 in Germany. A similar spirit reigns in Dubai, the model for tourism in the future, albeit on a completely different level and using very different formal language. The gigantic building project in this Arab holiday resort comprises – in addition to luxurious hotels built in the style of Sultans' palaces and a wealth

für diese scheinbar unmissverständlich positiv konnotierte Art der Bauverschönerung macht auch vor den zahlreichen Nachahmern nicht halt. Während es kaum verwundert, dass Freizeitparks und Spaßbäder von dekorativen, symbolträchtigen Figurationen des schönen Scheins bevölkert sind, sprießen in ähnlicher Weise disneyfizierte Einkaufszentren oder Etablissements der Erlebnisgastronomie aus dem Boden; ein formal sehr eng an Hundertwasser angelehntes Beispiel ist die ›Kunst-Raststätte Illertal Ost‹ an der Autobahn 7. Einen ähnlichen Geist, aber auf weit anderem Niveau und in anderem Formenvokabular atmet Dubai, das Modell für den Tourismus der Zukunft. Das gigantische Bauprojekt einer arabischen Urlaubswelt umfasst neben Luxushotels im Stil von Sultanspalästen und einer Fülle aufsehenerregender Touristenattraktionen vom Format eines vergrößerten Disneyland sogar den Neubau einer kompletten ›Altstadt‹.

Ist das Kitsch?

Das Phänomen Kitsch impliziert zwei unterschiedliche Betrachtungsebenen: die Ebene derer, die dem Kitsch anhängen, und jener, die sich auf einer höheren Erkenntnisstufe wähnen und verächtlich auf die Anhänger des Kitsch herabblicken.[2] Im Konflikt der Begeisterung von Architekturlaien für eine Bauornamentik im Stil Friedensreich Hundertwassers einerseits und der Abscheu, mit der andererseits Architekten – also die Experten – die in ihren Augen vordergründige Applikation zeichenhafter Motive[3] abtun, ist ein entscheidender Unterschied der Sichtweise festzustellen, der zwischen den Lagern klafft. Dieser Unterschied in der Betrachtung rührt aus dem konzeptionellen Denkansatz her, den Architekten in ihrer Ausbildung trainiert haben. Für sie ist es selbstverständlich, Bauten auf ihre konzeptionelle Substanz hin zu untersuchen und zu hinterfragen, was da eigentlich im Kern vor ihnen steht. Laien hingegen bleibt dieser konzeptionelle Röntgenblick

Abb. 2:
›Fantasyland‹ in
Disneyland Resort, Paris

Fig. 2:
'Fantasyland' at the
Disneyland Resort, Paris

of sensational tourist attractions the size of an enlarged Disneyland – even the reconstruction of a complete 'old town'.

Is this Kitsch?

The phenomenon kitsch implies two different points of view: There are those who adhere to kitsch, and those who consider themselves to be on a higher plain and thus look down on the former with contempt.[2] In the conflict between the enthusiasm on the part of lay architects for ornamental buildings in the Hundertwasser style on the one hand, and the disgust with which architects, i. e., the experts, reject what they consider to be the superficial application of symbolic themes,[3] there is a decisive

2 Von der ironisch gebrochenen Spielart wie zum Beispiel in der Pop Art, wo Kitsch im vollen Bewusstsein seiner Dürftigkeit gezielt eingesetzt wird, sei hier abgesehen.
3 Plastische Ausprägungen sind bei Hundertwasser kaum räumlich gedacht, vielmehr auf einer symbolhaften Ebene zu lesen.
4 Gaudís unvollendete Kathedrale La Sagrada Família ist nicht von ungefähr die meistbesuchte Sehenswürdigkeit Spaniens.
5 Und damit um eines der wenigen Beispiele des Jugendstils, das bis hin zum Grundriss von dem neuen Stil durchdrungen und nicht nur äußerlich dekoriert ist.

Abb. 3:
Arabische Urlaubswelten

Fig. 3:
Arabian vacation worlds

Photo: Nakheel

weitgehend verschlossen; sie sehen die äußerliche Formerscheinung, zu der sie Assoziationen bilden und sie einordnen, ohne die zugrunde liegende Substanz auf ihre Struktur und ihr Konzept hin analysieren zu können. Ein Beispiel: Architekturlaien könnten ohne Weiteres die kegelförmigen Trulli-Rundbauten in Apulien oder Antoni Gaudís Sagrada Família[4] zusammen mit Friedensreich Hundertwassers Waldspirale auf einer vergleichbaren Ebene einordnen. Sie würden die drei touristischen Attraktionen allesamt als faszinierend-ungewöhnliche Alternative zum rechten Winkel und hauptsächlich aufgrund ihrer äußerlich-formalen Andersartigkeit schätzen. Dass es sich im ersten Fall um eine in der konstruktiven Logik begründete Form handelt, im zweiten um eine expressiv-plastische Raumschöpfung,[5] im dritten dagegen lediglich um eine expressive Überformung der Gebäudehülle, steht dabei im Hintergrund.

Hinsichtlich der Rezeption durch ein breites Publikum scheinen die genannten Beispiele alle gleichermaßen das Signal vom ›Guten‹ auszustrahlen. Eine ›menschliche‹, freundliche Architektur scheint sich im

difference in the way the two camps view things. This difference in perception originates in the conceptual mindset architects learn during their training. For them it is second nature to examine buildings in terms of the foundations of the concept and to question what they actually have in front of them. Lay people, on the other hand, for the most part have no access to this x-ray vision in terms of concept. They only see the outer formal appearance with which they associate and which they then classify, without having the ability to analyze the foundations the structure and concept are based on. As an example: Architectural lay people may well rank Trulli's circular, spherical buildings in Apulia, and Antoni Gaudí's Sagrada Família[4] on the same level as Friedensreich Hundertwasser's 'Waldspirale'. They would appreciate all three tourist attractions for representing a fascinating, unusual alternative to the right angle and first and foremost for the difference they portray in terms of exterior formal appearance. The fact that the first example constitutes a form founded in constructive logic, the second

2 Disregarding the ironical play as in, for example, Pop Art, where Kitsch is used deliberately and in full awareness of its shortcomings, melting the two viewpoints into an ambivalent attitude of self irony.
3 In the case of Hundertwasser sculptural features are not thought of in terms of space but more on a symbolic level.
4 It is not for nothing that Gaudí's uncompleted cathedral La Sagrada Família is the most popular tourist attraction in Spain.

intuitiven Verständnis der Architekturlaien dadurch auszuzeichnen, dass ihre Formensprache einerseits nicht zu weit von der Natur entfernt ist oder andererseits ihre Künstlichkeit verspielt und von künstlerischen Eingebungen beflügelt sein darf. Dieses Laienverständnis steht im Gegensatz zur kühl-rationalen Haltung der Moderne, die den Artefakten eine entsprechend sachliche Form zuweist. Die Sehnsucht nach dem Organischen, welche seinerzeit in vergleichbarer Rolle schon der Jugendstil bedient hatte, scheint einen unmittelbaren, intuitiven Zugang zu ermöglichen, der die Faszination und den regen Besucherzustrom erklären mag.

Ein Wesensmerkmal des Kitsches ist, dass er die in ihn projizierten Sehnsüchte nie wirklich aus sich selbst heraus erfüllen kann, da es sich beim Kitsch um eine Zeichenfunktion handelt. Ein Wiener Wohnhaus wird nicht besser dadurch, dass man ihm symbolhaft Kuppeln aufpflanzt, die den Betrachter in eine verträumte Märchenwelt entführen. Besteht nicht vielmehr die Gefahr, dass die inspirierende Wirkung ins Gegenteil umschlägt, wenn die Vordergründigkeit der applizierten Motive erkannt wird und der obsolete Charakter der angewendeten Formen und Materialien hervortritt? Verblüffenderweise scheint sich das beschwingende Lebensgefühl bei vielen tatsächlich einzustellen und auch zu halten. Vielleicht gehört dazu eine gewisse Festigkeit des Glaubens, so wie Schulkinder sich gern noch verzaubern lassen, obwohl sie längst wissen, dass es den Osterhasen nicht gibt.

Spielende Handwerker

Im Vergleich zwischen Werken Friedensreich Hundertwassers und anderen Beispielen eines Architekturdekors mit emotionaler Identifikationsmöglichkeit ist auf den Aspekt der Handwerklichkeit hinzuweisen. Insbesondere die Fliesenmosaike beinhalten in ihrem Herstellungsprozess einen hohen Anteil an handwerklicher Arbeitsleistung,

Abb. 4:
Trulli-Rundbauten, Apulien

Fig. 4:
Round Trulli buildings, Apulia

Photo:
Thomas Mikulas

an expressive, sculptural creation in space[5] and the third, however, only some expressive re-modeling of the building's frame, is not of primary importance.

Considering the fact that they have all been widely accepted by the general public, the above-mentioned examples would all appear to send out a 'good' signal. In the intuitive understanding of lay people,

Abb. 5:
Casa Batllo, Barcelona, von Antoni Gaudí

Fig. 5:
Casa Batllo,Barcelona, by Antoni Gaudí

Photo: Pere Vivas

die eine innere Beteiligung der Ausführenden am Werk zum einen voraussetzt, zum anderen ermöglicht. Die Hingabe, mit welcher der Fliesenleger sich der Herstellung der Mosaike aus farbigem Keramikbruch widmet, diese Liebe, die nicht nur dem Entwurf, sondern auch der Ausführung zuteil wird, mag im fertigen Werk spürbar sein und zu seinem besonderen Wert beitragen. Diesen Punkt berührt schon Adolf Loos im Zusammenhang mit der Frage nach einer inneren Legitimation für Ornamentierungen. Es sei eine Zumutung, wenn er den Schuhmacher bitten würde, einen ganz schlichten Schuh ohne jeglichen Zierat anzufertigen, so wie es sein eigener Anspruch eigentlich verlangen müsste. Loos gesteht dem Schuhmacher innerhalb der ihm eigenen Ausdrucksform einen Aspekt der Transzendenz und Selbstverwirklichung zu und hat Verständnis für dessen Wunsch, all seine Hingabe in ein aufwändiges Lochmuster zu legen, in »zacken und punkte [...], so viele, als nur auf einem eleganten Schuh platz haben.«[6] Ähnliches tat, wie Johannes Manderscheid bemerkt,[7] ein Schmied, der aus einem Klumpen Erz Flachbänder für Türflügel schmiedete, wenn er auf dem Eisen herumhämmerte und nach allen Seiten flachdrückte: ein paar liebevolle Schläge mehr erzeugten Zierformen. Ein spielerisches Handwerk, auch wenn Langbänder an hölzernen Türflügeln stets konstruktive Elemente und von Haus aus keine Zierbänder waren.

Kaum jemand würde auf die Idee kommen, solche Schmuckformen handwerklich geschmiedeter Beschläge als Kitsch zu bezeichnen, obgleich sie keiner Funktion dienen. Form ohne Funktion ist kein hinlängliches Kriterium für Kitsch. Kitsch dagegen ist es, wenn die Stanzpresse Imitationen jener Formen in Serienauflage ausspuckt, um mit dem Falsifikat der Handarbeit einer Sehnsucht nach vergangenen, vermeintlich besseren Zeiten Ausdruck zu verleihen.

Diese Argumentation geht im Kern zurück auf die Werkbunddebatte und Hermann Muthesius' Forderung aus dem

6 Adolf Loos: Ornament und Verbrechen (1908). In: Ders.: Trotzdem. Die Schriften von Adolf Loos in zwei Bänden. Zweiter Band. 2. erw. Aufl. Innsbruck 1931. S. 79–92, hier: S. 90f.: »Meine schuhe sind über und über mit ornamenten bedeckt, die von zacken und löchern herrühren. Arbeit, die der schuster geleistet hat, die ihm nicht bezahlt wurde. Ich gehe zum schuster und sage: ›Sie verlangen für ein paar schuhe dreißig kronen. Ich werde ihnen vierzig kronen zahlen.‹ Damit habe ich diesen mann auf eine selige höhe gehoben, die er mir danken wird durch arbeit und material, die an güte in gar keinem verhältnis zum mehrbetrag stehen. Er ist glücklich.«

7 Im Kontext der Instandsetzung eines ehemaligen Zisterzienserklosters. Johannes Manderscheid: Alte Klöster, neue Klöster. Erfahrungen mit altem Gemäuer. In: achEgon Nr. 12, Karlsruhe, November–Dezember 2004, S. 22ff.

a 'human', friendly architecture seems to reveal itself by the fact that, on the one hand, its formal language is not too far removed from nature or, on the other, that its artificiality is fanciful enough and can be inspired by artistic impulse; this lay understanding stands in stark contrast to the coolly-rational attitude of Modernism which appropriately assigns a correspondingly functional form to these artifacts. The longing for the organic form, which in its time had already been satisfied in a similar manner by Art Nouveau, thus seems to facilitate a direct and intuitive form of access; a fact which may account for this fascination as well as the large number of visitors.

One important characteristic of kitsch is that it will never be able to satisfy the longings expected of it, since kitsch only carries a symbolic function. A Viennese apartment building is not made better by the additional mounting of cupolas which lure the observer into a dreamy fairyland. Is there not rather a danger that this source of inspiration will indeed produce the opposite effect once the superficiality of the applied motifs is recognized and the obsolete character of the forms and materials used starts to shine through? Paradoxically, for many an elated attitude towards life appears to establish itself and remain. Perhaps it has something to do with strong faith, just as school children still believe in magic although they have known for some time that the Easter bunny does not really exist.

Playful Craftsmen

Comparing the works by Friedensreich Hundertwasser with other examples of architectural decoration with emotional identification value, attention must be drawn to the craftsmanship involved. Tile mosaics in particular require a high degree of skilled labor in their manufacturing process, which, on the one hand, requires the craftsman to identify with

5 And thus one of the few examples of Art Nouveau which down to the floor plans is designed in the new style and not only decorated on the exterior.

Jahr 1903, die Maschine maschinengerecht arbeiten und ungeschmückte Sachformen produzieren zu lassen, anstatt sie dazu zu missbrauchen, ›falsche Kunstwerke‹ zu liefern.[8] Entsprechend dieser Definitionsgrundlage stünde wohl die neu erfundene Vergangenheit aus der Strangpresse, die gegenwärtig in Dubais Wüstensand gesetzt wird, dem Kitsch näher als ein handwerklich gefertigtes Fliesenmosaik in einer Raststätte an der A 7, auch wenn beide gleichermaßen vordergründig der Verkaufsförderung dienen.

Die Liebe des Künstlers

Friedensreich Hundertwasser als bildendem Künstler wird eine Autorität zugemessen,[9] die sich in unserem Zeitalter des Persönlichkeitskults und der Markennamen hervorragend für Zwecke des Marketing ausnutzen lässt. Ungeachtet der Motivation lassen sich selbst die eigenwilligsten Maßnahmen mühelos legitimieren, wenn man sie als künstlerischen Akt deklariert, noch dazu aus der Hand einer anerkannten Kapazität.[10] Auch wenn vor dem Hintergrund des oben Gesagten auf die architekturgestalterischen Interventionen Hundertwassers eher der Begriff vom Kunsthandwerk zutreffen mag, soll hier nicht ihr künstlerischer Wert diskutiert werden. Sehr fraglich hingegen erscheint jedenfalls der künstlerische Anspruch der Hundertwasser-Epigonen; der Verdacht, dass es sich dort lediglich um wohlkalkulierte Marketing-Gags handelt, die auf Effekt bedacht sind, wird auch dem unbedarften Beobachter spätestens beim zweiten Blick kommen. Die trotzdem ungebrochene Faszination zeigt, dass ein tiefes Bedürfnis nach jener Botschaft da sein muss, dass der von ihr angesprochene Konsument sich wissend selbst betrügt – ähnlich wie die meisten Leser von Bastei-Romanen sehr wohl wissen, dass sie sich am Schund ergötzen. Welche Botschaft ist es nur, nach der die Menschen da lechzen, und sei sie noch so vordergründig vorgetragen? Es ist die Botschaft der Liebe, verbunden mit dem Idiom der Sorglosigkeit.

the work, but also enables him to do so. The dedication with which the tile layer works on the creation of mosaics made of colored ceramic pieces, the love which is bestowed not only on the concept but also on its realization, may indeed be perceptible in the completed work, thereby contributing to its special value. Adolf Loos touched on this point in the context of the inner legitimization of ornamentation. In his opinion it would be an imposition to ask a shoemaker to make a very plain shoe without any decoration, as his own requirements actually demanded. Within the realms of his own personal expression Loos thus grants the shoemaker an element of transcendence and self-realization, aware as he is of the shoemaker's wish to put all his effort into a lavish decoration, into »serrated borders and small dots [...], as many as will fit on an elegant shoe«.[6] As Johannes Manderscheid remarks,[7] the same applies to a blacksmith, hammering flat bands for door wings from a lump of iron ore, flattening them on all sides: A few more affectionate beats produced some decorative designs. A playful craft, even if long bands on wooden door wings were always construction elements, and were never used for decorative purposes.

However, even though they are devoid of any function hardly anyone would ever deign to associate such ornamental designs with kitsch. Thus form without function does not suffice as a criterion for kitsch alone. Kitsch, however, is when the punching press spits out imitated series of the same designs so as to express our longing for past and supposedly better times by a forgery of the original craftsmanship.

This argument originates essentially from the Werkbund debate and Hermann Muthesius' demand in 1903 that machines be allowed to operate as they were intended, producing plain functional forms instead of abusing them to create 'fake pieces of art'.[8] On the basis of this definition, the type of reinvented past, which is sourced from an extrusion press

8 Hermann Muthesius: Stilarchitektur und Baukunst. Mülheim a. d. Ruhr 1903. Zit. nach Julius Posener: Anfänge des Funktionalismus. Berlin-Frankfurt-Wien 1964, S. 166f.

9 Wenn auch möglicherweise die des ›verrückten‹ Künstlers.

10 Kindergarten als begehbare Skulptur in Katzenform, den der Cartoonist und Kinderbuchautor Tomi Ungerer gestaltet hat (Karlsruhe-Wolfartsweier 2002).

6 Adolf Loos: Ornament und Verbrechen (1908) (Ornament and Crime). In: ibid.: Trotzdem. Die Schriften von Adolf Loos in zwei Bänden (The Works of Adolf Loos in two Volumes). Volume II. 2. extended edition Innsbruck, 1931. p. 79–92, here: p. 90f.: "My shoes are completely covered in ornaments made of serrated borders and small dots. It is work that the shoemaker has done but that he was not paid for. I go to the shoemaker and say: 'You are asking thirty crowns for a pair of shoes. I will pay you forty crowns'. In so doing I have made the man so happy that he will thank me by working hard and choosing materials whose luxurious quality bear no relation to the little extra. He, however, is happy and happiness is in short supply in his home."

7 In context of the restoration of a former Cistercian monastery. Johannes Manderscheid: Alte Klöster, neue Klöster. Erfahrungen mit altem Gemäuer. (Old Monasteries, new Monasteries. Experience

Abb. 6:
Tomi Ungerer,
Kindergarten in Gestalt einer Katze, Wolfartsweier

Fig. 6:
Tomi Ungerer,
kindergarten shaped like a cat, Wolfartsweier

Photo: Roland Fränkle

with old Walls). In: achEgon no. 12, Karlsruhe, November–December 2004, pp. 22ff.

8 Hermann Muthesius: Stilarchitektur und Baukunst. (Style Architecture and the Art of Building), Mülheim a. d. Ruhr 1903. Quoted by Julius Posener: Anfänge des Funktionalismus (Beginnings of Functionalism). Berlin-Frankfurt-Vienna 1964, p. 166f.

9 Even if possibly those of the 'mad' artist.

10 A kindergarten designed as an accessible sculpture in the shape of a cat by cartoonist and children's writer Tomi Ungerer (Karlsruhe-Wolfartsweier 2002).

Ganz abgesehen von der Frage nach dem tatsächlichen künstlerischen Wert begegnet uns die landläufige Auffassung, dass der Einsatz einer als Kunst zu verstehenden Setzung à priori zu einer besseren Umwelt beitragen müsse; ferner dass viele Farben per se schöner oder freundlicher seien als wenige Farben. Bemerkenswert ist, dass oftmals ohne jede kritische Reflexion zur Wirkung und Qualität der Buntfarbigkeit oder des ›Kunstwerks‹ im Einzelnen schon allein ihr Vorhandensein den Betrachter milde stimmt und Reaktionen von Rührung bis hin zu Begeisterung auslöst. Das mag daran liegen, dass in dem als künstlerisch-musevoll zu wertenden Eingriff die liebevolle Beteiligung des Künstlers für jedermann offensichtlich ablesbar ist – wohingegen Architekturlaien ohne Anleitung kaum die liebevolle Zuwendung bemerken würden, die in den Baudetails eines mit Anspruch durchgearbeiteten Beispiels sachlicher Architekturhaltung stecken kann. Ebenso wenig wird von einem breiten Publikum die Liebe und Inbrunst des Arbeiters bewusst wahrgenommen, die der etwa in ein sauber aufgeführtes Stück Sichtmauerwerk gelegt hat. Obgleich jedermann vom Ambiente um Joseph Maria Olbrichs Hochzeitsturm auf der Darmstädter Mathildenhöhe bezaubert ist, ahnen nur die wenigsten,

and is currently being placed in the desert sands in Dubai, would be far closer to kitsch than the hand-crafted mosaic in a service station on the A 7 highway, even if both ultimately serve equally to improve sales.

The Love of the Artist

In his role as fine artist, Friedensreich Hundertwasser is accorded an authority[9] which in the current era of celebrity cult and brand names can be exploited perfectly for marketing purposes. Notwithstanding the motivation, even the most unusual measures become legitimate once they are declared artistic acts, all the more so if they are the work of a recognized expert.[10] Even if, given the afore-mentioned, the label arts and crafts is far better suited to describe Hundertwasser's architecturally designed works, their artistic value shall not be addressed here. On the one hand the claim by Hundertwasser's epigones to be artistic is very doubtful indeed; at second glance even the most unbiased observer will suspect that their works are only deliberate well-designed marketing ploys aimed at effect. The nevertheless unbroken fascination, however, reveals that there must indeed be a need for the good message, such that the consumer attracted by it knowingly cheats on himself – just as most readers of dime novels are fully aware that they are just being entertained by trash. However, what is, precisely, the message that people so strongly desire, however superficially it is presented? It is the message of love, combined with the idiom of carefreeness.

Quite apart from the question of the actual artistic value, we come across the generally accepted opinion that the use of anything that can be interpreted as being art must a priori contribute to a better environment; furthermore that the use of several colors is generally deemed nicer or friendlier than the use of just a few. It is remarkable that even without critical appraisal of the effect and the quality

dass zu der unterschwellig als stimmig und behaglich empfundenen Situation wohl die handwerklich-liebevolle Ausführung im Detail einen größeren Anteil beiträgt als der Expressionismus der großen Form. Dies betrifft das Problem der mangelnden Vermittlung eines Wertbewusstseins bezüglich Bauqualität in der Gesellschaft. Das allgemeine Architekturverständnis beschränkt sich zumeist auf eine oberflächlich-stilgeschichtliche Kenntnis. Zugleich liegt hierin der Schlüssel zur Misere: die heutige Bauproduktion wird zum überwiegenden Teil lieblos im obigen Sinn ausgeführt, da kaum jemand bereit ist, die Kosten für eine mit wirklicher Herzensbeteiligung geschaffene Arbeit zu tragen – weil das Bewusstsein für deren Wert fehlt.[11]

Kindliche Logik

Im Rückschluss wäre die von einer breiten Masse geteilte Überzeugung von der weltverbessernden Kraft der liebevollen Kunst also durchaus als Indiz dafür zu sehen, dass die Welt zuvor schlecht und lieblos war, wenn man den Künstler konsultieren musste.

Der Pharmakonzern Beiersdorf hatte früh erkannt, was Vierjährige wünschen und erstmals 1968 spezielle Kinderpflaster eingeführt. Statt hansaplastbraun hielten seitdem auch bei anderen Herstellern knallbunte Farben und Tiermotive Einzug in den Verbandkasten; heute signalisieren Harry Potter oder Figuren von Walt Disney Kindgerechtheit, Hautfreundlichkeit und schmerzlose Entfernbarkeit. Das Stigma wird umgewertet zum besonderen Ereignis; Schmerz wird überspielt durch Staunen, Stolz und Eitelkeit. Solch ein Pflaster kann man herzeigen. Wenn die großen Kinderaugen, aus denen eben noch dicke Tränen kullerten, die so versorgte Wunde eingehend betrachten, dann sind die Gedanken längst nicht mehr bei der darunter verborgenen Schürfwunde oder dem ›Pieks‹ beim Kinderarzt, sondern beim letzten Zoobesuch oder bei Mickey Mouse –

of this colorfulness, or of the individual 'work of art', its mere presence serves to appease the observer, causing reactions in him ranging from sentimental emotion to sheer ecstasy. This may be due to the fact that the act that can be deemed to be artistic and musing communicates the artist's affectionate involvement can be clearly appreciated by everyone – whereas without such guidance the lay public would fail to notice the artist's affectionate devotion, hidden as it may be in the elaborate construction details of a deliberately functional architectural approach. The love and fervor which the craftsman may have put into the neat completion of a piece of exposed brickwork is consciously perceived just as little by the general public. Although most people are enchanted by the ambience surrounding Joseph Maria Olbrich's wedding tower on the Mathildenhöhe in Darmstadt, only very few can appreciate the fact that the atmosphere, subconsciously perceived to be harmonious and cozy, is created more by the affectionately crafted and detailed execution than the expressionism of the larger form. This concerns the problem in society of the inadequate communication of an awareness of values with regard to building quality. General appreciation of architecture is for the most part limited to a superficial knowledge of historical styles. Herein, however, also lies the key to this sorry state of affairs: Contemporary construction work is largely conducted as mentioned above, with a lack of care and affection, as hardly anyone is willing to cover the costs for work in which the heart plays a genuine role – as there is a lack of awareness of its real value.[11]

Childlike Logic

In conclusion the conviction generally shared by the general public that art produced with affection has the power to improve the world could well be seen as an indication that if an artist had had

11 Dies ist im Grundsatz nichts Neues. Adolf Loos verweist an anderer Stelle wiederum exemplarisch auf den Schuhmacher: »Das publikum drückt die preise immer mehr und mehr, und das manko wird, wenn der gewerbsmann nicht zugrundegehen will, in den schuhen selbst ausgeglichen werden müssen. O, glaubt ja nicht, daß es dem schuster freude macht, schlecht zu arbeiten. Aber ihr zwingt ihn dazu. Er träumt von dem besten leder, der besten arbeit. Wie gern möchte er einen tag länger bei den schuhen verweilen. Wie ungern zwingt er seine gehilfen, schneller zu arbeiten, wohl wissend, daß dadurch manche schlamperei ungerügt bleiben muß. Aber das leben ist unerbittlich. Er muß, muß und muß die schuhe um diesen preis fertigstellen, und daher entschließt er sich schweren herzens, den guten, aber langsamen gehilfen zu entlassen und beim rohmaterial zu sparen.« Adolf Loos: Die Schuhmacher (1898). In: Ders.: Ins Leere gesprochen. Die Schriften von Adolf Loos in zwei Bänden. Erster Band. 2. veränd. Aufl. Innsbruck 1931. S. 96–102, hier: S. 99.

12 Vgl. Angelika Muthesius (Hrsg.): Hundertwasser Architektur. Für ein natur- und menschengerechteres Bauen. Köln 1996, S. 114.

11 Essentially this is nothing new. Adolf Loos again refers to the example of the shoemaker at this point: "The customer beats down the price

Abb. 7:
Kinderpflaster

Fig. 7:
Children's plasters

more and more, and this deficit will, if the tradesman wants to stay in business, have to be compensated for by the shoes themselves. Oh, don't you dare believe that the shoemaker gets pleasure from doing a bad job! But you are forcing him to. He only dreams of the best leather, the best workmanship. How glad he would be to spend another day on those shoes. With what reluctance he forces his workers into working faster, knowing full well that in doing so he will have to let through a certain amount of sloppiness. But life is tough. He has got to, got to, got to finish the shoes at this cost, and thus he decides heavy-heartedly to lay off his good, but slow, worker and to save on the raw materials." Adolf Loos: Die Schuhmacher (The Shoemakers), (1898). In: ibid.: Ins Leere gesprochen. Die Schriften von Adolf Loos in zwei Bänden. (Speaking to the void. The works of Adolf Loos in two volumes). First volume. 2nd altered edition. Innsbruck, 1931. p. 96–102, here: p. 99.

12 Angelika Muthesius (ed.): Hundertwasser Architektur. Für ein natur- und menschengerechteres Bauen. (Hundertwasser Architecture. For a more people-and nature-friendly way of building). Cologne, 1996, p. 114.

die kleinen Patienten abgelenkt, sorglos. Der lustig-bunte Wundschnellverband mit aufgedruckten Bildmotiven ist die industrialisierte Variante dessen, was der mit Filzstift selbstbemalte Gipsverband auf künstlerisch-handwerklicher Ebene darstellt: Bewältigung von Leid durch Transzendenz.

Wenn Architekten kranke Grundrisse zeichnen, die wehtun wie ein schlimmer Finger, dann ruft man den Architekturdoktor.[12] Der singt heile, heile Segen und klebt ein Pflaster drauf; knallbunt. Die Nutzer – abgelenkt, heiter-sorglos, betört von der Liebe des wunderheilenden Künstlers: merken sie nicht, was tatsächlich unter dem bunten Überzug steckt? Wie auch immer; solch ein Haus kann man herzeigen, die Besucher werden staunen und die Stadt kann stolz sein. Man fühlt sich wie ein Spielverderber, wenn man das nicht lustig finden kann. Doch trotz aller Toleranz bleibt die Frustration darüber, dass für den kritischen Blick hinter die Fassaden einerseits sowie die Wertschätzung tiefergehender Architekturqualitäten andererseits in unserer Gesellschaft die Grundlagen fehlen.

to be consulted at all it had previously been a bad and unkind place.

The pharmaceutical company Beiersdorf realized early-on just what their four-year-old customers needed and in 1968 launched a special type of plaster for children. Other producers followed and so bright colors and animal motifs quickly found their place in the medicine chest band, replacing the traditional brown; today Harry Potter and Walt Disney characters signalize child suitability, skin friendliness and painless removal. The stigma is thereby re-evaluated and becomes a special occasion; pain is veiled by amazement, pride and vanity. You can show off with a plaster like that! And when a child's big eyes that just a minute ago had been full of tears, examine the wound that has now been treated, their thoughts are no longer on the cut hidden beneath or the 'sting' at the pediatrician's, but have moved on to the last visit to the zoo or to Mickey Mouse – the little patients distracted, carefree. As such the amusing, multi-colored bandage with printed pictures is the industrialized equivalent of what the plaster-cast covered in self-drawn images represents in the artistic world of arts and crafts: The overcoming of pain by transcendence.

So if architects draw up sick floor plans that hurt like a bad finger, then you have to call the architecture doctor.[12] He says the magic words and puts on a plaster; bright and colorful. The wearers are distracted, happy, and carefree, beguiled by the love of the artist who performs miracle cures: Do they not perceive what is hidden under the bright cover? Whatever; you can show off a house like this, visitors will be amazed, and the town can be proud. You feel like a spoilsport if you cannot find it funny. Despite all the tolerance, however, it is still frustrating that our society lacks the basis for a critical view behind the façade on the one hand and an appreciation of architecture's deeper qualities on the other.

Tafel/Plate 12: 630 Gelbe Häuser – Eifersucht / Yellow houses – jealousy, 1966
Mixed media, 80 x 130 cm. KunstHausWien

Bernhard Schäfers

Wie viel Idylle braucht der Mensch?

Ich will zeigen, wie einfach
es im Grunde ist, das Paradies
auf Erden zu haben.[1]

Friedensreich Hundertwasser

Hundertwassers bildnerisches und architektonisches Werk ist nach eigenen Aussagen Teil seiner selbst, seine ›natürliche Ausdrucksform‹. In dem so harmlos klingenden Satz: »Warum darf ein Mensch, so wie eine Blume, nicht das tun, was ihm entspricht?«[2], kommt sein anarchisches Freiheitspathos zum Ausdruck.

Das Durchbrechen der Regel, die Abweichung von den »üblichen Normen und Klischees einer scholastischen Architektur«[3] (Hundertwasser) waren Fixsterne seiner Existenz und seines Werkes. Von seinem Haus in Wien sagte er, es sei »eine Reise in das Land der kreativen Architektur, wo es das Fensterrecht gibt« und »wo Natur und Mensch sich treffen in der Schöpfung«[4]. In seiner Architektur solle der Mensch frei sein. Ausdruck dieses freien Wohnverhältnisses ist das ›Fensterrecht‹: Jeder kann um sein Fenster herum malen oder was auch immer tun – so weit der Arm reicht.

Diese ersten Zitate sind Annäherungen an die Hundertwasser-Welt – eine Welt, die für sich steht. Sie hat – auch wenn es Vorbilder gibt (Hundertwasser nennt vor allen anderen den Katalanen Antoni Gaudí) – etwas Singuläres. Die architektonischen Solitäre Hundertwassers wie die Kindertagesstätte in Heddernheim bei Frankfurt/Main oder die Stadtzitadelle in Magdeburg, sein letztes, 2005 fertig gestelltes Bauwerk, sind – wie die von Gaudí in Barcelona – Attraktionen sowohl für Touristen als auch für an alternativer Architektur Interessierte.

Die Hundertwasser-Welt eignet sich eher zum Anschauen und Erfreuen als zu kritischer Stellungnahme. Wo hätte

1 http://www1.kunsthauswien.com/deutsch/malerei.htm (13. 01. 2005)
2 ebd.
3 http://www1.kunsthauswien.com/deutsch/hwh.htm (13. 01. 2005)
4 ebd.

How much idyll does man need?

I want to demonstrate
how easy it essentially is
to have Paradise on Earth.[1]

Friedensreich Hundertwasser

Hundertwasser was known to say that his artistic and architectural work was a part of his Being, his 'natural means of expression'. The harmless sounding sentence: "Why should a person not – like a flower – do the thing that best agrees with him?"[2] illustrates his anarchic pathos for liberty.

Breaking the rules, deviating from the "customary norms and clichés of an academic architecture"[3] (Hundertwasser) were fundamental to his existence and his work. Of his house in Vienna he said it was "a journey into the land of creative architecture, which has the Window Right" and "where nature and man meet in creation[4]". Man should be at liberty in his architecture. The "Window Right" is a manifestation of such unrestricted living conditions: Everyone can paint or otherwise decorate the area around his window – as far as his arm reaches.

These first quotations are intended to provide an introduction to the Hundertwasser world – a world that stands for itself. And though it has models (Hundertwasser cites first and foremost Catalan Antoni Gaudí), there is something singular about it. Hundertwasser's individual buildings such as the day nursery in the Heddernheim district of Frankfurt/Main or the city citadel in Magdeburg (his last building, completed in 2005) are – like those of Gaudí in Barcelona – attractions both for tourists but also for those interested in alternative architecture.

The Hundertwasser world is better suited to looking at and enjoying than critical appraisal. Where could you begin to judge work founded on

diese bei einem Werk, das in naiver Naturbegeisterung und idyllischem Utopismus wurzelt, ihren Ansatzpunkt? Eine Kritik seines Naturbegriffs oder seiner Anthropologie würde nicht weiterhelfen. Gleichwohl: ein Soziologe wüsste gern, wie sich die Bewohner in den für sie gebauten naturbewussten Häusern fühlen und ob sich eine technisierte und rational verplante Welt besser ertragen lässt, wenn daraus wenigstens im engeren privaten Lebensbereich mit neuen Formen und Farben sowie programmatischen Rechten für Natur und Mensch ausgebrochen werden kann.[5] Sind das die Idyllen, die der Mensch braucht? Hundertwasser konnte immer wieder freudig und stolz berichten, dass das Interesse an den von ihm gebauten Wohnungen das Angebot weit überstiege.

Im Vokabular Hundertwassers – es gibt viele Manifeste und Pamphlete, Interviews und Selbstbezügliches – findet sich das Wort Idylle nicht. Er wollte mehr, wie das einleitende Zitat zeigt. Sein bildnerisches und architektonisches Werk ruft hervor, was verschüttet ist oder nur noch als Traum oder als Naturphantasie hier und da aufscheint. Es gelingt Hundertwasser, Zufriedenheit und Glück, Ruhe und Poesie zu wecken. Seine Werke fordern auf zum Innehalten und wirken auf viele Menschen wie gebaute Idyllen. »Vor meinem Haus (in Wien; B. S.) stehen die Leute mit offenem Mund und können nicht glauben, dass ein Traum wahr geworden ist.«[6]

Ob seine Wohnhäuser auch ein Weg sind, »das Wohnen [als] Grundzug des Seins« zu realisieren, das Martin Heidegger (1951)[7] einforderte, sei nur als Frage formuliert, da sich Hundertwasser hier und da auf den Philosophen der Seinsvergessenheit beruft.

a naïve enthusiasm for nature and idyllic Utopianism? Criticism of his understanding of nature or his anthropology would not help. Yet a sociologist would love to know how the inhabitants feel in houses that are in harmony with nature, and whether a mechanized and rationally planned world is easier to bear, if in your immediate private sphere at least you can break free of it thanks to new shapes and colors as well as programmatic rights for nature and man.[5] Are these the idylls man needs? Certainly, Hundertwasser was frequently able to report with joy and pride that the interest in his apartments far exceeded the number available.

Despite the many manifestos, pamphlets, interviews and self references, the word idyll does not occur in Hundertwasser's vocabulary. As the introductory quotation shows, he strived for more than that. His artistic and architectural work calls forth what is buried or only emerges here and there, as a dream or fantasy of nature. Hundertwasser succeeds in evoking contentment and happiness, peace and poetry. His works also call us to pause and reflect, and many people experience them as idyllic architecture. "People stand open-mouthed in front of my house (in Vienna; B. S.) and cannot believe a dream has come true."[6]

Whether his houses are a means of making "the home [an] essential part of existence" as Martin Heidegger (1951)[7] demanded, is only intended as a question, given that Hundertwasser occasionally refers to the philosopher who warned of the dangers of Seinsvergessenheit – or the forgetfulness of Being.

Gegen falsche Idyllen und verlogene Ornamente

> Der Zweck (der Idylle) ist überall nur der,
> den Menschen im Stand der Unschuld,
> d. h. in einem Zustand der Harmonie
> und des Friedens mit sich selbst
> und von außen darzustellen.
>
> *Friedrich Schiller*

Der Begriff der Idylle taugt nur bedingt für Annäherungen an das Werk Hundertwassers. Das »Behagen in der Kultur«[8], das sich mit diesem Wort verbindet, widerspricht bereits dem Kunstideal des deutschen Idealismus, weil Kultur stets als das ›Ganz-Andere‹ zu begreifen sei. Hermann Glaser erinnert an die ›Vorschule der Ästhetik‹ (1804), in der Jean Paul von der Idylle sagt, dass sie den Misston des Leidens in Wohllaut umwandle. Die Idylle sei die epische Darstellung des »Vollglücks in der Beschränkung«[9] (Jean Paul). Hier wie im Traktat Schillers ›Über naive und sentimentalische Dichtung‹ (1796), den Glaser ebenfalls zitiert und dem das obige Motto entstammt, finden sich jene Kategorien, mit denen über das Idyllische und Erhabene, über Vernunft und Phantasterei, über Natur und Willkür in Kunst und Architektur gesprochen werden kann. Der »Phantast«, sagt Schiller, verlasse die Natur aus bloßer Willkür, »um dem Eigensinne der Begierden und den Launen der Einbildungskraft desto ungebundener nachgehen zu können«.

Für das Werk von Friedensreich Hundertwasser sind Zuordnungen zu den Kategorien Schillers oder Jean Pauls auch deshalb problematisch, weil nicht von den Erwartungen der Klassik und des deutschen Idealismus ausgegangen werden kann, sondern von den Erfahrungen, die im Namen der Vernunft und der Naturbeherrschung, der Rationalisierung und Technisierung der Lebenswelt seit der industriellen und politisch-emanzipatorischen ›Doppelrevolution‹ (Eric Hobsbawm) gemacht wurden. Der Glaube an die *perfectibilité de l'homme* ist gebrochen, desillusioniert.

Der Historismus in der Architektur hatte versucht, der neuen technischen und

Against false idylls and delusive ornaments

> The sole aim (of the idyll)
> is always to portray people
> in a state of innocence, i. e.,
> in a state of harmony and peace
> with themselves, and from outside.
>
> *Friedrich Schiller*

In appreciating Hundertwasser's work the term idyll is only suitable up to a point. The "contentment in culture"[8] associated with this word contradicts the art ideal of German idealism, because culture is always to be understood as 'something totally different'. Hermann Glaser cites the 'Vorschule der Ästhetik' (Nursery School of Aesthetics) 1804, in which Jean Paul says the idyll transforms the discordant note of suffering into a harmonious tone. The idyll is the epic depiction of "complete happiness in its restricted form"[9] (Jean Paul). Here, as in Schiller's treatise 'On Naive and Sentimental Poetry' (1796), which Glaser likewise quotes and from which the above motto is taken, we encounter those categories with which we can discuss the idyllic and sublime, reason and fantasy, nature and arbitrariness in art and architecture. The "dreamer", argues Schiller, deserts nature out of pure despotism "in order to indulge all the more freely in the willfulness of the desires and moods of the imagination".

Another reason that makes it difficult to assign Friedensreich Hundertwasser's work to the categories of Schiller or Jean Paul is the fact that his work cannot be associated with the expectations of the classical period and German idealism, but is rather based on the experiences made in the name of reason, the domination of nature, rationalization and mechanization of our environment since the "double revolution" (Eric Hobsbawm), namely the industrial and politically emancipating revolution. Man's belief in the *perfectibilité de l'homme* is crushed, he is disillusioned.

Historicism in architecture attempted to evade the new technical and urban

5 Die Aussagen von Anwohnern zu diesem Thema, die sich via Internet recherchieren lassen, sind höchst widersprüchlich; hierzu vgl. ›Kein ganz normales Haus‹, Artikel im ›Online-Standard‹ vom 10. 04. 2000, abrufbar unter http://hundertwasser-haus.at/a/press/standard/a_100400.htm

6 Friedensreich Hundertwasser im Interview mit Harry Rand; in: Harry Rand: Hundertwasser, Köln 2003, S. 183.

7 Martin Heidegger: Bauen, Wohnen, Denken; in: Mensch und Raum. Darmstädter Gespräch 1951, Darmstadt 1952, S. 72–84 (83).

8 Hermann Glaser: Behagen in der Kultur; in: Universitas. Zeitschrift für interdisziplinäre Wissenschaft, Stuttgart 9/1991, S. 831 f.

9 Norbert Miller (Hg.): Jean Paul. Werke. Fünfter Band. München 1963, S. 260.

städtischen Zivilisation durch ornamentbewehrte Fluchtburgen zu entkommen. Plüsch und Schwulst in der Literatur, Musik und darstellenden Kunst taten ein Übriges, durch kuschelige Idyllen falsche Wirklichkeitsbilder und ein problematisches nationales Pathos zu erzeugen. Der Kampf gegen das allgegenwärtige, wuchernde Ornament wie bei Adolf Loos ist aus dieser Sicht verständlich. Rationalismus und Modernität, dann das Neue Bauen und der Internationale Stil hatten daher immer auch etwas Erzieherisches.

Als Friedensreich Hundertwasser in Wien aufwuchs, waren die Kämpfe um die Berechtigung, ja die Notwendigkeit des Internationalen Stils und der abstrakten Kunst eigentlich entschieden. Plüsch und Ornament und die vernebelnde Idylle des Nur-Heimatlichen wurden mit verantwortlich gemacht für die Katastrophe, in welche die nationalsozialistische Ideologie Deutschland und Europa gestürzt hatte. Das Leitbild der ›wissenschaftlich-technischen Zivilisation‹ (Helmut Schelsky) forderte Klarheit und Rationalität, Funktionalität und Eindeutigkeit in allen Hervorbringungen der Kultur. Doch Hundertwasser hatte als Kind und als Jugendlicher zuviel erlebt, um nicht auch die Gefährdungen durch pure Rationalität, bei ihm symbolisiert in der geraden Linie, zu fürchten.

Daher seien Höhle und Zelle die architektonischen Urbilder von Hundertwasser, so Wieland Schmied: »Zu bauen heißt für ihn zuerst, das Bedürfnis nach Schutz, nach Zuflucht, nach einer bergenden Höhle zu erfüllen.«[10] Dies hat mit gebauten Idyllen im ländlich-rustikalen Stil wenig zu tun, wurzelt tiefer, ist archaischer, zugleich bunter und individualistischer. Der Zwiebelturm, den Hundertwasser in allen nur denkbaren Variationen verwendet, »ist das eigentliche Symbol für das Paradies in der Architektur.«[11]

Diesen Urbildern kommt die maternal anthropologisierende Architekturtheorie von Peter Sloterdijk nahe. In einem Interview zu seinem Sphärenprojekt sagte er:

civilization by creating ornamental safe havens. Plush and floridity in literature, music and the fine arts were also instrumental in creating false images of reality and a problematic national pathos through cozy idylls. Against this background the battle against the all-pervasive, rampant ornament, say in the works of Adolf Loos, is understandable. Consequently, rationalism and modernity, and subsequently Neues Bauen (New Architecture) and the International Style always had an edifying note to them.

When Friedensreich Hundertwasser was growing up in Vienna, the struggles for the justification, indeed the necessity of the International Style and abstract art had already been decided. Plush and ornament and the obscuring idyll of concentrating solely on coziness were declared to be in part responsible for the catastrophe into which Nazi ideology had plunged Germany and Europe. The role model of the 'scientific-technical civilization' (Helmut Schelsky) called for clarity and rationality, functionality and lucidity in all the manifestations of culture. Yet Hundertwasser had experienced too much as a child and youth to not also fear the threats posed by pure rationality, symbolized for him in the straight line.

This is why according to Wieland Schmied the cave and the cell are Hundertwasser's architectural prototypes: "For him architecture primarily means satisfying the need for protection, refuge, for a protective cave."[10] This has little to do with architectural idylls in the rural, rustic style, but is more deeply rooted, more archaic, and simultaneously more colorful and individualistic. The onion tower, which Hundertwasser employs in every conceiv able variation, "is the essential symbol for Paradise in architecture."[11]

The maternal anthropological architectural theory of Peter Sloterdijk is close to these prototypes. In an interview on his sphere project he said: "Once you have accepted the primacy of the protective

10 Wieland Schmied: Der Maulwurf – Urahn aller Architekten. Über den Ursprung der Architekturideen Hundertwassers; in: Hundertwasser Architektur. Für ein natur- und menschengerechteres Bauen. Benedikt Taschen Verlag GmbH, Köln 1996, S. 6.

11 Friedensreich Hundertwasser im Interview mit Harry Rand; in: Harry Rand: Hundertwasser, Köln 2003, S. 89.

12 Peter Sloterdijk: Architekten machen nichts anderes als In-Theorien; in: archplus, Zeitschrift für Architektur und Städtebau, 36. Jahrgang (169/170), Aachen 2004, S. 23.

13 Friedensreich Hundertwasser: Los von Loos. Gesetz für individuelle Bauveränderungen oder Architektur-Boykott-Manifest; in: Hundertwasser Architektur. Für ein natur- und menschengerechteres Bauen. Benedikt Taschen Verlag GmbH, Köln 1996, S. 59.

14 Friedensreich Hundertwasser: Der Architekturdoktor; in: Harry Rand: Hundertwasser, Köln 2003, S. 147.

»Wenn man den Primat der bergenden Atmosphäre, ja überhaupt den Primat des Atmosphärischen erkannt hat, dann ist für Architekten daraus ableitbar, dass sie nicht von geometrischen Ideologien ausgehen dürfen. Sie haben vielmehr von der atmosphärischen Raumwirkung her zu denken.«[12]

Auf der Suche nach der verlorenen Einheit

> Loos hätte das sterile Ornament durch lebendes Wachstum ersetzen sollen.[13]
> *Friedensreich Hundertwasser*

Gegen die Phalanx der rational-funktionalistischen Moderne aufzustehen und bereits 1958, im Alter von dreißig Jahren, ein Pamphlet gegen ihre Grundlagen zu verfassen, zeugt von Mut und Souveränität, auch von Weitblick. Denn die umfassende Umgestaltung der Städte und Landschaften mit dem zum Teil öden Massenwohnungsbau, die Verwandlung von Agrarlandschaften zu traktorengerechten Fluren, der Einbruch der technischen Systeme in die Lebenswelt der Menschen, am sichtbarsten in der automobilen Verkehrswelt, begann ja erst Ende der 1950er Jahre.

Hundertwasser errichtete einen bunten Schutzwall aus Bildern, Graphiken, unorthodoxen Architekturen und Übermalungen – wie man in Anspielung auf die Werke seines Freundes Arnulf Rainer sagen könnte – von Häusern, Kirchen oder Kraftwerken. Da er davon ausging, dass sich aus jedem Haus etwas Menschenwürdiges machen lasse, hat er sich gern als »Architekturdoktor« darstellen lassen, der nichts anderes tue, »als Menschenwürde und Harmonie mit der Natur und mit der menschlichen Kreation wiederherzustellen.«[14]

Sind die solcherart umgestalteten Gebäude Idyllen, Inseln des Rückzugs, Wege zum Paradies? Über einen farbenprächtigen, symbolhaften Verweis auf das ganz Andere einer durchrationalisierten

atmosphere, indeed the primacy of the atmospheric, then it becomes logical for architects that they should not be guided by geometric ideologies. Rather, they must be guided by the atmospheric, spatial impact."[12]

Searching for the lost unity

> Loos should have replaced the sterile ornament with lively growth.[13]
> *Friedensreich Hundertwasser*

Standing up against the phalanx of rational-functionalistic Modernists and writing a pamphlet against its tenets as early as 1958, at the age of 30, testifies to courage and sangfroid, not to mention far-sightedness. After all, the extensive restructuring of towns and landscapes involving sometimes monotonous mass housing, the transformation of farming land into corridors suitable for tractors, the invasion of technical systems into man's life, most evident in the increase in motor traffic, only begin in the late 1950s.

Hundertwasser built a colorful protective wall of paintings, prints, unorthodox architecture and overlays – as you might say by way of allusion to the work of his friend Arnulf Rainer – of houses, churches or power stations. Since he assumed it was possible to produce something fit for human beings out of every house, he liked to present himself as an "architecture doctor", who did nothing beyond, "restoring human dignity and harmony with nature and human creation."[14]

Are buildings remodeled in this manner idylls, islands of retreat, roads to Paradise? It is unlikely they represent more than a highly colorful, symbolic reference to the complete opposite of a highly rationalized world. Whereas Adolf Loos considered the ornament a crime, for Hundertwasser it was the straight line; anyone who favored it was one of those pitiful "people with a ruler", whom he addressed in his

Lebenswelt geht das wohl nicht hinaus. Hielt Adolf Loos das Ornament für ein Verbrechen, so Hundertwasser die gerade Linie; wer ihr anhänge, sei einer der erbärmlichen »Linealmenschen«, von denen sein zorniges ›Verschimmelungsmanifest‹ aus dem Jahre 1958 handelte.[15] Führt der Weg ins Paradies nur über geschlängelte Linien, weil »die gerade Linie gottlos ist«?

Mit Loos und Hundertwasser sind zwei Antipoden in der Auffassung von Kunst und Architektur und des ungebrochenen Streits über die ›Natur‹ des Menschen benannt. Lässt sich die erste Position mit einem Satz aus der philosophischen Anthropologie Arnold Gehlens umschreiben: »Der Mensch ist von Natur ein Kulturwesen«, so der zweite Standpunkt mit der Aussage: »Natur, Kunst, Schöpfung sind eine Einheit. Wir haben sie nur auseinander gebracht« (1999).[16] Die erste Auffassung misstraut der Natur, auch der des Menschen, und setzt ihr zur Außen- und Innenstützung Kultur entgegen; die zweite Auffassung ist von naiver Naturgläubigkeit und will verloren gegangene Einheiten wiederherstellen. Hundertwassers naturhaft-kosmische Auffassung sieht den Menschen als Teil des Bios und verlangt, dass er in allem, beispielsweise Nahrung, Kleidung, Wohnen, die Wurzeln seiner Existenz berücksichtigt. Sonst drohe Entfremdung von der Natur, von sich selbst und von anderen Menschen.

Grundgedanken sehr gegensätzlicher Auffassungen über das Verhältnis Mensch-Natur-Kultur im Spiegel seiner Ratio lassen sich bis in die Zeit der Romantik zurückverfolgen, als erstmalig auf »die andere Seite der Vernunft« verwiesen wurde. Die losgelassene Vernunft bringt Monster hervor, so malte es Francisco Goya um 1800. Vernunft kann alles vor ihrer eigenen Instanz rechtfertigen, zumal gegenüber der an sich ›grausamen Natur‹, wie der brillante Saint-Just vor den Pariser Revolutionstribunalen ausführte (vgl. Georg Büchners ›Dantons Tod‹). Der Appell an die Vernunft würde einen Friedensreich Hundertwasser also kaum zur *Raison* gebracht haben.

angry 'Mouldiness Manifesto' in 1958.[15] Is the road to Paradise only reached via meandering lines because "the straight line is godless"?

Loos and Hundertwasser represent two antipodes in the interpretation of art and architecture and the never-ending dispute about the 'nature' of man. While the first position can be described using a sentence from the philosophical anthropology of Arnold Gehlen, "Man is by nature a cultural being", the second can be paraphrased using the statement: "Nature, art, creation form a whole; we have merely separated them" (1999).[16] The first interpretation distrusts nature, including that of man, and upholds culture as an external and interior support; the second places unquestioning faith in nature and seeks to restore lost unities. In his naturalistic cosmic concept, Hundertwaser sees man as part of biology and demands that he consider the roots of his existence in everything – for instance, food, clothing, home. Failure to do this will result in his alienation from nature, from oneself and from other people.

Essential ideas of highly contradictory concepts on the relationship between man, nature and culture within the context of his rationale can be traced back to Romanticism, when the first references were made to "the other side of reason". When reason is allowed too free a rein it gives birth to monsters; this, at least is how artist Francisco Goya depicted it around 1800. Reason can justify everything in front of its own tribunal, particularly against an essentially 'cruel nature', as the brilliant Saint-Just explained to the Paris Revolution Tribunals (cf. Georg Büchner's 'Death of Danton'). In other words, an appeal to reason would hardly have brought Friedensreich Hundertwasser to *raison*.

15 Ursprünglich vorgetragen von Friedensreich Hundertwasser in der Abtei Seckau, Steiermark 1958; vgl. den Abdruck in: Hundertwasser Architektur. Für ein natur- und menschengerechteres Bauen. Benedikt Taschen Verlag GmbH, Köln 1996, S. 46ff.

16 http://www.magdeburg-jk.de/hundertwasser.html (13. 01. 2005)

17 Gert Kähler: Reisen bildet, Der Blick nach Außen; in: Ingeborg Flagge (Hg.): Geschichte des Wohnens, Bd. 5: 1945 bis heute. Aufbau Neubau Umbau, Stuttgart 1999, S. 949–1035.

Wie viel Hundertwasser brauchen wir?

Mit dem Werk und den Schriften von Hundertwasser steht eine naturalistisch-anthropomorphe, der rationalistischen, an Vernunft orientierten Auffassung von Mensch und Natur unversöhnlich gegenüber. Was Hundertwasser in seinem Werk nicht vermischt oder ›versöhnt‹ haben wollte, lässt sich theoretisch nicht ›aufheben‹ oder glätten. Auch in den alten ideologischen Schubladen, die noch übervoll mit den gelehrten Traktaten über die Rationalität als Grundlage der Freiheit und den politischen Verirrungen sind, die mit zu großer Bodennähe und heimeliger Naturidylle verbunden sind, lässt sich nichts Passendes finden. Hundertwasser, der Apologet des Natürlichen, kann für ein ›Zurück zur Natur‹ ebenso wenig vereinnahmt werden wie für eine politische Programmatik, die sich der Ursprungskräfte von Boden und Natur, Gemeinschaft und Volk vergewissern will.

Wie Schiller im zitierten Essay vor dem »falschen idyllischen Idealismus« warnt, der »schrecklich« sei, so ist auch beim Anschauen der Werke Hundertwassers vor unreflektierter Begeisterung zu warnen und sie für mehr zu nehmen, als sie sein können: eine heitere Erinnerung an Verlorenes, auch der Kindheit, aber nicht Teil und Versprechen eines Ganzen, das ins verlorene Paradies zurückführt. Hier und da ein Hundertwasser-Bau mahnt, erinnert und lässt – als heiteres Element in der rationalen Lebenswelt – Sehnsüchte erwachen.

Die zahlreichen Menschen, die Hundertwasser-Bauten zu touristischen Attraktionen machen, sehen in ihnen »mit ihrer kindlichen, fantasievollen Dekoration eine Architektur, die sich der genormten, heillosen Welt widersetzt. Dabei spielt es keine Rolle, ob diese Ansicht richtig ist.«[17]

How much Hundertwasser do we need?

The naturalistic, anthropomorphous work and writings of Hundertwasser form an irreconcilable contrast to the rationalistic, reason-oriented concept of man and nature. What Hundertwasser did not want to see diluted or reconciled in his work cannot be cancelled or smoothed out theoretically. Nor is there anything suitable in the old ideological pigeonholes, which are still overflowing with the learned treatises claiming rationality to be the foundation for liberty and political aberrations, and which are associated with too great a love of the land and cozy nature idylls. It is just as impossible to pigeonhole Hundertwasser, the apologist of the natural, as a person in favor of a 'return to nature' as it is to see him upholding a political program, which seeks to secure the primeval forces of earth and Nature, community and nation.

In the same way that Schiller in the cited essay warns against "false idyllic idealism", which is "awful" it is also dangerous to break out into ill-considered enthusiasm on looking at Hundertwasser's works and to make more of them than they can be, namely a cheerful reminder of things lost, including childhood, but not as part of or a promise of the whole that will lead us back into lost Paradise. Here and there a Hundertwasser building warns, reminds and – a cheerful element in a rational world – evokes longings.

The numerous people who make Hundertwasser buildings into tourist attractions see in them "with their childish, imaginative decoration an architecture that resists the standardized, unholy world. It is of no consequence whether this view is correct or not."[17]

Für die hilfreiche Unterstützung und für kritische Hinweise danke ich Alexa M. Kunz, B. A. und Eduard Schäfers, M. A. für seine konstruktiven Anmerkungen.

I would like to thank Alexa M. Kunz, B. A. for her helpful support and critical references, and Eduard Schäfers, M. A. for his constructive remarks.

Tafel/Plate 13: 637 Wartende Häuser/Waiting houses, 1966
Aquarell, 33 x 48 cm. Gustav Peichl, Wien

Micha Hilgers

Hunderterlei Formen, tausenderlei Eindrücke

Hundertwassers Anarchie zwischen professioneller Verachtung und naiver Bewunderung

Die Verheißung des Paradieses

Neu ist sie nicht, die Sache mit dem Paradies. Hundertwasser verspricht es uns. Nicht irgendwo oder irgendwann. Sondern jetzt. Und dass es so einfach sei. Beschwörend, fast flehentlich klingt das in seinen Schriften. Wenn sie denn gerade verständlich sind. Aber das sind sie oft mitnichten. Assoziativ gelockert, fast wirr schreibt er manchmal oder schlichtweg unverständlich wie in seinen Arbeiten ›Zum Transformationsautomatismus‹ (kurz ›tao‹) oder seiner ›Grammatik des Sehens‹. Doch wer liest schon Hundertwasser. Hundertwasser, das ist der mit den begrünten Häusern, den bunten Fassaden, der Architektur, der jede geometrische Form fehlt. Hundertwasser erlebt man, man liest ihn nicht. Warum er so viel Zuspruch bei Laien und so große Ablehnung bei Experten erntet, bleibt so unverstanden.

Das Wohnzimmer an der Hausfassade

Vor 25 Jahren erschien ein bebildertes Sachbuch, das alsbald Kultcharakter annehmen sollte. Nicht etwa wegen seiner Visionen, seiner Ästhetik oder wegen des gewieften Layouts. Im Gegenteil, das Zeitdokument trieb Innenarchitekten und Designer zur Verzweiflung, wurde zur Höllenfahrt für Ästheten und zum gruselig-schönen Lach- und Selbsterhebungsobjekt der westdeutschen Intelligenz: Das deutsche Wohnzimmer (Koelbl & Sack, 1980). Man holte es im Kreise Gleichgesinnter hervor und erbaute sich am süßen Schauder über Gelsenkirchener Barock, wuchtige Sitzmöbel, die jede Wirtshausschlägerei unbeschadet überstehen würden und jene geschmacklosen Zeitgenossen, die sich auch noch – freudig und

Hundreds of forms, thousands of impressions

Hundertwasser's anarchy from professional contempt to naïve admiration

The promise of paradise

The idea of paradise is not exactly new. Hundertwasser promises it to us. Not some place, some time. Right now. And it is so easy. In his writings it sounds as if he is beseeching, almost imploring us. If they happen to be comprehensible that is; which, unfortunately, they are often not in the least. Hundertwasser sometimes writes in loose associations, almost muddled, or quite simply incomprehensibly, as evidenced by his papers 'On Transformational Automatism' ('Tao') or 'The Grammar of Vision'. But who bothers reading Hundertwasser anyway. Hundertwasser, that's the guy with the houses decorated with greenery, the colorful façades, the architecture completely devoid of any geometrical shapes. One has to experience Hundertwasser, not read him. What remains a mystery, however, is why he should reap such praise from lay people and be so rejected by experts.

The living-room on the house façade

25 years ago an illustrated non-fiction book was published that would soon achieve cult status. Not because of its visions, its aesthetics or its clever layout. On the contrary, at the time it drove interior designers and indeed designers in general to despair; it resembled a trip to hell for the aesthetically minded and became the hideously-wonderful object of malicious pleasure and self-esteem of West German intellectuals: Das deutsche Wohnzimmer (The German Living-Room. Koelbl & Sack, 1980). It was brought out in the presence of like-minded, who were uplifted by the sweet shuddering at Gelsenkirchen Baroque and the bulky

bar jeder Scham – in Knickerbockern vor ihrer selbst geschaffenen Kulisse ablichten ließen.

Derartige Erbauung über andere beruhigt ungemein, stimuliert das Selbstwertgefühl über den offensichtlichen Kontrast zwischen der eigenen Person und den bedauernswerten anderen – und täuscht darüber hinweg, dass man selbst natürlich auch nicht nur mit zwei Sesseln, einer Leselampe und allenfalls noch einem Beistelltisch im Bauhausstil eingerichtet ist. Der heimliche Wunsch nach Idyll und Gemütlichkeit lässt sich leicht leugnen, wenn er andernorts ins Groteske gesteigert ist. Etwas von dieser Ambivalenz spiegelt sich auch in Zuspruch und Ablehnung gegenüber Hundertwassers Werk wider.

Hundertwassers Fensterrecht, mit dem er fordert, jeder dürfe die Hauswand seiner Wohnung bemalen, so weit der Arm aus dem Fenster reiche, droht das deutsche (oder österreichische) Wohnzimmer auf Armeslänge rund um die Fenster der Fassade zu erweitern. Das will natürlich niemand und vermutlich am allerwenigsten jene, die seine Gebäude aufsuchen und bewundern. Denn wer wüsste schon, wie er seine Fassade gestalten sollte. Das Manifest ›Dein Fensterrecht – deine Baumpflicht‹ erschien im Jahre 1972. Wenig später begann tatsächlich jedermann seine politischen Ansichten oder privaten Vorlieben zu plakatieren – nicht etwa auf Hauswänden, sondern am Heck des eigenen Autos. Hundertwasser hatte das Unbehagen an der Uniformiertheit, die Sehnsucht nach Individualität in der Masse und mit Massenprodukten frühzeitig be- und dann aufgegriffen.

Doch Autobesitzer wie Hausbewohner waren mit der individuellen Gestaltung von ein paar Quadratmetern Hauswand oder Autoheck (man griff wiederum zu Massenprodukten: Atomkraft? Nein, danke!) restlos überfordert, was Hundertwasser natürlich wusste. Deshalb machte er Angebote, wie sich Nutzer öffentlicher Gebäude und Hausbewohner ihre Welt wünschen könnten, aber selbst nicht zu arrangieren vermögen. Hundertwasser bedient dabei ein Unbehagen

seating that would survive any pub fight with less than a scratch, as well as those tasteless contemporaries who – happily and quite shamelessly – dared to have their pictures taken wearing knickerbockers in front of self-created backdrops.

Such uplifting over others has an incredibly calming effect and stimulates your own self-esteem by comparison with this unfortunate other person – while disguising the fact that one's own living room also does not just contain two armchairs, a reading lamp and perhaps a small Bauhaus-style side table. The secret desire for some idyllic coziness is easily denied if it is driven to grotesque measures elsewhere. Part of this ambivalence is reflected by both the popularity and rejection of Hundertwasser's works.

Hundertwasser's window right, by which he demands that anybody be able to decorate the apartment façade for as far around the windows as their arm can reach threatens to spread an arm's length of German (or Austrian) living-rooms onto the (public) façade. Obviously nobody really wants this; least of all, presumably, those who actually visit Hundertwasser's buildings to admire them. Besides, who would even have any idea of how to decorate their own façade anyway? Hundertwasser's manifesto 'Your window right – your tree duty' appeared in 1972. Shortly afterwards, however, people actually did begin to openly publish their political views or private preferences – admittedly not on building façades but on the rear of their own cars. Early on Hundertwasser had gauged and addressed the feeling of unease about uniformity, and the longing for individuality among crowds and mass production.

Yet house dwellers and car-owners alike were overtaxed by having to produce individual designs for a few square meters of house façade or car rear (making mass products again highly sought after: Nuclear power? No thanks!). Which Hundertwasser knew, of course. Which is why he offered the users of public buildings and house dwellers an opportunity to arrange their

Literatur:

Bloch, E. (1973) : Das Prinzip Hoffnung. Bd 1, Suhrkamp, Frankfurt/M.
Koelbl, H., Sack, M.(1980): Das Deutsche Wohnzimmer. J. Bucher, München
Popper, K. R. (1975): Die offene Gesellschaft und ihre Feinde. Band 1, A. Francke Verlag GmbH, München

an der Kultur, besser der technisierten und normierten Kulturfabrikation und versucht, dem Menschen in der Masse seinen individuellen Ort zu geben. Einen Ort der Träume und Fantasie, abseits von Zweckrationalität und bloßer Funktionalität. Hundertwassers Paradiesversprechen ist ein Ort, dem die Geradlinigkeit fehlt. Einfach da sein, wohnen, leben an Stelle von funktionieren. Das besticht.

Philosophischer Naturalismus

In seinen Schriften ist Hundertwasser bemüht, Normen und Ästhetik aus der Natur abzuleiten. Polemisch wendet er sich gegen geometrische Formen, Geraden (»die Gerade ist gottlos«) und rechte Winkel, die in der Natur nicht vorkämen (was übrigens irrig ist: Bergkristall, SIO_2, zum Beispiel kommt in streng geometrischer, nämlich kristalliner Form der Moleküle durchaus in der Natur vor). Das so genannte Natürliche dient als Richtschnur, als Orientierung, wo Jahrzehnte später postmoderner Wertepluralismus verwirrt. »Warum«, fragt Hundertwasser, »darf ein Mensch, so wie eine Blume, nicht das tun, was ihm entspricht?« Damit suggeriert er, dass man wissen könne, was einem Menschen entspricht. Doch das, was dem Menschen angeblich entspricht, das ›Natürliche‹, ist die ideologische Basis allen totalitären Denkens. Wenn man zu wissen glaubt, was dem Menschen entspricht, weiß man auch was nicht, was unnatürlich oder abartig ist. Ob Hundertwasser sich dieser fatalen Parallele zu dem von ihm gefürchteten und später gehassten Naziregime bewusst war? Die Heftigkeit, mit der er für seine Vision polemisiert, zeugt jedenfalls von der Unerbittlichkeit so genannter natürlicher Werte. Diese naive Form des philosophischen Naturalismus (vgl. die umfassende Kritik bei Popper 1957) verbindet Hundertwassers traumatische Vergangenheit im Nationalsozialismus mit der aufkommenden Umweltbewegung, die in grüne Parteien mündete. Beiden gemeinsam war – wenn auch von

worlds as they wished to, but were unable to. In doing so, Hundertwasser served the uneasiness with culture, to be precise with the mechanized and standardized fabrication of culture and sought to provide individual places for faceless people in a crowd. A place for dreams and fantasies, far removed from purposeful rationality or mere functionality. Hundertwasser's promise of paradise is a place which lacks straightforwardness. Simply being there, residing there, living instead of functioning. That was appealing.

Philosophical naturalism

In his writings, Hundertwasser strives to deduce norms and aesthetics from nature. He polemically rejects geometrical shapes, straight lines ("straight lines are godless") and right angles, which do not occur in nature (which, in fact, is a false assumption: mountain crystal SIO_2, for example, does occur in strict geometrical, that is crystalline molecular shapes in nature). What is referred to as 'natural' serves as a guideline, as a measure of orientation, in which decades later the post-modern pluralism of values will lose its way. "Why," asks Hundertwasser, "may a person, like a flower, not do whatever suits him most?" This suggests that we can actually know what suits us human beings best. However, the most befitting form for mankind, i. e. the 'natural', forms the ideological basis for all totalitarian thinking. Believing we know what suits human beings, we must ignore what is unnatural or deformed. Was Hundertwasser aware of his fatal parallel to the Nazi regime he initially feared and later hated? The vehemence with which he polemicizes in favor of his vision, certainly attests to the relentless nature of so-called natural values. This somewhat naïve form of philosophical naturalism (see Popper's extensive 1957 criticism) links Hundertwasser's traumatic past under the Nazi regime to the upcoming environmental movements, which ultimately lead to the establishment of green parties. Common to both – if never realized by the

Literature:

Bloch, E. (1973) : Das Prinzip Hoffnung (The Principle of Hope). Vol. 1, Suhrkamp, Frankfurt/M.
Koelbl, H., Sack, M.(1980): Das Deutsche Wohnzimmer (The German Living-room . J. Bucher, Munich
Popper, K. R. (1975): The Open Society and its Enemies). Vol. 1

der Ökologiebewegung nicht realisiert – eine Idealisierung dessen, was man für natürlich hielt (was immer auch eine Verteufelung seines Gegenteils, nämlich des Unnatürlichen, enthält). Doch Paradiesversprechen kommen ohne den Verweis auf das Natürliche nicht aus.

Auch wenn vermutlich die wenigsten Hundertwasser-Bewunderer seine Schriften mit Blick auf seine ideologischen Werte gelesen haben dürften, so kommt doch in seinen Arbeiten diese Natur-Idealisierung als Gegenstück zu Funktionalität und Verfügbarkeit des Arbeitsmenschen zum Ausdruck. Hundertwasser liefert die gestaltgewordene Realisierung naiver Träume, so wie sie an den Anfängen der Umweltbewegung gang und gäbe waren. Böse Technik, gute Natur lautete die Spaltung der Welt in übersichtliche Schwarz-Weiß-Raster in den siebziger und achtziger Jahren des letzten Jahrhunderts. Hundertwasser war an ihrer Spitze.

Das Paradies ist kein Ort zum Träumen

Doch das herbeigesehnte und erträumte Paradies konterkariert in ironischer Weise Hundertwassers Utopie der Kreativität. Geometrie und klare Linien, so glaubt er, könnten in ihrer strengen Funktionalität innere Bilder nicht anregen. Das liegt wohl weniger an den geometrischen Formen, gegen die sich Hundertwasser so vehement wandte, als an der Unfähigkeit der Mehrheit, überhaupt kreativ zu werden und wach zu träumen.

»Die Vielfalt der Erscheinungen«, so heißt es im Zen-Buddhismus, »ist die Verwirrung des Geistes«. Weshalb man im Zen auf einfache, klare Formen Wert legt, die die inneren Welten zum Klingen bringen können, aber nicht unbedingt müssen. Friedensreich Hundertwasser verwechselt Möglichkeit mit Zwang, er verwechselt innere mit äußerer Welt. Er liefert bereits die bebilderte Welt, kehrt sein Inneres nach Außen, was tatsächlich von vielen dankbar aufgenommen wird; weil die Vielen dann nicht mehr selbst tätig werden müssen.

ecology movement – was an idealization of those things deemed natural (which inevitably includes condemnation of its opposite, i. e., the unnatural). But promises of paradise remain empty without reference to what is natural.

Assuming that only a very small minority of his admirers have ever read Hundertwasser's papers with his ideological beliefs in mind, his idealization of nature as the main counterbalance to functionalism and the availability of the working man prevail throughout his work. Hundertwasser offers us his personified realization of those naïve dreams abundant at the beginning of the environmental protection movement. Bad technology, good nature, was the slogan which divided the world into clear black and white patterns during the 1970s and 1980s. Hundertwasser was right there at the top.

Paradise is no place for dreaming

However, the paradise he longed for and dreamed of ironically thwarts Hundertwasser's utopia of creativity. In his opinion given their strict functionality, geometry and clear lines are unable to stimulate any inner images. This actually has less to do with the geometrical shapes Hundertwasser so vehemently opposed than with the inability of most people to be creative and have conscious dreams at all.

"The diversity of appearances," Zen Buddhism says, "leads to confusion of the mind." This is why in Zen there is a preference for simple, clear shapes which can, but do not necessarily awaken inner worlds. Friedensreich Hundertwasser confuses possibility and necessity; he confuses the inside and the outside world. He delivers his world to us already fully illustrated, by turning his inside out; something that many of us gratefully accept because it means that we no longer have to become actively involved ourselves. The idyll is completed, paradise is already delivered. There is no longer any need to create it, to paint dreams and conceive utopias. This explains the fascination of Hundertwasser's

Die Idylle ist fertig, das Paradies bereits geliefert. Es muss nicht mehr geschaffen werden, Träume müssen nicht mehr gemalt, Utopien nicht mehr ersonnen werden. Darin besteht die Faszination von Hundertwassers Werk auf die Menschen, die staunend vor seinen Häusern stehen. Das könnte unsere Fantasie sein, wenn wir die innere Freiheit hätten, individuelle Idylle träumen zu können.

Hundertwasser greift sehr früh das empfundene, aber nicht unbedingt schon bewusste und realisierte Unbehagen an einer Welt auf, die sich anschickt, Technik und Naturbeherrschung an die Stelle von Gottesfurcht und Religiosität zu setzen. Damit besetzt er eine Leerstelle, bedient das Bedürfnis nach Träumerei und Idylle, Harmonie und friedlicher Scholle. Es ist alles schon fertig, wir müssen nur noch einziehen. Die Zumutung der Notwendigkeit eigener Entwürfe entfällt. Wo hunderterlei Formen und tausenderlei Eindrücke das Auge dominieren, bleibt kaum Platz für eigene Kreativität. Paradoxer Weise besteht darin die Faszination von Hundertwasser: sie entbindet vom Gefühl innerer Leere. Farben und Formen lassen es erst gar nicht aufkommen. Der ›Linearmensch‹, wie Hundertwasser den funktionalisierten Mietraumnutzer nannte, fühlt nichts, kein Defizit, kein Bedürfnis nach Eigenem, weil Hundertwasser alles für ihn erledigt.

Das Paradies, das uns verkündet wird, erschlägt das Prinzip Hoffnung und mit ihm das, »was die Menschen weit macht« (Bloch, 1973, S. 1). Das macht Faszination für und Grusel vor Hundertwassers Werk aus. Allerdings: Der Garten Eden wird unendlich langweilig, wenn man ihn bereits besitzt und vor allem, wenn man ihn nicht verlassen kann. So lange er aber von außen bestaunt werden kann, übt er Faszination aus.

Die kulturelle Ambivalenz in Hundertwassers Arbeiten

Hundertwasser unternimmt schon früh – auch hier persönlich seiner Zeit voraus – zahlreiche Reisen, die alsbald auch für

work on those who stand in awe in front of his buildings. These could in fact be our own fantasies, if we only had the inner freedom to dream up our own individual idylls.

At an early stage Hundertwasser addressed an uneasiness already perceived but not yet consciously realized with a world that was about to replace the virtues of god fear and religion with technology and the skill of mastering nature. In doing so, he filled a void, satisfying our longing for dreams and idylls, harmony and peaceful clod of land. Everything is ready; all we need to do is move in. There is no longer any need to expect people to come up with their own designs. Where hundreds of shapes and thousands of impressions dominate, there is little space left for one's own creativity. Paradoxically this is precisely what creates our fascination with Hundertwasser: It absolves us from our feeling of inner void. The colors and shapes do not permit it to surface. The 'linear person', as Hundertwasser called functionalized users of rented space, felt nothing, no deficit, no longing for something to call their own because he had already taken care of everything on their behalf.

Thus the paradise promised to us overwhelms our main hope and with it all "that broadens people's horizons" (Ernst Bloch, 1973, p. 1). This accounts for both the fascination for and the fear of Hundertwasser's works. However, the Garden of Eden becomes incredibly boring if it is already in one's possession, and especially if one cannot leave it. So it remains fascinating only for as long as it can be admired from the outside.

The cultural ambivalence in Hundertwasser's works

Once again ahead his time, very early on Hundertwasser undertook frequent journeys, which, following the advent of mass tourism, soon become available to the man on the street. At that time he created multicolored homes which resembled cut-outs from the

Durchschnittsbürger im Zeitalter des Massentourismus möglich werden. Und gleichzeitig schafft er kunterbunte Heimstätten wie aus der Zwergen- und Märchenwelt. In Zeiten der Globalisierung, in der das Reisen zur Pflicht des flexibilisierten Arbeitsmenschen wird, bietet Hundertwasser Heimat. Seine Heimat- und Wohnidyllen setzen geradezu die immer größeren Distanzen, die immer mehr Menschen immer häufiger überwinden müssen, voraus. Hundertwassers Welt ist nicht ohne ihre Antipode denkbar – und würde auch ohne Entwurzelung kaum attraktiv wirken. Seine Paradiese, die er so häufig beschwört und die so einfach herstellbar seien, sind Rückkehrorte für Entwurzelte, bieten Heimatidyll, wo Reisen längst selbstverständlicher Teil der allgemeinen Lebensqualität geworden ist. Wer wollte schon auf Fernreisen und Urlaube verzichten, auf ständig neue Eindrücke bei Kurzzeitrips? Hundertwassers idyllische Welt gewinnt ihre Attraktivität aus dem, was er selbst so sehr kritisiert. Denn, wer wollte schon in einer Stadt mit lauter Hundertwasser-Häusern leben?

Die Autoraststätte Bad Fischau oder der Bahnhof von Uelzen (»Ein Bahnhof so bunt wie eine phantastische Märchenwelt«) verkörpern diese grundsätzliche Ambivalenz. Der Zwang zum Reisen, Pendeln und die damit verbundene Hast, Staus, Verspätungen usw. sind Teile zeitgenössischen Lebens. Trotz aller Ambivalenz möchte wohl niemand auf diese Formen der Mobilität verzichten, wiewohl bestimmte Formen der Fortbewegung als wenig attraktiv erlebt werden. Hundertwasser stattet den aus wilhelminischer Zeit stammenden Bahnhof mit Säulen aus, die wie aus einem Märchenbuch wirken, nicht ohne die ihm eigene ideologische Begründung: »Die Säule ist ein wesentliches Element abendländischer Architektur. Bei einer Säule fühlt man sich wohl wie unter einem Baum.« Das Bedürfnis nach Idylle wird bedient, bedarf aber offenbar der Rechtfertigung. Das naive Paradies weckt ebenfalls Unbehagen, nicht nur wegen der Langeweile, sondern mit der Frage, warum

lands of the fairies and dwarfs. In our globalized world, in which traveling has become a must for flexible working people, Hundertwasser offered a home. Indeed, his home and dwelling idylls already pre-suppose the ever growing distances which an ever growing number of people have to cover ever more often. Hundertwasser's world cannot be imagined without its antipode – and indeed it would hardly be attractive without its uprooted nature. His paradises, which he so often evokes, and which are seemingly so easy to create, represent places of refuge and return for uprooted people by offering them the idyllic feeling of home, when traveling has long become a natural part of the everyday quality of life. After all, who would want to give up their holidays and journeys to far-away places, and constantly new impressions from short away-breaks? Paradoxically, Hundertwasser's idyllic world draws its attractive appeal from those things of which he is so critical. Because who would want to live in a city in which there are only Hundertwasser buildings?

The Bad Fischau motorway restaurant and the train station in Uelzen ("a train station as multicolored as a fantasy fairy-tale land"), embody this profound ambivalence. The need to travel and commute and the ensuing haste, traffic jams, delays etc. form part of our contemporary lives. Despite the ambivalent approach, however, nobody would want to forego these forms of mobility, even if certain forms of travel have proven to be not so attractive. Hundertwasser fitted out the Kaiser Wilhelm with columns that look as if they come straight out of a fairy tale, but not without him justifying them ideologically: "Columns form an essential part of occidental architecture. Standing under them, one feels the same comfort as if standing under a tree." Our need for idyll is thus satisfied, but at the same time has to be justified. The naïve paradise likewise evokes feelings of uneasiness, not only because of its boredom, but also by addressing the question of why we feel so comfortable there at all. Hundert-

es einem dort behagt. Hundertwasser beruhigt diese Unsicherheit durch bombastische Ausführungen. Häufig wenig klar, assoziativ gelockert oder völlig unverständlich spricht er doch über Trends seiner Zeit und die aufkommende Umweltbewegung, redet einer Technikkritik das Wort und setzt an deren Stellen ›Schöne Wege‹ und schöne kleine Welten.

Wer sind wir, in Zeiten der Globalisierung?

Es gibt ein Blatt, auf dem Hundertwasser seinen Namen variiert, in Druckbuchstaben, Sütterlin und Schreibschrift ausprobiert, wer er ist oder sein könnte: Friedrich Stowasser[1], wie er eigentlich heißt, Fritz oder Friedrich, Friederich, Friedereich, Friedenreich, Friedensreich oder Regentag, Hundertwasser oder Dunkelbunt. Schließlich benutzt er Friedensreich Hundertwasser oder Regentag Dunkelbunt.

Ich erinnere mich an meine Studienzeit in Marburg. Das damals führende Maoistenpärchen der studentischen Politszene besaß ein aufgeräumtes Schleiflack-Doppelbett-Schlafzimmer. Die meisten in sozialen Projekten engagierten (späteren) Sozialarbeiter wohnten in chaotischen Wohngemeinschaften, mit nicht zuletzt ungelösten Müllproblemen. Jene mit visionären politischen Utopien benötigten offenbar die Sicherheit kleinbürgerlicher Daseinsformen; die mit eher pragmatischen Ansätzen leisteten sich die Strukturlosigkeit, die es in sozialen Brennpunkten zu bekämpfen gilt. Innovation benötigt Fixpunkte, Konformismus, Fluchtpunkte.

In diesem ambivalenten Spannungsfeld bewegen sich Hundertwassers Arbeiten. Er sucht nach sich, während sich feste Werte und Orientierungen auflösen, neue Werte noch vage bleiben oder beschwörende Worte benötigen, wie er sie verwendet, wenn es um Kunst, Kultur und Wohnen geht. Hundertwasser spricht die Ambivalenz des Menschen mit der Postmoderne an. Die Bewunderung wie Verachtung ihm gegenüber nähren sich aus denselben Quellen.

wasser calms our disquiet by offering bombastic explanations. Often lacking in clarity, going off at a tangent or plainly incomprehensible, he nonetheless talks about the trends of his time and the emerging environmental movements, changes the wording of the technical critics by replacing their phrases with 'beautiful paths' and nice little worlds.

Just who are we, in these times of globalization?

There is a piece of paper on which Hundertwasser has written variations on his signature; in printed letters, Sütterlin script or double writing he probes who he is or might be: Friedrich Stowasser,[1] which is his given name, Fritz or Friedrich, Friederich, Friedereich, Friedenreich, Friedensreich (empire of peace, peaceful empire) or Rainyday or Darkcoloured. Eventually he decides on using Friedensreich Hundertwasser or Rainyday Darkcoloured.

I remember my student days in Marburg. The leading Maoist couple in the student political scene at the time possessed a neat and tidy bedroom with a honed and varnished double bed. Most of the (later) social workers involved in social projects were living in messy shared accommodation with unresolved garbage problems. Those with visionary, political utopias obviously needed the security of a bourgeois existence, while those following more a pragmatic approach granted themselves the very lack of structure that is meant to be fought in social flashpoints. Innovation needs fixation points, conformism points of escape.

Hundertwasser's works move in between these two poles. He remains in search of his true self; while fixed values and points of orientation begin to dissolve, new values have not yet become explicit or are in need of the sort of beseeching words he uses them when talking about art, culture, and living space. Hundertwasser addresses the ambivalence of the human being with post modernism. Both admiration and condemnation offered him feed from the same sources.

1 ›sto‹ heißt in Russisch ›hundert‹, daher die Variation von Stowasser in Hundertwasser.

1 'sto' is the Russian for 'hundred', hence the variations of 'Stowasser' and 'Hundertwasser'.

Tafel/Plate 14: 803 Pardonnez-moi, Mustafa / Pardon me, Mustafa, 1979

Mixed media, 45 x 54,5 cm. Privatbesitz

Robert Fleck

Hundertwassers malerische Aktualität

Die bildnerische Revolution der fünfziger und sechziger Jahre, die Intensivierung der bildnerischen Grammatik bis zum Schritt über das Tafelbild hinaus zu raumgreifenden, architekturintegrierenden Formen und einer neuen, unmittelbare optische Reize verwendenden Bildsprache – diese Revolution wurde von einigen wenigen Malern vorbereitet, eingeleitet und initiiert. Friedrich Hundertwasser war einer von ihnen. Er steht kunsthistorisch neben Yves Klein, mit dem er in der ersten Hälfte der fünfziger Jahre in Paris arbeitete, aber auch neben Protagonisten und Vordenkern des Happenings und visionärer Kunstformen, wie Allan Kaprow, James Lee Byars, Joseph Beuys und Piero Manzoni.

Eine solche These wird überraschen, gilt Hundertwassers Werk doch weitgehend als Inkarnation eines bildnerischen Populismus, von dem sich die meisten Künstler und Kunstkritiker der Gegenwart distanzieren. Doch genügt ein unvoreingenommener Blick auf frühe Gemälde und Papierarbeiten von Hundertwasser, um die zentrale Stellung dieses Künstlers wahrzunehmen, die in gewisser Weise einer Wiederentdeckung harrt, zumindest was die koloristische Revolution der fünfziger Jahre und die Überwindung des tradierten Bildkonzepts betrifft. Möglicherweise, so lautet meine These, lässt sich das gesamte Werk von Hundertwasser ausgehend von einer vorurteilslosen Neubewertung seines Frühwerkes neu deuten. Vielleicht relativieren sich damit bestimmte Missverständnisse, die sich – bei aller berechtigten Kritik an bestimmten Vermarktungsmechanismen – um das Werk Hundertwassers angesammelt haben.

Es gibt eine Reihe von Arbeiten Hundertwassers aus den frühen fünfziger Jahren, die dem experimentellen Bereich

The topicality of Hundertwasser's paintings

The revolution in painting in the 1950s and 1960s, the intensification of the grammar of visual representation to the point where the image moved beyond the panel picture and out into spatial forms that integrated the surrounding architecture and a visual vocabulary emerged that used new direct optical stimuli – this was a revolution prepared, introduced and initiated by only a few painters. Friedrich Hundertwasser was one of them. In the history of art, he takes a place next to Yves Klein, with whom he worked in Paris in the first half of the 1950s, as well as next to protagonists and pioneers of the Happenings and of visionary art forms, such as Allan Kaprow, James Lee Byars, Joseph Beuys and Piero Manzoni.

Such a suggestion will come as a surprise, because Hundertwasser's œuvre has largely been described as the incarnation of visual populism, and most contemporary artists and art critics distance themselves from it. Yet an unprejudiced glance at his early paintings and works on paper will suffice to discern the central position his œuvre takes – awaiting as it does a kind of rediscovery, at least as regards the colorist revolution of the 1950s and the overcoming of the traditional concept of the picture. Possibly, so my hypothesis, we should reappraise Hundertwasser's entire œuvre, starting from an unprejudiced revaluation of his early works. Perhaps this will enable us to relativize some of the misunderstandings of his work, for all the justified criticism of certain marketing mechanisms on which he relied.

There are a series of Hundertwasser pieces from the early 1950s that can be considered experimental and have forfeited nothing of their expressive vibrancy. They include collages made of paper fragments

zuzuordnen sind und nichts von ihrer expressiven Wirkung verloren haben. Dazu zählen Collagen aus papierenen Fundstücken der Straße (›Die Werte der Straße‹, Collage, 59 x 81 cm, Wien 1952) oder schwarz-weiße Fotografien von verwitterten Strukturen wie verrosteten Kanalgittern, die den fotografischen Studien von Arnulf Rainer über Gerümpelsituationen aus den gleichen Jahren parallel verlaufen (›Kanalgitter, fotografiert von Hundertwasser, 1952). Diese Arbeiten könnten sich in jeder Anthologie der Avantgardekunst der fünfziger Jahre befinden.

Noch wichtiger aber sind die Hauptwerke der fünfziger Jahre, z. B. ›Der große Weg‹, ein Leinwandbild aus dem Jahr 1955, dessen Format (162 x 160 cm) bereits die Dimensionen des traditionellen Tafenbildes und die Bildmaße des europäischen Informel dieser Jahre überschreiten.

Das Bild ist eine große Spirale. Es besteht aus einer einzigen, unendlichen Linie, wie sie Piero Manzoni vier Jahre später im Rahmen der Zero-Bewegung in Mailand auf einem linear ablaufenden Papier ausführen wird. Das verwandte bildnerische Denken von Hundertwasser und Manzoni bestand darin, durch die Objektivität dieses visuellen Elements und seine ›nackte‹ Vorführung aus den subjektivistischen und expressiven Mechanismen der gestischen Malerei der unmittelbaren Nachkriegszeit zu entkommen. Abläufe als solche im Kunstwerk sichtbar zu machen, bedeutete zugleich einen bedeutenden Schritt in der Problematik der Darstellung, da hier nicht mehr im traditionellen Sinn dargestellt, sondern ein unsichtbarer Prozess unmittelbar bildnerisch anschaulich gemacht wird. Alles, was später der Künstlertheoretiker W. D. Sauerbier in seinem Buch ›Gegen Darstellung‹ als gemeinsames Motiv der Avantgarden der späten fünfziger und der sechziger Jahre beschreibt, ist in Hundertwassers Arbeit von 1955 bereits zu einem bildnerischen Ansatz verarbeitet, der selbstbewußt auftritt.

found on the street ('Die Werte der Straße', collage, 59 x 81 cm, Vienna 1952) or the black-&-white photographs of weather-beaten structures such as rusty grids over drains, which arose parallel to Arnulf Rainer's photographic studies at that time of scrap configurations ('Kanalgitter, fotografiert von Hundertwasser', 1952). These works would fit in well in any anthology of avant-garde art of the 1950s.

Even more important are the key works of the 1950s, such as 'Der große Weg', a canvas dating from 1955 sized 162 x 160 cm, thus already exceeding the dimensions of traditional panel paintings and those of Art Informel of the time.

The painting is one large spiral. It consists of a single unending line, such as Piero Manzoni was to create four years later as part of the Zero Movement in Milan using a line of paper. The affinities between the creative approaches of Hundertwasser and Manzoni was that they escaped the subjectivist and expressive mechanisms of gestural painting of the immediate post-War years by opting for the objectivity of this one visual element, the line, and presenting it 'naked'. Rendering processes visible as such in the artwork also meant taking a decisive step towards discussing

Abb. 1:
Kanalgitter,
fotographiert von
Hundertwasser, 1952

Fig. 1:
Drain grid,
photographed by
Hundertwasser, 1952

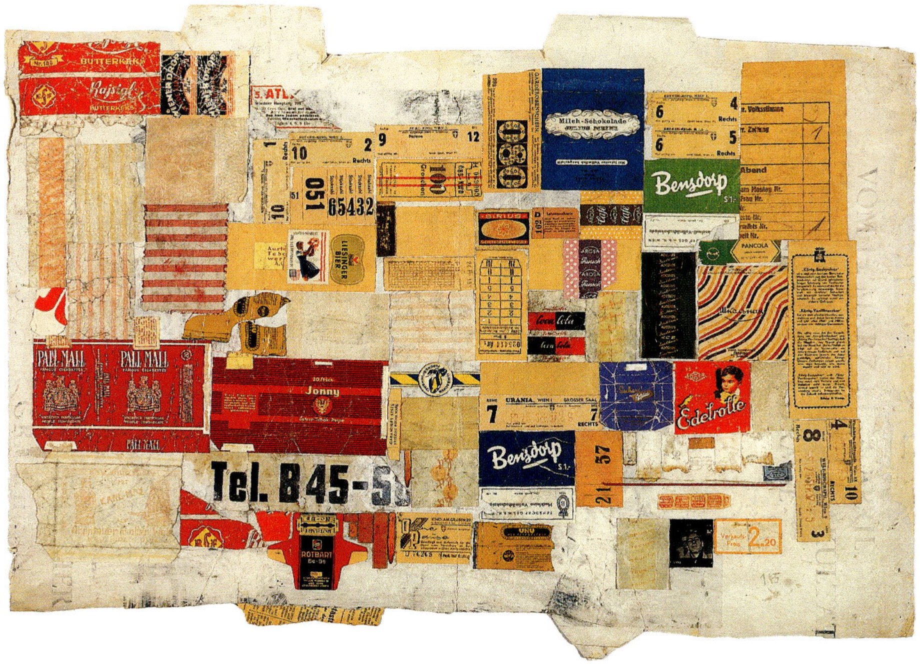

Abb. 2:
145 Die Werte der Straße, 1952. Collage, 59 x 81 cm. Museum Moderner Kunst Stiftung Ludwig Wien

Fig. 2:
145 Values of the street, 1952. Collage, 59 x 81 cm. Museum Moderner Kunst Stiftung Ludwig Wien

Im Gegensatz zur geraden ›unendlichen Linie‹ von Manzoni setzt Hundertwasser die Spirale als weltanschauliches und bildnerisches Element. Die Spirale ist zwar in der Ikonologie kein unbekanntes Zeichen, doch widerspricht sie sowohl dem zentralperspektiven Raum der europäischen Malerei als auch seiner Dekomposition in der klassischen Moderne der ersten Hälfte des 20. Jahrhunderts. Überdies wenn sie in einem ›all over‹ zum ausschließlichen Bildinhalt erhoben wird, beschreibt die Spirale nichts und schafft kein lyrisches Äquivalent zu unsichtbaren Naturkräften wie in der abstrakten Malerei des Informel. Sie trägt unmittelbar einen Naturprozess in das Bild hinein, lässt den Bildraum potentiell unendlich werden, macht ihn identisch mit dem Außenraum und schafft dennoch eine intensive energetische Verdichtung, eine Sogwirkung, der sich der Betrachter kaum zu entziehen vermag. Der Schritt über die Bildfläche hinaus, in den gebauten oder auch den ungebauten Raum – wie ihn 13 Jahre später der amerikanische Land Art-Künstler Robert Smithson mit vergleichbaren Motiven und ästhetischen Prinzipien unternehmen wird – ist in diesem Bild bereits angelegt.

Die Intensität des Bildes ergibt sich aus dem Widerspruch zwischen einer

the problems of representation, as here there was no representation in the traditional sense, but only an invisible process visualized directly through the creative act. Hundertwasser's piece dating from 1995 already contains everything that art theorist W. D. Sauerbier was later to describe in his book on 'Gegen Darstellung' as being the common subject matter of the avant-gardes of the late 1950s and 1960s. Indeed, by this time Hundertwasser had developed it to the point of a self-confident artistic method.

In contrast to Manzoni's straight 'infinite line', Hundertwasser opts for the spiral as an element that incorporates a view of the world and a sculptural element. The spiral is not an unknown symbol in iconology, but it contradicts both the central perspective adopted by European painting and its decomposition in classical Modernism in the first half of the 20th century. Moreover, when raised to the status of sole content as an 'all-over', the spiral describes nothing and forms no lyrical equivalent to the invisible forces of nature as in the abstract paintings of Art Informel. It transposes a natural process into the picture, transforms the pictorial space into something potentially infinite, renders it identical to the space outside the picture, and yet ensures an intense concentration of energy in the form of a suction that pulls the viewer into the picture. Hundertwasser's piece already assumes this step beyond the surface of the picture, into built or un-built space around it (a step US Land Artist Robert Smithson was to take 13 years later with comparable motifs and aesthetic principles).

The picture's intensity derives from the contradiction between a dominant, intrinsically ruptured linearity, on the one hand, and the unusual color valences that likewise seek to seize power in the picture, on the other. Despite its deliberately sense of depth, the picture is exclusively linear in composition. Hundertwasser does not paint in order to create and coordinate colored

dominanten, in sich gebrochenen Linearität einerseits und der ungewohnten, gleichfalls nach Macht im Bild strebenden Farbigkeit andererseits. Das Bild ist trotz seiner bewussten Flächenwirkung ausschließlich linear aufgebaut. Hundertwasser malt nicht, um farbige Flächen anzulegen und aufeinander abzustimmen; vielmehr zeichnet er seine gesamte Malerei, trägt die Linienzeichnung in das malerische Medium und erreicht auf diese Weise eine ihm eigentümliche Energetik und Zeitdimension. Beim ›Großen Weg‹ ist die Linie – wie in allen frühen Bildern Hundertwassers – in sich unzählige Male gebrochen. Auch was als lineares Farbfeld, als Teil des unendlichen Weges erscheint, ist selbst wieder aus unzähligen gebrochenen Linien aufgebaut, die als solche sichtbar bleiben. Die Strichzeichnung ist nie durchgängig. Die Linie reißt ständig ab und findet einen neuen Ansatz. Sie beschreibt keine Umrisslinie, vermeidet die Kontur, aber sie bildet auch nicht den ›Weg‹ ab, den das Bild thematisiert. Es handelt sich um eine anorganische, gotische Linie im Sinne Worringers[1]. Diese klassische Literatur hatte Hundertwasser bei seiner Italien- und Frankreich-Wanderung der späten vierziger und frühen fünfziger Jahre fast enzyklopädisch gelesen. In gewisser Weise ergibt sich damit die Intensität einer Schrift, die zittrig, aber unermüdlich vorgeht und die seitenweise, unbeirrbar, eine Sachlage beschreibt[2]. Die Linien und ihre Agglomerationen weisen unendlich viele Zacken und Brüche auf. Jeder weiche Übergang wird vermieden. Trotz der kontemplativen Stimmung des Gemäldes entsteht so ein flackernder, ständig changierender, visueller Eindruck, da die einzelnen Abschnitte der Spirale und die farbigen Bereiche sich in unregelmäßigen und instabilen Abständen zueinander zu befinden scheinen. Das Bild pulsiert in sich selbst in verschiedenste Richtungen zugleich, obwohl jeder optische Effekt bewusst vermieden und einer scheinbar in sich ruhenden Flächigkeit der Vorrang eingeräumt wurde.

surfaces; instead he draws all his paintings, transposes the line drawings into the medium of paint, and in this way creates his unique sense of energy and temporal dimension. In the case of the 'Großer Weg', the line (as in all his early works) is ruptured countless times. Even what appears to be a linear color field, part of a never-ending path, is itself made up of innumerable ruptured lines that remain visible as such. The line drawn is never consistent. The line continually breaks off and then starts anew. It does not describe outlines, avoids contours, but also does not depict the 'path' to which the title alludes. Rather, what we see is an inorganic, Gothic line in Worringer's understanding of the term.[1] Hundertwasser had read the latter's classical study during his hikes in Italy and France in the late 1940s and early 1950s, considering it almost an encyclopedia. To a certain extent, the result is the intensity of writing, a script that moves forward trembling but without let-up and page after page unerringly and exhaustively describes something.[2] The lines and their agglomerations reveal any number of spikes and ruptures. Hundertwasser eschews any soft transitions. Despite the contemplative mood of the painting, what thus arises is a flickering, constantly oscillating, visual impression, since the individual sections of the spiral and the colored segments seem to jell at irregular and unstable intervals. The picture pulsates intrinsically and in various directions at once, although Hundertwasser deliberately avoids any optic effects and gives pride of place to an ostensibly calm surface.

The unusual character of the painting arises even more strongly from the innovative and intensive color that amounted to a visual shock and disorientation in terms of seeing habits in its day. At the end of the 1940s, during the several stages of his travels through Italy Hundertwasser had closely studied old fresco techniques and color mixtures. In the 1950s while in Paris he regularly met René Brô, a talented and

1 Wilhelm Worringer, Abstraktion und Einfühlung 1906. Vgl. zu Worringer auch: Gilles Deleuze, Logique de la sensation – Francis Bacon, Paris: Editions de la différence 1981

2 Mitte der 50er-Jahre erlebte Hundertwasser in Paris den Erfolg des ›Nouveau Roman‹, vor allem mit Alain Robbe-Grillet, Nathalie Sarraute und Claude Simon, in dem strikt beschreibende, anonyme und objektive Schreibverfahren in ähnlicher Weise eingesetzt werden

1 Wilhelm Worringer, Abstraktion und Einfühlung (1906). See on Worringer: Gilles Deleuze, Logique de la sensation – Francis Bacon, (Paris: Editions de la difference, 1981).

2 In the mid-1950s while in Paris Hundertwasser experienced the success of the 'Nouveau Roman', above all that of Alain Robbe-Grillet, Nathalie Sarraute and Claude Simon, where strictly descriptive, anonymous and objective modes of writing are used in a similar manner.

3 See my biographical remarks on René Brô and his decades-long friendship with Hundertwasser in the catalog of René Brô retrospective, published by Conseil Régional de Basse-Normandie (Caen, Abbaye aux Dames, 1996).

Abb. 3:
224 Der große Weg, 1955.
Mixed media, 162 x 160 cm.
Österreichische Galerie
Belvedere, Wien

Fig. 3:
224 The big way, 1955.
Mixed media, 162 x 160 cm.
Österreichische Galerie
Belvedere, Wien

Der ungewöhnliche Charakter des Bildes ergibt sich noch stärker aus der innovativen und intensiven Farbigkeit, die zum Zeitpunkt der Entstehung einem visuellen Schock und einer Desorientierung der Sehgewohnheiten gleichkam. Hundertwasser hatte Ende der vierziger Jahre auf seiner in mehreren Etappen unternommenen Italienreise alte Freskotechniken und Farbrezepte studiert.

intelligent painter who like him sought to create an alternative to post-War abstract art and whom he had known since their hikes together in Italy.[3] Brô was likewise interested in devising a new scale of colors intended to combine the old techniques of the Italians with the potential offered by new color chemistry. A first step along the way was the mural the two produced

In den fünfzigerer Jahren traf er sich in Paris regelmäßig mit René Brô, einem begabten und intelligenten Maler, der wie er eine Alternative zur abstrakten Malerei der Nachkriegszeit schaffen wollte und den er seit gemeinsamen Wanderzügen in Italien kannte[3]. Brô war gleichfalls an der Erarbeitung einer neuen Farbenskala interessiert, die alte Techniken der Italiener mit den Möglichkeiten der aktuellen Farbchemie verbinden sollte. Ein erstes Zwischenergebnis bildete das gemeinsame Wandbild ›Land der Menschen, Vögel und Schiffe‹, 1950 in Saint-Mandé bei Paris an die Atelierwand gemalt. Im gleichen Jahr entstand das Monumentalbild ›Der wunderbare Fischfang‹. René Brô blieb auch in der Folge der scheinbar naiven Zeichensprache mit flach in das Bild gesetzten Gestalten treu, die auf diesen Arbeiten erprobt worden war, während Hundertwasser sich – nicht zuletzt unter dem Einfluss des Wiener Jugendstils, den er parallel für sich wieder entdeckte – einer eigenständigen Ikonographie zuwandte[4].

Der Kontakt mit René Brô war während Hundertwassers Paris-Aufenthalten der fünfziger Jahre fast täglich, und über Brô – der ab 1957 bis in die siebziger Jahre zu den Stammkünstlern der Avantgarde-Galerie von Iris Clert zählte – ergab sich spätestens 1954 die Bekanntschaft mit Yves Klein, dem Sohn zweier bekannter Maler, der in diesem Jahr gerade seine ersten Schritte im Pariser Ausstellungsbetrieb unternahm[5].

Yves Klein befand sich auf der gleichen Suche nach neuen Farbwelten, wobei er durch seine Mutter, die abstrakte Malerin Marie Raymond, mit allen führenden Malern der zeitgenössischen Abstraktion gut bekannt war, von Nicolas de Stael über Hans Hartung zu Pierre Soulages. Über seinen niederländischen Vater, den figurativen Maler Fred Klein, der ein enger Freund von Piet Mondrian gewesen war und in den fünziger Jahren noch mit Bildern Mondrians handelte, hatte Yves Klein die koloristischen Ansätze aus der Nachfolge des niederländischen Symbolismus in sich

jointly in 1950: 'Land der Menschen, Vögel und Schiffe' was painted on the studio wall in Saint-Mandé outside Paris. That same year, Hundertwasser made his monumental painting 'Der wunderbare Fischfang'. In subsequent years, René Brô remained loyal to this ostensibly naïve idiom with figures set flat on the canvas, a technique first tried in the above works. Hundertwasser by contrast, not least influenced by Viennese Art Nouveau, which he also rediscovered at this time, set about devising his own iconography.[4]

During Hundertwasser's stays in Paris in the 1950s he met René Brô almost on a daily basis and at the latest in 1954 via Brô – who as of 1957 through to the 1970s was one of the main artists represented by Iris Clert's avant-garde gallery – he was introduced to Yves Klein, the son of two well-known painters, and who that same year took his first steps as an artist in the Parisian exhibition world.[5]

Yves Klein was also seeking a new world of color, and, through his mother, abstract painter Marie Raymond, was also well-acquainted with all the leading abstract painters of the day, from Nicolas de Stael via Hans Hartung to Pierre Soulages. Through his Dutch father, figurative painter Fred Klein (a close friend of Piet Mondrian who in the 1950s still sold Mondrian's paintings) Yves Klein had also absorbed the colorist approaches that evolved in the wake of Dutch Symbolism. In 1954 Yves Klein, Hundertwasser and René Brô also met art critic Pierre Restany, who was their own age and immediately championed their visions, becoming an important counsel to them for the rest of their lives. It was during this time that Yves Klein discovered that intense blue tone that he was to use more or less exclusively as of 1955 and which became known as 'International Klein Blue' (IKB).

The colors of Hundertwasser's 'Großer Weg' seem unusual even today. They are related to the enhanced intensity of IKB and essentially correspond (even if they radiate more intensely) to the color valences of the

3 Vgl. meine biographische Notiz zu René Brô und dessen jahrzehntelanger Beziehung zu Hundertwasser, im Katalog der Retrospektive René Brô, herausgegeben vom Conseil Régional de Basse-Normandie, Caen, Abbaye aux Dames, 1996

4 Der Jugendstil wurde in Wien bis in die 60er Jahre noch als bloß dekoratives Phänomen angesehen

5 Vgl. meine kürzliche Doppelmonographie ›Marie Raymond – Yves Klein‹, Angers: Editions contemporaines, 2004

6 Vgl. Max Doerner, Malmaterial und seine Verwendung im Bilde (1921), hg. Von Thomas Hoppe, Berlin 2001

aufgenommen hatte. 1954 lernten Yves Klein, Hundertwasser und René Brô auch den gleichaltrigen Kunstkritiker Pierre Restany kennen, der sich zu den Visionen der jungen Künstler bekehrte und zu einem wichtigen, lebenslangen Berater wurde. In diese Zeit fällt auch die Entdeckung des intensiven Blautons, den Yves Klein ab 1955 zur weitgehend exklusiven Farbe seines Gesamtwerks, das ›International Klein Blue‹ (IKB), erwählte.

Die Farbigkeit von Hundertwassers ›Großem Weg‹ erscheint noch heute ungewöhnlich. Sie ist der gesteigerten Intensität im IKB-Blau von Yves Klein verwandt und entspricht in wesentlichen Anteilen (obgleich sie noch intensiver strahlt) der Farbigkeit der monochromen Bilder aus unterschiedlichen Farben, die Yves Klein bei seinen ersten beiden Ausstellungen Ende 1954 und Anfang 1955 in Paris präsentiert hatte. Hundertwasser hatte aber keinesfalls eine passive Rolle in dieser koloristischen Revolution inne. Es handelt sich bei der Farbigkeit des ›großen Wegs‹ nicht um eine Übernahme aus den neuen koloristischen Ansätzen von Yves Klein. Hundertwasser war im Gegenteil in diesem kleinen Kreis von Künstlerfreunden gerade in koloristischer Hinsicht eine treibende Kraft. Die Witwe von René Brô, Micheline Brault, die selbst an den gemeinsamen Reisen teilnahm, erzählt, dass Friedensreich Hundertwasser in diesen Jahren das heute legendäre Standardwerk von Max Doerner, ›Malmaterial und seine Verwendung im Bilde‹[6], in einer Ausgabe aus den dreißiger Jahren wie eine Bibel mit sich herumtrug und in- und auswendig kannte. Hundertwassers Farbe kommt aus den gleichen Entdeckungen und aus ähnlichen Rezepturen wie jene Yves Kleins. Hundertwasser hat Dorners Lektionen, die wiederum auf den Innovationen der deutschen Expressionisten fußten, an Yves Klein vermittelt. Das Ziel war für beide Künstler eine unmittelbare Leuchtkraft, die aus der Verwendung reiner Pigmente stammt und den Betrachter mit visionären Raumbegriffen konfrontiert.

monochrome pictures of various colors that Yves Klein showcased at his two exhibitions at the end of 1954 and in early 1955 in Paris. It was not as if Hundertwasser played a passive part in this colorist revolution. The colors of the 'Großer Weg' were not simply taken from Yves Klein's new colorist methods. On the contrary, Hundertwasser was a driving force in the small circle of artists specifically as regards colorist innovation. René Brô's widow, Micheline Brault, who herself was one of the traveling party in Italy, recollects how during this time Friedensreich Hundertwasser carried a 1930s copy of the now legendary standard work by Max Doerner, namely his 'Malmaterial und seine Verwendung im Bilde',[6] with him as if it were a bible and knew it inside out. Hundertwasser's colors come from the same discoveries and similar mixtures as those of Yves Klein. It was Hundertwasser who familiarized Yves Klein with Dorner's lessons, which were in turn based on the innovations the German Expressionists had made. The goal for both men: direct luminosity as a result of pure pigments in order to confront the viewer with visionary notions of space.

However, Klein's intentions were not those of Hundertwasser. For Yves Klein, the monochrome blue served to directly visualize infinite space. Hundertwasser's multichrome approach to color, by contrast, was intended to bind the viewer (likewise directly, without any narrative or intellectual act of transposition) into the flows of Nature's energy and thus enable communication with natural cycles. Natural processes are rendered visual by means of the intensity of the colors and the 'all-over' of the spiral. The related cognitive process is meant to extract civilized man from his reliance on the aesthetic world of industrial society in the post-War years and convey a comprehensive notion of the value of nature and its essence.

Nature as a topic to be visualized directly played a key role in Yves Klein's

4 In Vienna, Art Nouveau continued to be considered a merely decorative phenomenon until well into the 1960s.
5 See my recent double monograph 'Marie Raymond – Yves Klein', (Angers: Editions contemporaines, 2004).
6 See Max Doerner, Malmaterial und seine Verwendung im Bilde (1921), ed. Thomas Hoppe, (Berlin, 2001).

Die Absichten sind bei Klein und Hundertwasser jedoch unterschiedlich. Bei Yves Klein dient das monochrome Blau einer unmittelbaren Anschauung des unendlichen Raums. Hundertwassers multichrome Koloristik dagegen hat die Aufgabe, den Betrachter – ebenso direkt, ohne narrative oder gedankliche Übersetzungsarbeit – in Energieflüsse der Natur einzubinden und eine Kommunikation mit natürlichen Kreisläufen herzustellen. Natürliche Prozesse werden aus der Intensität der Farben und dem ›all-over‹ der Spirale unmittelbar anschaulich. Der damit verbundene Erkenntnisprozess soll den zivilisatorischen Menschen aus der Abhängigkeit der ästhetischen Umwelt der Industriegesellschaft der Nachkriegsjahrzehnte lösen und in ein umfassendes Bewusstsein des Wertes der Natur und ihrer Wesenszusammenhänge überführen.

Die Natur als unmittelbar anschaulich zu machendes Thema spielte ab 1960 auch im Werk von Yves Klein eine führende Rolle. Über Yves Klein ging diese Thematik übrigens in das wenige Jahre später angelegte Werk von Hans Haacke über, das sich auf den Systemgedanken bezieht und damit jene Mystik vermeidet, die sowohl Klein als auch Hundertwasser als Voraussetzung der Kommunikation mit dem Betrachter ansahen. Es ist in jedem Fall aber interessant und für die Stellung Hundertwassers zu diesem Zeitpunkt kennzeichnend, dass seine Arbeit damals in die weit gespannten Entwicklungsprozesse der Avantgardekunst eingebettet ist. Deren Spektrum erweitert sich nochmals, wenn man den späteren Werdegang von Bazon Brock und Schuldt, den beiden anderen Protagonisten der Aktion ›Unendliche Linie‹, mit bedenkt, die Hundertwasser 1959 in der Hamburger Kunsthochschule Am Lerchenfeld durchführte, und deren auf der Hand liegende Verwandtschaft mit der zehn Jahre später angelegten ›Spiral Jetty‹ von Robert Smithson, einem Höhepunkt der amerikanischen Land Art, ins Auge fasst.

Abb. 4:
Die Unendliche Linie,
Kunsthochschule
Am Lerchenfeld, Hamburg,
18.–20. Dezember 1959

Fig. 4:
The infinite line,
Lerchenfeld Art Institute,
Hamburg, December
18–20, 1959

Photo: Hundertwasser

œuvre as of 1950. And it was via Yves Klein that a few years later Hans Haacke took up the same theme, revolving around the notion of nature as a system, but avoided the mysticism that both Klein and Hundertwasser had felt was a precondition for communication with the viewer. It is at any rate interesting to note, and revealing as regards Hundertwasser's stance at this time, that his work was embedded in the broad stream in which the avant-garde art of the day was unfolding. That stream became even broader, if we consider the later career of Bazon Brock and Schuldt, the two other protagonists of the 'Unendliche Linie' action, which Hundertwasser undertook in 1959 at the Hamburg Am Lerchenfeld Art College and the manifest affinity to the 'Spiral Jetty' Robert Smithson created ten years later as a highpoint of US Land Art.

'The big way' of 1955, along with other major painterly works Hundertwasser made during this period, can be considered

›Der große Weg‹ von 1955 zählt ebenso wie andere malerische Hauptwerke des Künstlers aus diesen Jahren ob seiner expressiven Dichte, der innovativen Farbigkeit, seines visionären Charakters und auf Grund der überzeugenden Aufhebung des Tafelbildcharakters zu den wichtigen Kunstwerken der fünfziger Jahre. Die Museumsarbeiten Hundertwassers aus dieser Zeit sind im Übrigen gut gealtert und heute noch frisch wie zum Zeitpunkt ihrer Entstehung.

Ein zweiter Bereich, in dem Hundertwasser gegen den weit verbreiteten ›schlechten Ruf‹, den er sich ab 1970 in der Kunstwelt erwarb, wieder frei gespielt werden kann, ist die frühe Avantgarde-Kunst-Karriere des Künstlers. Wir sahen anlässlich der Diskussion über die Farbe bei Hundertwasser, wie initiativ er in wichtige Entwicklungen in Paris eingebunden war, wobei Yves Klein nur ein Gesprächspartner und Weggefährte neben vielen anderen war. Fast alle, die damals junge Künstler in Montparnasse waren, erzählen von Hundertwasser als beeindruckender Gestalt, die Einfluss ausübte.

Auch in anderen Belangen muss man Hundertwassers frühe Laufbahn im Kontext der Avantgarde-Szenerie seiner Zeit zählen. In Wien zählte Hundertwasser zu einer Generation von Früh- bis Überbegabten, die der Kunstkritiker und spätere Museumsdirektor Alfred Schmeller in einem wichtigen Aufsatz als ›Generation 1928‹ bezeichnete. Ernst Fuchs und Arnulf Rainer, die 1959 mit Hundertwasser das ›Pintorarium‹ gründeten, waren weitere Stars dieser Generation, zu der auch der Kunsthistoriker Werner Hofmann gehört, einem der wichtigsten Interpreten des frühen Hundertwasser[7]. Ähnlich wie Arnulf Rainer verließ Hundertwasser 1949 bereits nach drei Monaten die Wiener Akademie der bildenden Künste, wo er bei Hans Christian Andersen eingeschrieben war, dem Meisterklassenleiter, der die meisten führenden Protagonisten der abstrakten Malerei des Informel in Österreich ausbildete, darunter Josef Mikl

7 Werner Hofmann, Hundertwasser, Salzburg, Verlag der Galerie Welz, 1964

among the key artworks of the 1950s given its expressive density, its innovative use of color, its visionary character and the convincing way it overcomes the limits of the panel picture. Hundertwasser's museum works from this time have in fact aged well and today are as fresh as when he made them.

A second area in which Hundertwasser can be extricated from the 'bad reputation' he gained in the art world as of 1970 is his early avant-garde art career. When discussing color in Hundertwasser's work, I mentioned how he played an initiating role in crucial developments in Paris, whereby Yves Klein was just one companion among many others with whom he debated. Almost all of the young artists in Montparnasse back then recall Hundertwasser as an impressive and influential man.

There are other aspects of Hundertwasser's early career that must also be seen in the context of the avant-garde scene of the 1950s. In Vienna, Hundertwasser was considered a member of a generation of early talents, or super-talents, whom art critic and later museum director Alfred Schmeller collectively named 'Generation 1928' in a major essay. Ernst Fuchs and Arnulf Rainer, who together with Hundertwasser founded the 'Pintorarium' in 1959, were other stars of this generation, as was art historian Werner Hofmann, one of the most important interpreters of the early Hundertwasser.[7] Like Arnulf Rainer, in 1949 after only three months Hundertwasser quit the Vienna Academy of the Visual Arts, where he had enrolled under Hans Christian Andersen, the head of the master class and the man who trained most of the leading protagonists of abstract painting in Austria, including Josef Mikl and Wolfgang Hollegha. With his subsequent travels in Italy, Hundertwasser set out on an uncertain journey that was essentially not to end until his death. Yet in doing so he freed himself throughout his life from the narrowmindedness and provincial outlook typical of the

7 Werner Hofmann, Hundertwasser, (Salzburg, Verlag der Galerie Welz, 1964)

und Wolfgang Hollegha. Mit seiner anschließenden Italienreise begann eine unstetige Wanderschaft, die letztlich bis zu seinem Tod nicht mehr endete. Doch befreite er sich damit – und das bis zuletzt – vom engen Geist und der provinziellen Situation, die der Wiener Kunstszene damals eigneten. Bereits um 1952 war er ein Protagonist der Avantgarde-Szene in Paris, eine Figur von internationalem Anspruch, weltgewandtem Umgang und auffallend eigenständigem Gedankengut.

Im Folgenden blieb Hundertwasser in den gesamten fünfziger Jahren einer der wichtigsten ›Passeurs‹ und Ideen-Vermittler zwischen den jungen Kunstszenen in Paris, Wien, Italien und der Bundesrepublik. In den meisten Jahren war er an allen Fronten zugleich präsent. Das für sein Lebenswerk so bedeutende ›Verschimmelungsmanifest‹ trägt er 1958 beim Internationalen Kunstgespräch der Galerie St. Stephan (gegründet und geleitet vom Wiener Domprediger Monsignore Otto Mauer) im Stift Seckau vor, wobei die genannten Wiener Künstler ihn als Mitstreiter und Konkurrenten argwöhnisch beobachten, während die anderen Teilnehmer des Symposions, die führenden Kritiker Pierre Restany und Michel Tapié etwa, Hundertwasser durch seine Aufenthalte in Paris, die Gespräche und seine Ausstellungen viel besser kannten als die Wiener Künstlerkollegen. Auch die anderen markanten Teilnehmer des Symposions, darunter Arnold Rüdlinger, der Direktor der Kunsthalle Basel, wissen zu diesem Zeitpunkt über die Malerei Hundertwassers besser Bescheid als über die Werke der anderen österreichischen Künstler seiner Generation[8].

Das ›Verschimmelungsmanifest‹ ist nicht der erste spektakuläre Auftritt Hundertwassers vor Kunstfreunden und Mitgliedern des Kunstestablishments. Seit 1952 bilden seine naturbelassene Kleidung, seine Ernährungsthesen und seine eremitartige Erscheinung eine Art ›permanente Aktion‹ in der internationalen Kunstszene. Die ›unendliche Linie‹, die er im Jahr 1959

Vienna art scene back then. As early as 1952 he was championing an avant-garde scene in Paris, a figure of international statute, with a cosmopolitan mindset and a strikingly independent mind.

In the years that followed and until then end of the 1950s, Hundertwasser remained one of the key 'passeurs' and go-betweens moving ideas back and forth in the young art worlds in Paris, Vienna, Italy and Germany, active on all of these fronts at once most of the time. In 1958, he held his 'Mold Manifesto' ('Verschimmelungsmanifest') so important to his life's work at the International Art Debates at Galerie St. Stephan (founded and directed by Vienna Monsignore Otto Mauer) at Stift Seckau, and the afore-mentioned Vienna artists looked on suspiciously, seeing him as both comrade-in-arms and competition, whereas other participants in the symposium, leading critics Pierre Restany and Michel Tapié for example, knew Hundertwasser from his time in Paris, from countless discussions and exhibitions far better than did his fellow Viennese artists.
And other outstanding participants in the symposium, including Arnold Rüdlinger, Director of Kunsthalle Basel, knew more at this point about Hundertwasser's paintings than they did about the works of other Austrian artists of his generation.[8]

The 'Mouldiness Manifesto' was not the first spectacular appearance Hundertwasser put in before art friends and members of the art establishment. As of 1952 his clothing, made of untreated materials, his nutritional ideas, and his hermit-like appearance had constituted something of a 'permanent action' in the international art scene. The 'infinite line' he realized in Hamburg in 1959 is still considered part of the birth of Happenings in Europe. In 1960, Hundertwasser also took part in the 'Anti-Procès' organized by Jean-Jacques Lebel and Alain Jouffroy in Paris, the first Happening on European soil.

This unorthodox form of self-presentation that Friedensreich Hundertwasser chose

8 Vgl. Robert Fleck, Avantgarde in Wien. Die Geschichte der Galerie nächst St. Stephan. Wien 1954 bis 1982, Wien – München 1982

8 See Robert Fleck, Avantgarde in Wien. Die Geschichte der Galerie nächst St. Stephan, Wien 1954 bis 1982, (Vienna & Munich, 1982).

in Hamburg realisiert, gilt bis heute als eine Geburtsstunde des Happenings in Europa. Hundertwasser nimmt 1960 auch beim ›Anti-Procès‹ von Jean-Jacques Lebel und Alain Jouffroy in Paris teil, dem ersten Happening auf europäischem Boden.

Diese unorthodoxe Selbstdarstellung von Friedensreich Hundertwasser im Bereich der künstlerischen Öffentlichkeit weist einen ähnlichen Charakter auf wie die spektakulären Aktionen von Yves Klein, die in den gleichen Jahren stattfanden. Es ging zum Einen darum, auf sich aufmerksam zu machen und sich angesichts der Inflation an jungen, von der Kritik hoch gehandelten Malern des Informel und der gestischen Abstraktion bemerkbar zu machen. Sowohl Hundertwasser als auch Klein boten ein damals marginales, zunächst nur von wenigen Kritikern und Sammlern ernst genommenes Gegenprogramm zur informellen Malerei. Deshalb musste man auf besondere Weise unübersehbar sein. Zum anderen ging es bei Hundertwasser und Yves Klein aber auch darum, einen visionären Weltentwurf zu propagieren und zu vertreten, weshalb die Manifeste und Aktionen auch einen derart ausschließlichen, unbedingten Anspruch hatten. Sowohl Hundertwasser als auch Yves Klein waren stets vom Bewusstsein erfüllt, auf ganzer Linie Recht zu haben und eine Wahrheit zu vertreten; deshalb der für andere Künstler oft unerträgliche Totalanspruch ihrer Kunst und deren Vermittlung.

Will man die Stellung von Hundertwassers frühem Werk in der Geschichte der Malerei und der Avantgarde-Kunst der fünfziger und sechziger Jahre noch genauer verorten, so bietet sich abschließend ein Blick auf die ›Unendliche Linie‹ von 1959 an, die in den meisten Anthologien der Happening- und Aktionskunst erwähnt wird. Diese ›Unendliche Linie‹ wird meist als die Ausmalung eines Raumes in der Hamburger Kunsthochschule beschrieben. Hundertwasser war 1959 Gastdozent in dieser Schule, worin er unter den hochkarätigen Vorgängern übrigens

for the artistic world is similar in character to the spectacular actions of Yves Klein in the same period. The one idea was to draw attention to one's work and make a mark given the inflation in young painters working in an Informel or abstract gestural vein and so lauded by the critics. Both Hundertwasser and Klein had a counter-agenda to that of abstract art to offer, one that had a marginal existence at the time, taken seriously by very few critics and collectors. For this reason, it was important to make sure one did not go unnoticed. Secondly, Hundertwasser and Yves Klein also wished to promulgate and champion a visionary notion of the world, which is why the manifestos and actions had such an exclusive and unconditional thrust. Both Hundertwasser and Yves Klein were always convinced that they were utterly and completely right and represented the truth; for this reason they made a absolutist claim for their art and its role that was often therefore intolerable for other artists.

If we wish to situate Hundertwasser's early work more accurately in the history of painting and avant-garde art of the 1950s and 1960s, then it bears focusing more closely on the 'Infinite Line' made in 1959, which is mentioned in most anthologies of Happenings and Action Art. This 'Infinite Line' is usually described as having entailed painting a room at the Hamburg Academy of Art. Hundertwasser was indeed a guest lecturer at the academy in 1959, and among his superlative predecessors there had been Max Bill, the most influential propagators of Concrete Art, who had come up with the design for the famed neo-Bauhaus 'hochschule für gestaltung' in Ulm in the mid-1950s. During his lectureship, Hundertwasser, assisted by his students, who included art theorist Bazon Brock and author Herbert Schuldt, did indeed completely cover the surfaces of a room at the Academy by painting a spiral-shaped line. Yet, as his long-standing representative gallery-owner Hans Brockstedt reports, it was only one

auch Max Bill hatte, den einflussreichsten Propagandisten der konkreten Kunst, der Mitte der fünfziger Jahre die Ulmer ›Schule für Gestaltung‹ als neues Bauhaus einrichtete. Während seiner Gastdozentur realisierte Hundertwasser zusammen mit Studenten, dem Künstlertheoretiker Bazon Brock und dem Schriftsteller Herbert Schuldt einen mit einer spiralförmigen Linie vollständig ausgemalten Raum in der Hochschule. Doch wie sein langjähriger Galerist Hans Brockstedt berichtet, war das nur einer von drei Teilen einer stadtumspannenden Malaktion in und mit der Natur. Der Raum in der Hochschule der bildenden Künste sollte bloß den Ausgangspunkt bilden. Die Linie sollte sich dann aus der Hochschule heraus durch den öffentlichen Raum im angrenzenden Stadtteil Barmbek bewegen und bis an die Außenalster verlaufen. Diesen See wollte Hundertwasser mit einem Boot überfahren, wobei die farbige Linie ununterbrochen weiter gezogen würde. Zuletzt sollte die Linie in einen zweiten, spiralförmig bemalten Raum münden, nämlich in die Galerie Brockstedt in Harvestehude am anderen Ufer der Außenalster. Hundertwasser, so berichtet Hans Brockstedt, habe davon allerdings bereits nach Fertigstellung des Raumes in der Hochschule einem Journalisten erzählt. Dieser sei mit einem Zeitungsartikel vorgeprescht und der aufgebrachte Rektor der Hochschule habe noch von seinem Urlaubsdomizil aus die fristlose Entlassung Hundertwassers angeordnet. Die Aktion wurde also notgedrungen nach dem ersten Teil abgebrochen, und Brockstedt verkaufte ein Gemälde von Hundertwasser, um diesem die Zugfahrkarte nach Wien zu finanzieren[9].

Wenn man sich die ›Hamburger Linie‹ nach diesem Konzept vergegenwärtigt, erweist sich die Aktion als bedeutender Vorläufer zentraler Gedanken der sechziger Jahre. Sie ist von ihrer Dimension her nur mit den naturbezogenen Aktionen vergleichbar, die Yves Klein 1961 anlässlich seiner ersten Museumsausstellung in

of a tripartite painting action in and with nature that involved the city as a whole. The room at the Academy was merely intended as the starting point. The line was meant to then run out of the Academy and through the public space into the neighboring district of Barmbek and then as far as the Außenalster lake. Hundertwasser intended to cross the lake by boat, drawing the line of uninterrupted color behind him. Finally, the line was to culminate in a second room painted with a spiral line, at Galerie Brockstedt in Harvestehude on the other side of the Außenalster. Hundertwasser, so Hans Brockstedt recollects, confided his plan to a journalist on completing the room at the Academy. The journalist immediately compiled an article on the project, and the incensed rector of the Academy, still on holiday, instructed that Hundertwasser be immediately dismissed from his duties. Hundertwasser was thus compelled to terminate the action after only the first part had been completed, and Brockstedt sold a painting by Hundertwasser in order to finance the latter's train ticket back to Vienna.[9]

If we consider the 'Hamburg Line' in light of this concept then the action was clearly an important precursor of the central ideas behind Action Art in the 1960s. In terms of the dimensions, it can only be compared with the nature-related actions that Yves Klein realized in 1961 on the occasion of his first museum show in Krefeld, or the first landscape-based projects Christo realized after relocating to New York in 1968. Incidentally, both Christo and Jeanne-Claude knew Hundertwasser in Paris at the end of the 1950s.

In other words, Hundertwasser was a central figure in avant-garde art in the 1950s. This is true both in terms of his innovative reach and aura, and of his presence in the art scene in several European countries, from France, via Germany to Italy and Austria. His painterly œuvre of this period presents an unmistakable position and enters into dialog with the

9 Gespräch des Verfassers mit Hans Brockstedt, Hamburg , 2005

9 Conversation between the author and Hans Brockstedt, (Hamburg, 2005).

Krefeld realisierte, oder mit den landschaftsbezogenen Realisierungen von Christo nach seiner Übersiedlung nach New York 1968. Übrigens haben sowohl Christo als auch Jeanne-Claude, Hundertwasser Ende der fünfziger Jahre in Paris gekannt.

Hundertwasser war also eine zentrale Figur der Avantgarde-Kunst der 50er Jahre. Dies betrifft sowohl seine Innovationskraft und Ausstrahlung als auch seine Präsenz in der Kunstszene mehrerer europäischer Länder, von Frankreich über die Bundesrepublik bis Italien und Österreich. Sein malerisches Werk dieser Zeit bezieht eine unverwechselbare Position und dialogisiert mit den Werken und Motiven der anderen jungen Künstler seiner Generation. Daraus ergeben sich zwei Fragen: wie ist der Verlauf des Werkes und des Wirkens von Hundertwasser vor diesem Hintergrund zu sehen? Welche Aktualität hat dieses Werk heute in künstlerischer und kunstsoziologischer Hinsicht für die Möglichkeiten und Perspektiven der Kunst?

Zur ersten Frage: wie hat man den Werdegang Hundertwassers vor dem Hintergrund seiner Ansätze der fünfziger Jahre zu sehen? Diese Problematik wäre eine eingehende Studie wert. Sie stellt meines Erachtens einen Schlüssel zu Hundertwasser insgesamt dar. Meine persönliche Vermutung sei hier nur kurz angedeutet. Anfang der sechziger Jahre hält Hundertwasser sich für längere Zeit in Japan auf. Es sind dies die Monate, in denen sich die entscheidenden Weichenstellungen für die Kunst des neuen Jahrzehnts ereignen. 1960 und 1961 konkretisiert sich der Umbruch von der Nachkriegskunst zum Jahrzehnt der Pop Art, zum Happening, der Installation und der Minimal Art. Obgleich er soeben noch wichtige Vorarbeiten dazu geleistet hat, ist Hundertwasser eigentümlicherweise nicht an diesem Umbruch beteiligt. Dies zeigt sich auch in den Ausstellungsbeteiligungen und Museumsankäufen der folgenden Jahre. Trotz einiger wichtiger Anerkennungen – wie dem österreichischen Pavillon an der Biennale von Venedig –

works and motifs of other young artists of his generation. Two questions arise from this: Against this background, how should we see the further course of his œuvre and the impact he had? What topical thrust does this œuvre have today in terms of art and art sociology as regards the potential and prospects of art now?

On the first question: how should we see Hundertwasser's subsequent career in light of what he did in the 1950s? This question is worthy of a full study. And to my mind it constitutes a key to Hundertwasser's œuvre as a whole. Let me briefly mention my own personal suspicion. In the early 1960s, Hundertwasser spent a longer period in Japan. These were the months when the key foundations were laid for the art of the next decade. In 1960 and 1961, we see that crucial upheaval in post-War art, with the emergence of Pop Art, Happenings, Installation Art and Minimal Art. Although he had contributed important early ideas for these movements, strangely enough Hundertwasser does not participate in this upheaval. This is evidenced also by his contributions to exhibitions and the works purchased by museums in the years that followed. Despite a few major projects – such as the Austrian pavilion at the Venice Biennial – Hundertwasser's name must be sought in vain in the key group and major exhibitions of the 1960s. Yet precisely during this time, colleagues and companions from his early years break through into the art scene – as regards both exhibitions and a presence in the leading galleries for contemporary art (only René Brô was marginalized with his naive-figurative painting, despite his important position as adviser to Iris Clert).

Hundertwasser never made up the ground lost in those four decisive years as of 1960. He never found his way back to the heart of the art scene and never attracted the attention of the major museums again. In the early 1960s Hundertwasser missed the boat, when he could have reaped the rewards of his

sucht man Hundertwassers Namen in den wichtigen Gruppen- und Großausstellungen der sechziger Jahre vergeblich. Just in dieser Zeit aber gelingt den Künstlerkollegen und Weggefährten der früheren Jahre der Durchbruch sowohl im Ausstellungsbetrieb als auch bei den führenden Galerien zeitgenössischer Kunst (lediglich René Brô erfährt mit seiner naiv-figurativen Malerei eine Marginalisierung trotz seiner wichtigen Beraterstellung bei Iris Clert).

Dieses Handicap aus den entscheidenden Jahren 1960 bis 1964 hat Hundertwasser nie mehr aufgeholt. Er findet nie mehr ins Zentrum des aktuellen Kunstgeschehens und der Aufmerksamkeit der großen Museen zurück. Hundertwasser hat Anfang der sechziger Jahre den Augenblick verpasst, als er die Ernte seiner innovativen Kraft aus dem vorhergegangenen Jahrzehnt einfahren konnte. Von nun an rangiert er unter seinem eigentlichen Wert gegenüber den Institutionen der zeitgenössischen Kunst (Galerien, Kunst- und Ausstellungshallen, Museen). Anfang der siebziger Jahre, als mit den ›Individuellen Mythologien‹ zum zweiten Mal eine Kunstbewegung auftrat, zu der Hundertwassers Frühwerk mannigfaltige Verbindungen aufweist, dachte schon so gut wie niemand mehr daran, dass er auch in diesem Bereich eine Vorreiterrolle hatte[10]. An dieser Situation hat sich bis zu seinem Ableben grundsätzlich nichts mehr geändert.

So wird auch verständlich, warum die neuerlichen öffentlichen Aktionen, die Hundertwasser ab 1967 in der Bundesrepublik und in Österreich durchführt, nunmehr einen durchaus polemischen Charakter gegen die institutionalisierte Kunst aufweisen[11]. Stand in den frühen Aktionen ein Statement für eine persönliche, universalistische Vision im Mittelpunkt, so sind seine öffentlichen Auftritte seit 1967 gegen den Kunstbetrieb, gegen die gebaute Architektur, gegen die Kulturpolitik der Nachkriegsjahrzehnte gerichtet. Das ›Verschimmelungsmanifest‹ von 1958 war noch ein ›offenes Kunstwerk‹ im Sinne

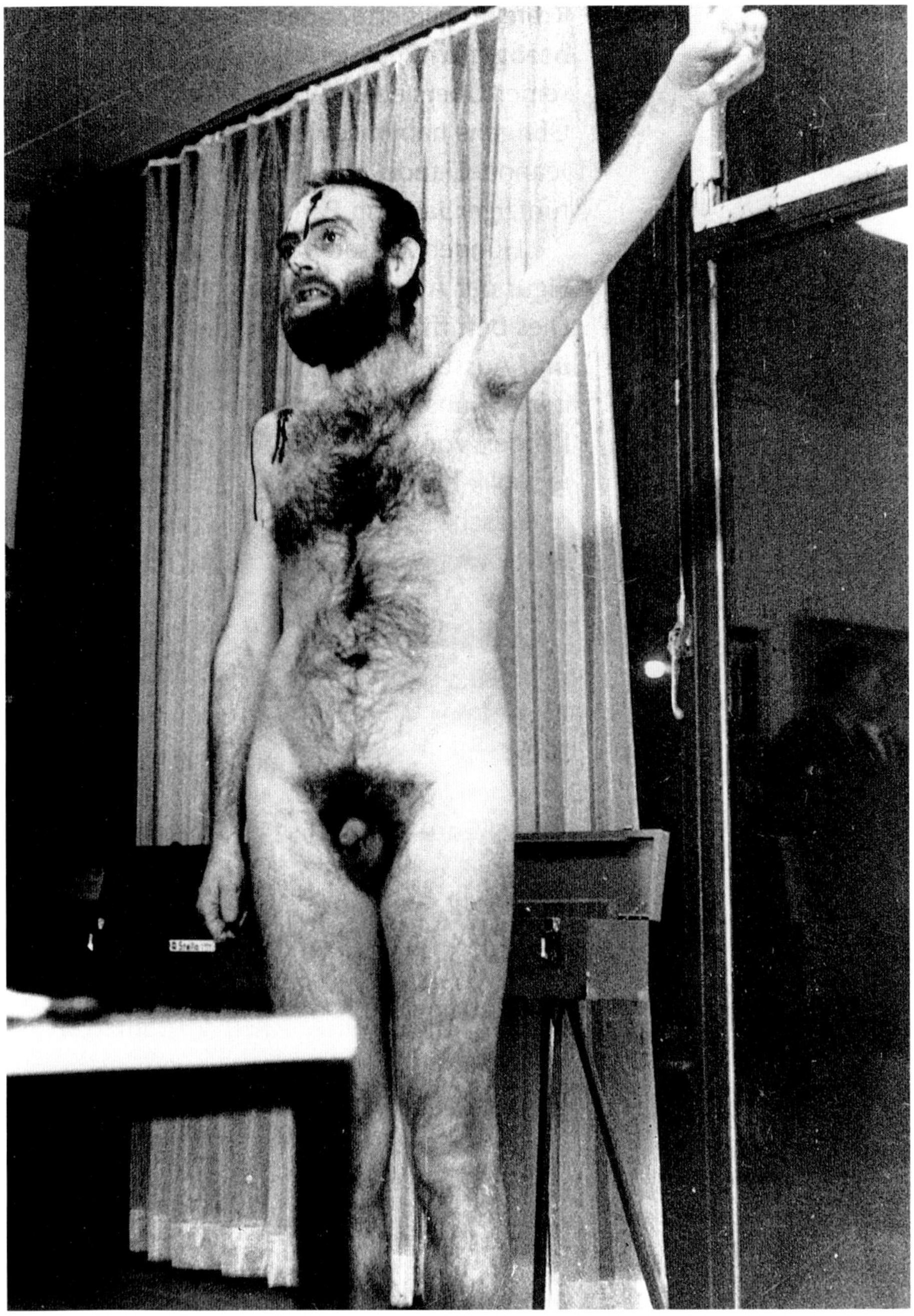

Abb. 5:
Nacktrede gegen unmenschliche Umwelt und sterile Architektur in Wien, 1968

Fig. 5:
Nude demonstration to protest antihuman environment and sterile architecture in Vienna, 1968

Photo:
Hundertwasser-Archiv

innovative powers of the prior decade. Henceforth he traded well below his actual value in institutions of contemporary art (galleries, art and exhibition halls, museums). In the early 1970s, when an art movement emerged in the form of 'Individual Mythologies' that again had any number of links to Hundertwasser's early works, as good as no one remembered that he had been a pioneer in this area, too.[10] Nothing essentially changed in this regard during the rest of his life.

This perhaps explains why the more recent public actions that Hundertwasser

von Umberto Eco gewesen[12]. Dies machte nun einer direkten Agitation Platz, wobei der nackte Körper des Künstlers als bewusst eingesetztes Skandalmittel erscheint, mit dessen Hilfe Hundertwasser über die Berichterstattung in der Boulevardpresse ein riesiges Massenpublikum jenseits des Museumsbetriebs erreicht.

Die Aktionen der späten sechziger Jahre entsprechen einer ebenso klaren und intelligenten Strategie wie ihre so anders ausgerichteten Vorgängerinnen der fünfziger Jahre. Es geht nun um einen Angriff auf das Establishment und die Institutionen, sowohl im Bereich der zeitgenössischen Kunst als auch der Architektur. Zum Anderen aber schafft der Künstler eine direkte Kommunikation mit der breiten Masse der Bevölkerung, die durch die Berichte in den Massenmedien hergestellt wird und durch die auflagenstarken grafischen Werke, die von den neuen Druck- und Vertriebstechniken ermöglicht werden, ihre Bestätigung erfährt. Die klassische Museumsausstellung wie auch die Beteiligung an einer internationalen Ausstellung – die herkömmlichen Wege einer Anerkennung des Künstlers – sind in dieser Strategie unnötig geworden. Hundertwasser hat sich von den Institutionen losgesagt, sich unabhängig gemacht, allerdings um den Preis, dass ihn die Institutionen und Museen künftig ignorieren. Er hat sich vom Establishment gelöst und eine immense, weltweite Popularität erarbeitet. Doch ist diese Popularität gleichsam frei schwebend, weil sie – anders als bei Picasso etwa – nicht durch die entsprechende Anerkennung im kunsthistorischen und kunstbetrieblichen Feld abgesichert ist.

Diese Dialektik bestimmt Hundertwassers bildnerisches und plastisches Werk in der Folge bis zu seinem Ableben. Er bleibt den Inhalten und Motiven seiner universalistischen Vision der jungen Jahre ohne Abstriche und mit bewundernswerter Beharrlichkeit treu. Da er sich primär an die breite Masse wendet und erst in zweiter

arranged as of 1967 in Germany and Austria tended to have a decidedly polemic thrust against institutionalized art.[11] While the early actions focused on making a statement for his personal, universalistic vision, his public appearances as of 1967 are directed against the art market, against the architecture of existing buildings, against the cultural politics of the post-War decades. His 'Mold Manifesto' of 1958 was an 'open artwork' in Umberto Eco's sense.[12] It now gave way to direct agitation, with Hundertwasser's naked body taking the stage as a deliberate tool for triggering scandals and with which to ensure coverage by the yellow press, enabling him to reach a huge mass audience well beyond the confines of the museum world.

The actions of the late 1960s are just as much indebted to a clear and intelligent strategy as were the predecessor actions of the 1950s, although the latter were so different in thrust. The idea now was to attack the establishment and the institutions – in the domains of both contemporary art and architecture. Secondly, Hundertwasser also managed to communicate directly with the broad mass of the population thanks to reports in the mass media and subsequently they affirmed their preference for him by acquiring his prints, which were produced in large numbers, made possible by new printing and distribution techniques. Given Hundertwasser's strategy, classical museum shows and participation in a major international exhibition – the customary avenues for recognizing the merits of an artist – were both unnecessary. Hundertwasser cut any links to the idea of institutions, made himself independent of them – and the price was that the institutions and museums henceforth ignored him. He severed any ties to the establishment and gradually and became immensely popular world-wide. Yet this popularity was free-floating as it were, because unlike Picasso for example, it was not shored up

10 Bloß Wieland Schmied hat diese Bedeutungen Hundertwassers damals noch unterstrichen
11 In Frankreich, wo seine Präsenz in den 60er Jahren nachgelassen hatte, konnte er an seine frühe Rolle in der Happening-Kunst dagegen nicht mehr anknüpfen.
12 Vgl. Umberto Eco, Das offene Kunstwerk (1963), Frankfurt am Main 1978

10 At that time, only Wieland Schmied emphasized how important Hundertwasser was in this regard.
11 In France, where his presence dwindled in the 1960s, he was no longer able to achieve the same status as that of his early role in Happening Art.
12 See Umberto Eco, The Open Work (1963).

Linie an ein Publikum aus Kennern und Interessierten, da er seine Kunst nunmehr ganz überwiegend über Reproduktionen vermittelt und Ausstellungen originaler Bilder nur noch eine marginale Rolle spielen, ist er zugleich gezwungen, seine Formensprache gegenüber dem Frühwerk radikal zu vereinfachen, seine Werke auf vergleichsweise simple visuelle Botschaften zuzuspitzen und den Kitsch, der in seinem Frühwerk nicht vorkommt, als ein spätes Mittel zur Kommunikation zu akzeptieren. Daraus definiert sich Hundertwassers künstlerische Position von den siebziger bis zu den neunziger Jahren: er bringt eine unmittelbare Kommunikation mit dem breiten Publikum zustande, um den Preis allerdings, seine Ausdrucksmöglichkeiten dieser kommunikativen Funktion unterzuordnen. Er hat sich eine bewusst unabhängige Position gegenüber dem Museumswesen erarbeitet, wird vom Kunstbetrieb aber ausgegrenzt; er tritt als kritische Stimme gegen das Kunst- und Architekturestablishment in Erscheinung, ist zugleich aber gezwungen, seine öffentliche Rolle durch immer neue Polemiken aufrecht zu erhalten, die zunehmend in den politischen Bereich übergreifen.

Gibt es – vor diesem Hintergrund – eine Aktualität Hundertwassers für die Kunst des frühen 21. Jahrhunderts? Die Frage ist meines Erachtens zu bejahen, wobei drei unterschiedliche Ebenen zu differenzieren sind.

Zum Ersten harrt das Frühwerk Hundertwassers einer breiten und fundierten Wiederentdeckung. Hundertwasser erweist sich in seinen frühen Bildern als einer der besten und interessantesten Maler der fünfziger Jahre. Seine frühen Aktionen zählen zu legendären Marksteinen in der Entwicklung des Happenings und in der Überschreitung des Tafelbildes hin zu erweiterten, umweltbezogenen Kunstformen. Beide Aspekte dieses Frühwerks enthalten gegenüber ihrer damaligen Wirkung und Interpretation uneingelöste Momente, die heute neue Wirkungen entfalten

by corresponding recognition by art historians or the art world.

This dialectic defined Hundertwasser's creative and sculptural œuvre until the day he died. With remarkable tenacity, he remained committed to the content and motifs of the universalist vision of his early years. Since he primarily addressed the broader masses and only secondarily an audience of the cognoscente and those interested in art, and since his art was predominantly disseminated through reproductions and exhibitions of original paintings played only a marginal role, he was also forced to radically simplify his formal vocabulary compared with his early works, giving his paintings a comparatively simple but intense visual message and accepting kitsch, which is nowhere to be found in his early works, as a means of communication. It was this basis that defined Hundertwasser's artistic position from the 1970s to the 1990s: he communicated directly with the broader general public, with the downside that his expressive range was subordinated to this communicative function. He devised a deliberately independent position to the museum world and was in turn ostracized by the art world; his was a voice critical of the art and architecture establishment, but at the same time he was forced to maintain his public role by constantly opting for new polemical attacks that increasingly focused on the political domain.

Against this background, is Hundertwasser topical for the art of the early 21st century? To my mind the answer is yes, although we should differentiate here between three levels.

First, Hundertwasser's early works still await their broad and informed rediscovery. In his early works, Hundertwasser showed himself to be one of the best and most interesting painters of the 1950s. His early actions can be considered some of the legendary milestones in the genesis of Happenings and in the move to overcome the panel picture and develop expanded

können. Hundertwassers Frühwerk war ein wichtiger Beitrag zur Entwicklung der zeitgenössischen Kunst, ist aber auch eine bleibende, eigenständige Formulierung am Schnittpunkt von klassischer Moderne und erweitertem Kunstbegriff der Gegenwart.

Zum Zweiten hat Hundertwasser den äußerst seltenen Fall verwirklicht, in dem ein bildnerisches Werk von hohem Niveau sich außerhalb der Kunstinstitutionen entwickeln und veröffentlichen kann. Wie immer ein heutiger Künstler zu Hundertwassers Werk als solchem stehen mag, Hundertwasser hat damit einen Freiraum geschaffen und aufrechterhalten, der allen Künstlern zugute kommt, indem er das Spektrum der institutionellen Möglichkeiten erweitert. Näher betrachtet, haben diese Position und Hundertwassers Spätwerk viel mit der Position von Salvador Dalí zu tun. Beide haben die Menschen unmittelbar erreicht, ohne die institutionalisierte Kunstöffentlichkeit zu benötigen. Beide – Hundertwasser und Dalí – haben breiten Bevölkerungsschichten Gefühle der Schönheit und der Nobilitierung ihres Selbst gegeben, was die institutionell eingebundene Kunst derzeit kaum noch wahrzunehmen vermag. Und beide blieben trotz der neuen Zwänge, auf die sie sich notgedrungen einlassen mussten, ihrer ursprünglichen künstlerischen Vision treu, wobei sie deren Inhalte durchaus noch an die Menschen vermittelten, die eine massenweise reproduzierte Grafik erwerben.

In dritter Hinsicht erscheint Hundertwasser als einer der markantesten visionären Künstler der zweiten Hälfte des 20. Jahrhunderts. ›Visionär‹ meint eine Gattungsbezeichnung, die an Hundertwasser besonders klar abzulesen ist. Alle seine Tätigkeiten blieben bis in die kleinste Einzelheit seiner Vision untergeordnet; seine Kunst macht keinen Sinn ohne diese Vision. Diese wird in ihr übersetzt, erprobt und als visuelle Tatsache realisiert; die Vision ist zugleich in sich sehr kohärent, sie ist in jeder einzelnen Arbeit zu Ende

art forms that related to their surroundings. Both aspects of this early work have elements that go well beyond their impact and interpretation back then and could be fruitful today. Hundertwasser's early work made an important contribution to the development of contemporary art, but is also a valid and unique formulation of the interface between classical Modernism and the expanded contemporary concept of art.

Second, Hundertwasser achieved something that is extremely rare: he developed and published a body of creative work of a high standard outside the institutions of art. Irrespective of how an artist today may regard Hundertwasser's œuvre per se, Hundertwasser used it to develop and maintain a domain of freedom from which all artists profit, because he expanded the very spectrum of institutional possibilities. Seen more closely, this position and Hundertwasser's later œuvre are not so far removed from that of Salvador Dalí. Both addressed the public directly, without requiring an institutionalized art public to do so. Both offered broad segments of the population feelings of beauty and a sense of personal dignity, something that institutionally trammeled art hardly does today. And both remained true to their original artistic vision for all the new conditions with which they inevitably had to contend – and continued to convey the content of those visions to those who acquired mass-reproduced prints.

Third, Hundertwasser was manifestly one of the most strikingly visionary artists of the second half of the 20th century. By 'visionary' I describe a genre that can be most clearly seen in Hundertwasser's œuvre. All his activities remain subordinated to his vision down to the minutest detail; his art makes no sense without that vision, translated into art, tested, and then realized as visual fact. The vision is equally intrinsically very coherent, thought through to the end in each individual work, and always defined as a projected society (which is why the buildings of the last two decades of his

gedacht und stets zugleich als Gesellschaftsentwurf spezifiziert (deshalb sind die Bauten der letzten beiden Lebensjahrzehnte des Künstlers durchaus stimmig gegenüber seinem frühen malerischen Werk).

In diesem Zusammenhang ist einem Missverständnis vorzubeugen, der visionäre oder nicht-visionäre Charakter eines künstlerischen Werks ist kein Kriterium für (oder gegen) dessen künstlerische Qualität. Es gibt sehr gute, einflussreiche und historisch bleibende Kunst, die keinen visionären Charakter besitzt. Doch sind Visionen, die sich in künstlerischer Form ausdrücken, sehr wichtig für die Dynamik der Kunst selbst – und sie ergeben, wie man besonders bei Hundertwassers frühen Bildern sehen kann, durch ihre innere Energie und durch den hohen Anspruch, den sie an sich selbst stellen, oft auch sehr gute Kunst.

Ich hatte nur einmal Gelegenheit, Hundertwasser zu begegnen. Im Wiener Museum für angewandte Kunst (MAK) stand Hundertwasser 1996 plötzlich in der großen Ausstellung des Bildhauers Bruno Gironcoli. Da ich für die Retrospektive von René Brô, Hundertwassers 1986 verstorbenen Weggefährten, recherchierte, hatten wir in den Wochen zuvor mehrfach telefoniert. Wir setzten uns an einen Tisch im MAK-Café. Sofort begann man an den anderen Tischen die Köpfe zusammenzustecken: wie kann sich ein Kunstkritiker mit Hundertwasser an einen Tisch setzen?

Ich war aber verblüfft von der außergewöhnlichen Intelligenz, die aus Hundertwassers Augen und aus jedem seiner Sätze sprach. Während der Unterhaltung hatte ich fortwährend den Eindruck, ich sei noch nie einem so intelligenten Menschen begegnet. Dieser Eindruck hatte sich bei anderen visionären Künstlern, Joseph Beuys etwa, nicht in dieser Form eingestellt. Hundertwasser hatte ein messerscharfes Denken. Er war im lockeren Gespräch alles andere als dogmatisch. Was er über die Skulpturen von Bruno Gironcoli und dessen Ausstellung sagte, zeigte, dass er über die Kunst seiner Zeit gut informiert war, vor allem aber,

life are so logically consistent with his early painterly œuvre).

In this context, I wish to avoid there being any misunderstanding – the visionary or non-visionary character of art is not a criterion for (or against) its artistic quality. There are very good, influential and historically enduring works of art that possess no visionary character. Yet visions that are expressed in artistic form are very important for the dynamics of art itself – and as one can so clearly see from Hundertwasser's early paintings, they arise by virtue of their own energy and the high standard they set themselves, and are very often very good art.

I only once had the opportunity to meet Hundertwasser in person. At the Museum für angewandte Kunst (MAK) in Vienna I suddenly encountered Hundertwasser in 1996 at the large exhibition on sculptor Bruno Gironcoli. Since I was doing research for a retrospective on René Brô, Hundertwasser's comrade-in-arms, who had died in 1986, we had spoken to each other by phone several times in the prior weeks. We sat at a table in the MAK café and people at neighboring tables started to put their heads together and whisper: how can an art critic share a table with Hundertwasser?

I was amazed by the extraordinary intelligence that sparkled in Hundertwasser's eyes and flowed from each of his sentences. During the conversation I constantly had the impression that I had never before met so intelligent a person. I had not had this impression the same way when talking with other visionary artists, such as Joseph Beuys. Hundertwasser had a steel-trap mind, sharp as anything. He was anything but dogmatic in casual conversation. What he had to say about Bruno Gironcoli's sculptures and the exhibition showed that he was well informed about the art of his day, and above all that he studied things with great precision. I kept on saying to myself: "He knows exactly what he wants. He has resolved

dass er extrem präzise schaute und dachte. Ich sagte mir innerlich fortwährend: »Der weiß ganz genau, was er will. Er hat sich entschieden, für die Menschen verständlich zu sein. Das ist sein Ausgangspunkt. Die Kunstgeschichte ist ihm einerlei«. Sein ganzer Habitus war der eines Überbegabten, der genau weiß, dass er recht hat, und der sich trotz eines im Grunde schüchternen Charakters sicher ist, dass er sich gegen die Meinungen und Ansichten seiner Zeitgenossen durchsetzt.

Da wir in die gleiche Richtung heimgehen wollten, begleitete ich Hundertwasser noch durch Teile des 1. und 3. Bezirks. Auf der Straße ergab sich ein verblüffendes Phänomen. Ausnahmslos jeder Passant drehte sich um und blickte Hundertwasser nach. Meist war dies sehr diskret, viele aber grüßten ihn auch. Ich hatte das noch nie in diesem Ausmaß erlebt, selbst nicht mit hochrangigen Politikern. Die Bekanntheit von Beuys oder Warhol war nichts dagegen. Ohne Socken, in leichten Sandalen, in seinem selbst gefertigten Gewand und mit einer Einkaufstüte aus Hanf sah Hundertwasser auf den ersten Blick wie ein Clochard aus. Doch alle Menschen kannten und grüßten ihn.

Unser Gespräch setzte sich vor der Haustür des Künstlerateliers fort, in dem ich bei meinen Wien-Aufenthalten wohnte. Nach zehn Minuten verabschiedeten wir uns. Im ebenerdigen Atelier eines Künstlerfreundes stieß ich auf fünf namhafte österreichische Künstler meiner Generation. Als ich in der Tür stand, sagte ich: »Ich hätte Euch jetzt fast den Hundertwasser mitgebracht. Wir hatten gerade hier, vor der Haustür, ein ganz tolles Gespräch, das werde ich nie vergessen, so intelligent ist der.« Da hörte ich als Antwort: »Den hätten wir ja gar nicht hereingelassen.«

to remain comprehensible for people. That is his starting point. He doesn't care on bit about art history." His entire demeanor was that of someone who has a surfeit of talent, who knows exactly that he is right and who despite essentially being shy at heart is sure that he will win out against the opinions and views of his contemporaries.

Since we were both heading home in the same direction, I accompanied Hundertwasser through parts of Vienna's 1st and 3rd districts. On the sidewalk, an astonishing phenomenon ensued. Almost every passer-by turned around and stared after Hundertwasser. Most of them were very tactful about it, but many also bade him good day. I had never experienced something on a similar scale, not even with high-ranking politicians. Beuys or Warhol were as good as unknowns by comparison. Without any socks, wearing light sandals and in robes he had made himself, bearing a hemp carrier bag at first sight Hundertwasser looked like a clochard. But everyone knew him and greeted him.

Our conversation continued outside the door to the studio where I lived during my stays in Vienna. After ten minutes we said goodbye. In the ground-floor studio of an artist friend of mine I encountered five well-known Austrian artists of my own generation. Standing in the door, I simply said: "I almost brought Hundertwasser in with me. We just had, outside this very door, a brilliant conversation, one I'll never forget, and he is so intelligent." Then I heard one answer: "Mind you, we wouldn't have let him in."

Tafel/Plate 15: 890 Violette Fenster/Violet windows, 1987

Mixed media, 30 x 45 cm. KunstHausWien

Bernd Lötsch

Hundertwasser und der Streit um das Schöne

»Wir leben nur, um Schönheit zu entdecken. Alles andere ist eine Art des Wartens.«

Khalil Gibran

Als Stadtökologe und Landschaftsschützer wird man zum Grenzgänger zwischen Biologie und Architektur. Man ringt nach ästhetischen Begründungen, die nicht bloß subjektivem Geschmack entspringen. Die Frage, wie weit das Weltbild des Verhaltensforschers zum Problem des Schönen beitragen könnte, fasziniert mich, seit ich Konrad Lorenz kenne. Den letzten Anstoß dazu aber gab mir Hundertwasser. Seine Art der Schönheitssuche und sein Ringen um ökologische Lösungen veranlassten sogar Lorenz trotz anfänglicher Skepsis und Distanz schließlich zu den anerkennenden Worten: »Auf seine Art ist auch er ein Diener Gottes«.

Warum ist Gotik schön?

Hätten wir in der Bautechnik auf kühne statische Konstruktionen solange warten müssen, bis es auch möglich sein würde, sie wissenschaftlich zu durchschauen und vorauszuberechnen, hätte es keine gotische Architektur gegeben. Der Anschliff eines Oberschenkelknochens lässt in seinem Inneren entsprechend den Drucklinien die Spitzbogenarchitekur eines gotischen Kirchenschiffes erkennen. Selbstverständlich gelten ›gotische‹ Kraftlinienkonstruktionen für viele Pflanzenstrukturen – etwa Stengelquerschnitte, die aussehen wie Turmgrundrisse. Ein über einer Straße sich schließender Buchenwald erweckt den Eindruck eines Domes.

Die faszinierenden Übereinstimmungen von Naturobjekt und Menschenwerk ergeben sich aus der Befolgung organischer Form- und Funktionsgesetze, die vom

Hundertwasser and the controversy on the beautiful

"We only live to discover beauty. Everything else is a kind of waiting."

Khalil Gibran

As urban ecologist and landscape preservationist you move along the border line between biology and architecture. You tussle to find aesthetic justifications that are indebted not simply to subjective taste. Ever since becoming acquainted with the work of Konrad Lorenz I have been fascinated by the question to what extent the world-view of the behavioral scientist can contribute to the problem of the beautiful. It was Hundertwasser who provided the last stimulus for me in this regard. In fact, his kind of search for beauty and his struggle to find ecological solutions even prompted Lorenz, for all his initial skepticism and distance, in the final instance to express his recognition when he said: "In his way, he, too, is a servant of God."

Why is the Gothic beautiful?

If we had had to wait so long for daring self-supporting structures in construction technology as it took to find scientific explanations for them and compute them in advance, then there would never have been any Gothic architecture. The cut of a thigh bone reveals within the shape of a Gothic church nave if seen in terms of the pressure lines of pointed arches. Needless to say, the 'Gothic' system of the flow of forces is also to be encountered in many plant structures – for example in the cross-section of flower stems, which resemble the footprint of a tower. A series of beech trees leaning over a road from both sides resembles a cathedral.

The fascinating correspondences of natural objects and human edifices stems

Literatur:

Brauer, A., 1983. Das Runde fliegt. dtv 2885. München: Deutscher Taschenbuchverlag.
Campbell, D. T., 1966. Evolutionary Epistemology. In: Schilpp, P. A. (ed.) The Philosophy of Karl R. Popper. La Salle: Open Court Publ.
Le Corbusier, Ch., 1926. Kommende Baukunst. Berlin: Deutsche Verlagsanstalt Stuttgart.
Eibl-Eibesfeldt, I., 1984. Die Biologie des menschlichen Verhaltens. Grundriss der Humanethologie. München: R. Piper Verlag.
Eibl-Eibesfeldt, I., Hass, H., Freisitzer, K., Gehmacher, E., Glück, H., 1985. Stadt und Lebensqualität. Neue Konzepte im Wohnbau auf dem Prüfstand der Humanethologie und der Bewohnerurteile. Wien: Österr. Bundesverlag.
Gombrich, E., H., 1979. The Sense Of Order. Oxford: Phaidon Press Ltd. Deutsche Ausgabe 1982: Ornament und Kunst. Stuttgart: Klett-Cotta.
Haeckel, E., 1914. Die Natur als Künstlerin. Formenschatz der Schöpfung. Hg. Prof. Franz Goerke, Berlin Charlottenburg: Deutsches Verlagshaus.

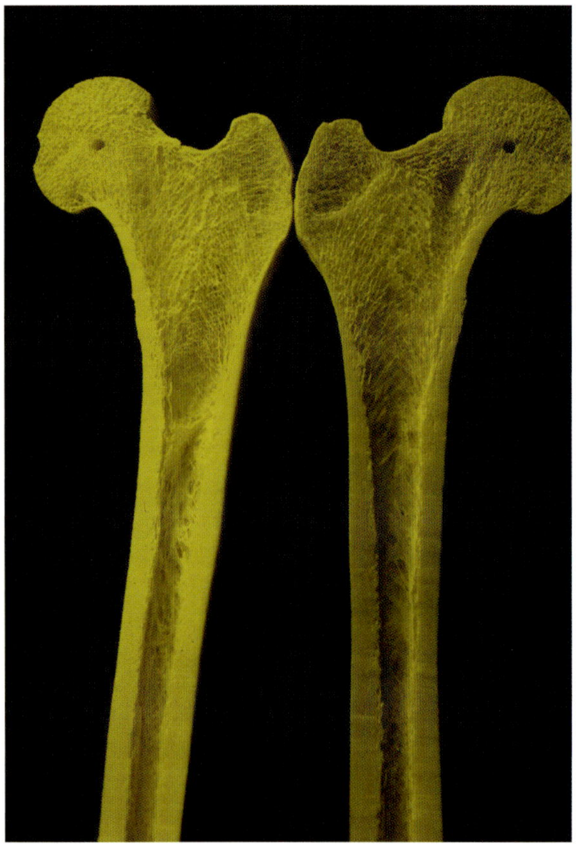

Abb. 1:
Femur Schnitt
mit Kathedralen Statik

Fig. 1:
Femur cross section
with cathedral structure

Abb. 2:
Palmenstamm.
Die Verjüngung harmoniert ›offensichtlich‹ mit der nach oben abnehmenden mechanischen Belastung

Fig. 2:
Palm tree trunk.
The tapering harmonizes 'clearly' with the mechanical load that decreases the higher it gets

Photos: Archiv Lötsch

Baumeister durch bewusste und unbewusste Naturerfahrung intuitiv erfasst und in die Architektur übertragen wurden. Eben dies ist auch der Grund für ihren ästhetischen Reiz.

Die Fähigkeit zum ›denkenden Schauen‹, sich auf alles, was er sieht, einen Reim zu machen, hat den Menschen zum Erfolgstyp der Evolution werden lassen: sein rastloses Erspüren von Ursache und Wirkung, seine Suche nach Gesetzmäßigkeiten, nach Sinn und Bedeutung aller Erscheinungen. Denn das Erkennen von Gesetzmäßigkeiten verlieh diesem Werkzeug- und Feueraffen Macht – nämlich Vorhersagbarkeit, die Reaktionen seiner Umwelt wurden prognostizierbar – und damit beherrschbar und nutzbar.

Gestalten, welche die Wirkung for mender Kräfte verraten, erzeugen in ihm höchstes Wohlgefallen – sei es die ablesbare Statik von Pflanzenkörpern, eleganten Brücken oder Kathedralen, die ablesbaren Stromlinien von Fischen und Schiffen, Vögeln und Flugzeugen, seien es die Wechselwirkungen von Wind und Sand

from following the laws of organic forms and functions, something grasped intuitively by master builders through their conscious and unconscious experience of nature and then transposed into architecture. And precisely this is what makes them aesthetically appealing.

The ability to 'view things through thinking eyes', to find a structure behind everything we see is what made the human being a successful type in evolution: our restless exploration of cause and effect, our search for regularities, for the meaning and sense of all phenomena. Because it was the recognition of regularities that gave this tool and fire-ape power – namely the power to predict and forecast the responses of its environment, which it used to control and utilize that environment.

Forms that reveal the effect of shaping forces create within him the greatest sense of pleasure – be it the legible load-bearing properties of plants, elegant bridges or cathedrals, the legible streamlines of fishes or ships, birds and airplanes, be it the

Heydemann, B., 1980. Naturschutz der Seele zuliebe. Auswirkungen des angeborenen Schönheitssinnes bei Mensch und Tier. In: ››Natur‹ Umweltmagazin, Nullnummer: 30–39. München: Ringier Verlag.
Hundertwasser, F., 1983. Schöne Wege. dtv 2886. München: Deutscher Taschenbuchverlag.
Koehler, O., 1943. ›Zähl‹-Versuche an einem Kolkraben und Vergleichsversuche an Menschen. Z. Tierpsychol. 5: 575–712.
Koehler, O., 1952. Vom unbenannten Denken. Verh. Dt. Zool. Ges. Freiburg: 202–211.
Loos, A., 1908. Ornament und Verbrechen. In: A. Loos, Trotzdem. Wien: Georg Prachner Verlag.
Lorenz, K., 1949. Er redete mit dem Vieh, den Vögeln und den Fischen. Verlag Borotha Schoeler, Wien.

Lorenz, K., 1973. Die acht Todsünden der zivilisierten Menschheit. Verlag R. Piper, München.
Lorenz, K., 1973. Die Rückseite des Spiegels. Versuch einer Naturgeschichte menschlichen Erkennens. Verlag R. Piper, München
Lorenz, K., 1978. Vergleichende Verhaltensforschung. Grundlagen der Ethologie. Springer Verlag, Wien-New York.
Lötsch, B., 1984. Auf der Suche nach dem menschlichen Maß. Teil 1: Habitatgestaltung für den Homo sapiens. In: Garten + Landschaft, Heft 1/84: 34–40.
Lötsch, B., 1985. Unordnung als Seelenvitamin. Zu den biologischen Grundlagen unseres Schönheitsempfindens. In: Das Haus Hundertwasser. Österr. Bundesverlag und Compress Verlag: 308–313.
Piperek, M., 1975. Umweltpsychohygiene, Wohn- und Baupsychologie. Wien: Jupiter Verlag.
Piperek, M., 1984. Natürliche Psychohygiene des Wohnens. Club Niederösterreich 6/1984: Forschungsbericht gefördert vom BM für Bauten und Technik.
Rensch, B., 1957. Ästhetische Faktoren bei Farb- und Formbevorzugungen von Affen. In: Z. Tierpsychol. 14: 71–99.
Rensch, B., 1958. Die Wirksamkeit ästhetischer Faktoren bei Wirbeltieren. In: Z. Tierpsychol. 15: 447–461.
Riedl, R., 1979. Biologie der Erkenntnis. Die stammesgeschichtlichen Grundlagen der Vernunft. Berlin/Hamburg: Paul Parey Verlag.
Sedlmayr, H., 1948. Verlust der Mitte. Die bildende Kunst des 19. und 20 Jhdts. als Symptom und Symbol der Zeit. Salzburg: Otto Müller Verlag.

in den sanft schwingenden Dünen der Sahara, seien es die rhythmischen Schlingen eines Flußmäanders, seien es die gesetzmäßigen Farbfolgen eines Regenbogens, sei es das erahnte Gesetz logarithmischer Spiralen und auch des goldenen Schnittes, der zugleich Wachstumsgesetze ausdrücken kann, sei es das ablesbare Ordnungsprinzip geometrischer Gebilde oder die errechnete, unleugbare Schönheit fraktaler Computergraphiken.

Wobei die Befriedigung unserer Ordnungssuche am höchsten ist, wenn unser Wahrnehmungsapparat dabei gefordert war, unser Hirncomputer Unregelmäßigkeiten und Störungen wegfiltern und wegrechnen musste, um das reine Prinzip herauszudestillieren. Am interessantesten sind die optischen Erlebnisse, wo Ordnung an der Grenze zum Chaos existiert; wo die totale Vorhersagbarkeit endet, scheint der eigentliche Reiz zu beginnen, wo Vorhersagbares in Unberechenbares umschlägt.

Schönheit der Funktion

Zweifellos also gibt es Schönheit als ›Nebenprodukt‹ von Funktion – vor allem im Bereich des Lebendigen; unser Gehirn erkennt in allen biologischen Formen vertraute Prinzipien wieder, und doch geht ein technisch-kommerziell eingeengter Funktionalismus am Wesen der Schöpfung vorbei. Er reicht nicht aus, die Vielfalt und Schönheit der Natur zu erklären, denn die Zahl der Formen ist größer als die der Funktionen.

Allein Costa Rica hat 1400 Orchideenarten, deren tausendfältige Blütenvielfalt auch nichts anderes erreicht als ein Gänseblümchen – nämlich die Bestäubung. Es muss im Leben doch nicht alles funktional sein, sofern es nicht antifunktional, also funktionsstörend ist, (das heißt: geduldet wird, was keine Überlebensnachteile bringt). Die Natur schafft nicht wie ein Ingenieur, sondern wie ein verspielter Künstler.

Als Ergebnis meeresbiologischer Studien in Messina und der Auswertung einer

interaction of wind and sand in the soft undulating dunes of the Sahara, be it the rhythmic bends of a meandering river, be it the regular sequence of colors in the rainbow, be it the anticipated law of logarithmic spirals and of the Golden Section, which can likewise express laws of growth, be it the legible ordering principle of geometric structures or the computed undeniable beauty of fractal computer graphics.

We derive the greatest satisfaction from our search for order if our perceptual abilities are challenged in the process – our brain/computer has to filter out the irregularities and irritations from the equations in order to distill the pure principle. Most interesting of all are the visual experiences where order exists on the border to chaos; where total predictability ends is where the actual appeal begins, where the foreseeable gives way to the unforeseeable.

The beauty of function

In other words, there can be no doubt that beauty is a 'byproduct' of function – above all in the domain of the living; our brain discerns familiar principles in all biological shapes, and yet a technically/commercially constrained functionalism misses the essence of Creation. It does not suffice to explain the diversity and beauty of nature, for the number of shapes is greater than that of the functions.

Costa Rica alone has 1,400 different types of orchids, whose manifold varieties of blooms do not achieve more than a daisy – namely pollination. Not everything in life must be functional to the extent that it is not anti-functional, i. e., disturb functions (which means: that is tolerated which does not disadvantage survival). Nature does not create like an engineer but like a playful artist.

As a result of marine biological studies in Messina and after evaluating a three-year expedition undertaken by the English

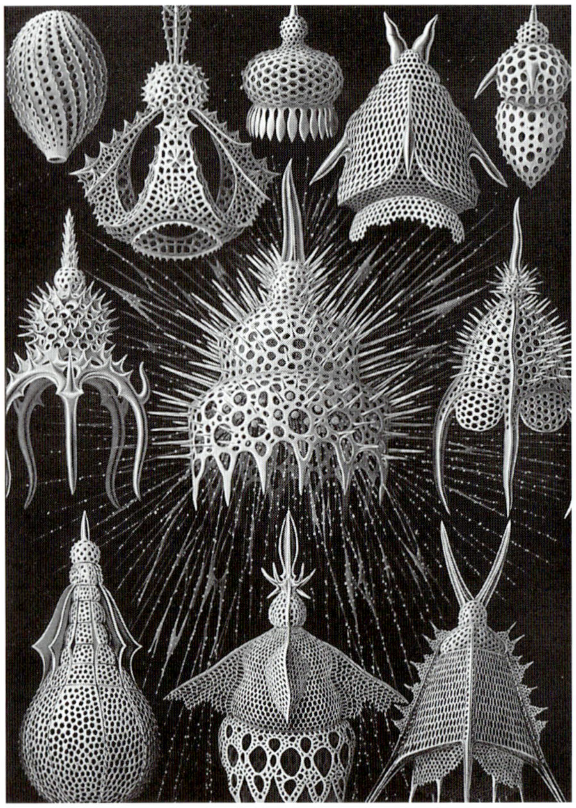

Abb. 3: Radiolarien aus Haeckels Prachtband ›Kunstformen der Natur‹ – Kieselskelette mikroskopisch kleiner Planktonorganismen des Meeres – wie aus der Werkstätte gotischer Goldschmiede oder aus maurischen Palästen.

Fig. 3: Radiolarians from Haeckel's superb book 'Kunstformen der Natur' – siliceous skeleton of microscopic marine plankton organisms – as if from the studios of Gothic goldsmiths or Moorish palaces.

Abb. 4: Gotisches Maßwerk (Chorgestühl, Lancaster Priory, um 1340)

Fig. 4: Gothic tracery (choir stall, Lancaster Priory, around 1340)

mehrjährigen Expedition des englischen Forschungsschiffes Challenger (1874/76) beschrieb Ernst Haeckel fast 4000 verschiedene Arten von Radiolarien, verteilt auf über 739 Gattungen. Seine virtuosen Originalzeichnungen dienten als Vorlage für die Tafeln in dem Prachtwerk ›Kunstformen der Natur‹. Haeckels berühmtes Buch mit Schönheiten aus dem gesamten Tier- und Pflanzenreich inspirierte den französischen Architekten René Binet zu seinen großartigen Bauten für die Weltausstellung 1900 in Paris.

Am deutlichsten wird das spielerische Formenwerfen der Evolution dort erlebbar, wo die Natur kunst-analoge Werke schafft,

research vessel Challenger (1874–6) Ernst Haeckel identified about 4,000 different varieties of Radiolarien, spread across 739 different classes. His marvelous drawings served as the basis for the plates in the glorious volume 'Kunstformen der Natur'. Haeckel's famous book with the beautiful examples from the entire realm of flora and fauna inspired French architect René Binet when designing his great buildings for the paris World Expo in 1900.

The playful side to evolution's origination of shapes can best be experienced where nature creates art-analogue works, i. e., sets communicative signals, tempts aesthetically and opts for 'ad graphics'.

Abb. 5: Spiegelsymmetrie als Steigerung der Signalwirkung: Schmetterling (Ailanthusspinner)

Fig. 5: Axial symmetry as enhanced signaling: butterfly (Ailanthus silkworm)

Photo: P. Weish

Abb. 6: Lüstereffekt der Pfauen›augen‹

Fig. 6: Luster effect of the peacock's 'eyes'

Photo: Bernd Lötsch

also kommunikative Zeichen setzt, ästhetisch lockt und ›Werbegraphik‹ betreibt. Der Begriff ›analog‹ meint hier ›funktionsgleich‹ (im Unterschied zu ›entstehungsgleich‹, ›homolog‹). Denn wie definiert die moderne Humanethologie die Bildende Kunst (und nicht nur diese, auch die Darstellende Kunst)?, nämlich ›Gestaltung (bei Eibl-Eibesfeldt ›Einsatz ästhetischer Mittel‹) im Dienste der Kommunikation‹.

Schönheit als Funktion

Diese Definition trifft auf den Großteil künstlerischen Schaffens aller Völker und Epochen zu. Selbstverständlich müssen daneben – besonders für das 20. Jahrhundert – noch andere Kunstauffassungen gelten. Aber hervorragende Werbegraphik wäre in diesem Kontext ›Kunst‹ und die Entwicklung visuell (oder akustisch) ›starker‹ Zeichen und Signale in der lebenden Natur in diesem Sinne ›kunstanalog‹.

Deshalb sprachen mich Hundertwassers dunkelbunte Farb- und Formenspiele zunächst weniger an. Mir fehlte ihr Ausdruckswille. In seinem frühen ›Transautomatismus‹ hatte er einen solchen ja geleugnet, höhere Geistesfunktionen beim Malen dezidiert ausgeschlossen. Erst durch die Kenntnis seines Lebens und seines visionären Engagements erwachten für mich auch seine rein dekorativen Bilder zu einer Art Sprache, wurden sie über ihre dunkelbunt glühende Glasfensterwirkung hinaus zu symbolischen Sinnträgern für die neue Hinwendung zum Organischen.

Die These Kunst als Kommunikation gilt auch für die Architektur. Technobrutalismus ist eine künstlerische Sprache – sie vermittelte eine Botschaft, die einst viele Techniker berauschte – genau jene Botschaft, die wir heute nicht mehr ertragen: Ausdruck von Präpotenz, welche die Machbarkeit aller Lebensbereiche zugrunde legt, die an den Endsieg der Technik über die Natur glaubt, ohne zu begreifen, dass wir uns dann auf der Verliererseite

Here, I mean 'analogue' in the sense of 'functionally identical' (and not identical in origin, which would be 'homologue'). For how does modern human ethology define the applied arts (and not only these, but also the performing arts?) other than as 'design (in Eibl-Eibesfeldt's 'use of aesthetic means') in the service of communication'.

Beauty as function

This definition applies to the lion's share of artistic creations by all peoples down through time. Of course, other views of art also had to exist – especially in the 20th century. Yet in this context outstanding ad graphics would be 'art' and the development of visual (or acoustically) 'strong' signs and symbols in living nature would in this reading be an 'art-analogue'.

For this reason, I was initially less attracted by Hundertwasser's playful use of dark-and-varied colors and shapes. I could not detect the will to express within them. In his early 'Transautomatism' he had denied such, resolutely excluding there being any higher spiritual functions involved in painting. Only thanks to a knowledge of his life and his visionary dedication to his purely decorative pictures come alive for me, with a kind of language, do they become symbolic semantic media for a new turn to the organic thanks to their dark-and-colored glowing glass-window effect. Even the deliberate disturbances of images, the deviations from the norm, for example from the elegance of ideal spirals, are all meant as signals of spontaneous life, as traces of the creative hand.

The proposition that art is communication also applies to architecture. Techno-brutalism is an artificial language – it conveys a message that once intoxicated many an engineer – precisely that message we can hardly bear today: an expression of potentiality, which assumes the feasibility of all domains of life, believing in the final victory of technology over nature, without

wieder finden würden – pathetische Formensprache des Zeitgeistes der sechziger und siebziger Jahre, eines Zeitgeistes, der dieser Biosphäre nur allzu bald das Leben kosten könnte.

Die neue Dürftigkeit

Bereits in seinem 1948 geschriebenen ›Verlust der Mitte‹ sah der Kunsthistoriker Hans Sedlmayr den technomorphen Tick einer ganzen Architektengeneration voraus; wie sie Merkmale von Maschinen, Eisenbahnwaggons, Flugzeugen auf Häuser überträgt, Heizungsröhren und Lüftungsschächte, hochglanzpoliert, als beherrschende Gestaltungselemente zur Schau stellt. Kahle Nacktheit wird zur Tugend, zum ›Pathos des Sachlichen‹, die Vergötzung von Maschinenteilen am Bau als künstlerische Fratze der Technokratie. Anbetung des Zwecks – Verlust des Sinns. (»Technology is the answer – but what was the question?«).

Ökologisch betrachtet waren die Bauten der Neuen Sachlichkeit (und ihrer Spätfolge, des ›Funktionalismus‹, der mit geringfügigen Abwandlungen das heutige Bauen bestimmt) gar nicht funktionell. Man denke an den schlechten Wärmehaushalt, die teure Klimatisierung, die schlechte Lärmisolierung, die reparaturanfälligen Flachdächer, den hässlichen Alterungsprozess.

Aber der Mensch hat auch seelische Ansprüche. Schönheit ist Funktionserfüllung für die Seele. Ästhetische Funktionen bleiben unerfüllt, ja mehr noch, man tritt sie mit Füßen. Es gibt Programme zur Lärmbekämpfung. Man beginnt, den Lungenatmer Mensch vor Luftverschmutzung zu schützen. Wer aber schützt das Augenwesen Mensch vor der Verhässlichung all seiner Lebensbereiche?

Die ›Neue Sachlichkeit‹ des Bauens war meist nicht sachlich, der Funktionalismus nicht funktional, denn er war nur allzu oft nicht menschengerecht. Sie müsste ›Neue Dürftigkeit‹ heißen, wobei die

understanding that we would then be on the side of the losers – the pathos-filled formal zeitgeist idiom of the 1960s and 1970s, a zeitgeist that may only too swiftly cause the death of this biosphere.

New impoverishment

As early as 1948, when he wrote 'Verlust der Mitte' (loss of the center), art historian Hans Sedlmayr foresaw the technomorphic tick of an entire generation of architect, how they transposed the characteristics of machines, railway wagons and airplanes onto houses, and showcase heating pipes and ventilation shafts, polished to a gleam, as the dominant design element. Cool nakedness becomes a virtue, becomes the 'pathos of the objective'. Idolization of machine parts in buildings becomes the artistic scowl of technocracy. Worshipping the purposes – the loss of meaning. ("Technology is the answer – but what was the question?").

Ecologically speaking, the buildings created by members of the New Objectivity movement (and their later Functionalist successors, who with a few changes now define architecture today) were not at all functional. One needs think only of the poor heat balance, expensive air/con systems, inferior noise protection, flat roofs constantly in need of repair, and how ugly they are when they age.

Human beings also have emotional needs. Beauty is functional fulfillment for the soul. Aesthetic functions remain unfulfilled, in fact they get trodden roughshod. There are programs to combat noise. A start has been made to protect humans, who so depend on their lungs, from air pollution. But who protects us as being dependent on our eyes from the ugly apparitions in all areas of life?

The 'New Objectivity' of building was usually not objective, and functionalism was not functional, because all too often it did not do justice to human needs. It should be termed 'New Impoverishment', although

Formverarmung ursprünglich keineswegs aus wirtschaftlicher Not, sondern aus ›künstlerischer Überzeugung‹ freiwillig geschah:

»Ich habe folgende erkenntnis gefunden und der welt geschenkt: evolution der kultur ist gleichbedeutend mit dem entfernen des ornamentes aus dem gebrauchsgegenstande. Ich glaubte damit neue freude in die welt zu bringen, sie hat es mir nicht gedankt. Man war traurig ... da sagte ich: weinet nicht ... wir haben das ornament überwunden ... seht, die Zeit ist nahe, die Erfüllung wartet unser. bald werden die straßen der städte wie weiße mauern glänzen, wie zion, die heilige stadt, die hauptstadt des himmels. dann ist die erfüllung da ...« (Adolf Loos, 1908, ›Ornament und Verbrechen‹)

»Unsere alten Stadtkerne mit ihren Domen und Münstern müssen zerschlagen und durch Wolkenkratzer ersetzt werden«. (Le Corbusier, um 1923)

Die Zündkraft von Loos' Manifest ›Ornament und Verbrechen‹ bleibt vielen ein Rätsel. Die verheerende Wirkung solch totalitärer Programme ist – wenn überhaupt – nur aus der historischen Situation erklärbar, und für uns heute ähnlich unverständlich wie die Faszination von Hitlers ›Mein Kampf‹.

Bis zu Hundertwassers berühmten Architektur-Manifesten (1958, 1968) musste immerhin ein halbes Jahrhundert vergehen. Auch sie haben die Sprachgewalt von Propheten und Revolutionären. Los von Loos, rief er 1968:

»Das Lineal ist das Symbol eines neuen Analphabetentums, das Lineal ist das Symptom der neuen Krankheit des Zerfalls. Die heutige Architektur ist kriminell steril. Von Österreich ging dieses Architekturverbrechen in die Welt. Der Österreicher Adolf Loos hat diese Schandtat in die Welt gesetzt, sinnigerweise mit seinem Manifest ›Ornament und Verbrechen‹ , sicher hat er es gut gemeint. ... Aber Adolf Loos war unfähig, 50 Jahre voraus zudenken. Der Teufel, den er rief, den wird die Welt nun

the impoverishment of forms was by no means the product of economic necessity but of 'artistic conviction':

"I have found the following insight and gifted it to the world: the evolution of culture is equivalent to the removal of ornaments from utilitarian objects. I believed I was thus bringing new joy to the world, but it did not thank me. People were sad, and so I said: Do not cry ... We have overcome the ornament ... Look, fulfillment is nigh and will be ours. Soon the streets of the cities will glow like white walls, like Zion, the Holy City, the capital city of Heaven, then fulfillment will be at hand ..." (Adolf Loos, 1908, 'Ornament und Verbrechen')

"Our old town centers with their cathedrals and minsters must be torn down and replaced by skyscrapers." (Le Corbusier, around 1923)

Many remains puzzled by the explosive force of Loos' manifesto on 'Ornament and Crime'. The awful impact of such totalitarian program is, if at all, only to be explained by the historical conditions in which they arose, and as little comprehensible today as the fascination exerted by Hitler's 'Mein Kampf'.

After all, half a century had to pass before Hundertwasser came out with his famous architectural manifestos in 1958 and 1968. And they had the linguistic power of the prophets and the revolutionaries. Cut loose with Loos, he cried in 1968:

"The ruler is the symbol of the new illiteracy and the ruler is the symptom of the new disease of decay. Architecture today is criminally sterile. Austria sent this crime of architecture out into then world. Austrian Adolf Loos unleashed this despicable act on the world, significantly enough with his manifesto 'Ornament und Verbrechen'; no doubt he meant it well ... But Adolf Loos was incapable of thinking 50 years ahead. The world can no longer be rid of the devil he invoked ... For he praised the straight line, the identical, the smooth. Now we have the smooth.

nicht mehr los … Er pries die gerade Linie, das Gleiche, das Glatte. Jetzt haben wir das Glatte. Auf dem Glatten rutscht alles aus. Auch der liebe Gott fällt hin. Denn die gerade Linie ist gottlos«. (Hundertwasser, ›Los von Loos‹, 1968, In: Schöne Wege, S. 174, 175).

Und an anderer Stelle: »Die gerade Linie ist ein wahres Werkzeug des Teufels; wer sich ihrer bedient, hilft mit am Untergang der Menschheit. Wie wird der Untergang sein? Einen Vorgeschmack haben wir schon: In jedem Wohnblock in New York zehn bis zwanzig Psychiater. Die Kliniken überfüllt, wo die Irren nicht gesund werden können, weil die Kliniken ja auch nach Loos gebaut worden sind!« (S. 175).

Wie gottlos ist die gerade Linie? oder: Zwischen Chaos und Ordnung

Wenn man in Österreich nur lange genug qualifiziert schimpft, wird man zur Institution. Man hört dann zwar häufig den Einwand, kritisieren sei leicht. Schicksalhaft irren kann man erst durch die Tat, und dies mag mit ein heimlicher Grund dafür gewesen sein, den unbequemen Spiralenmaler, Fassadenbehübscher, Fensterrechtler und Dachgrünpropheten, mit einem Gemeindebau zu betrauen. Würde er daran scheitern?

Das Haus wurde denn auch zur gebauten Anti-Loos und Anti-Mies-Skulptur, ein Kontrastprogramm zur gottlosen Geraden, Revolte gegen formale Ordnung und technische Rationalität. Ist das die neue Ästhetik? Heißt Unordnung Schönheit? Wieso wird dieses Haus zum Pilgerort für architektonisch Interessierte aus aller Welt? Wieso kamen am Tag der offenen Tür 40 000 Wiener, um dieses Unikum als Symbol einer neuen Baugesinnung zu begrüßen – und wieso bleibt es dennoch bauästhetisch so umstritten? Wieso gehört es heute nach Schloss Schönbrunn und Hohensalzburg zu den drei stärkst besuchten Tourismusattraktionen des Fremdenverkehrslandes Österreich?

Abb. 7: ›Architektenschreck F. Hundertwasser‹. Porträt des Naturapostels von Tatjana Gamerith (Besitz Lötsch)

Fig. 7: 'Bane of Architects. F. Hundertwasser'. Portrait of the apostle of nature by Tatjana Gamerith (in the possession of Lötsch)

Everything slides off the smooth. Even dear God falls over. Because the straight line is godless." (Hundertwasser: 'Cutting Loose of Loos,' (1968), in: Schöne Wege, pp. 174, 175).

Elsewhere he writes: "The straight line is the true instrument of the devil; he who uses it helps the demise of man. And what will that demise be? We already have a taste of it: In every tenement block in New York there are 10–20 psychoanalysts. The clinics are overflowing, and the mentally ill cannot become healthy there, because the clinics have also been built after Loos!" (p. 175).

How godless is the straight line? or: between chaos and order

In Austria, if you only rant enough at a duly high level you become an institution. Now you might then frequently hear the objection that criticizing things is easy. But you can only be fatefully wrong when you act, and this may be a covert reason why the irritating painter of spirals, beautifier of façades, champion of window rights,

Ist Unregelmäßigkeit, Unordnung, krumme Linie, Antigeometrie wirklich schon Rezept für Schönheit?

Naturwesen Mensch

Wie kommt ein natursensibler Künstler dazu, gerade die Gerade zu verteufeln, wenn er nach einer dem Menschen gemäßen Formenwelt sucht?

Die von Konrad Lorenz, Karl Popper und Donald Campbell begründete, von Rupert Riedl und anderen weiterentwickelte Evolutionäre Erkenntnistheorie bestätigt zwar die philosophische These, wonach wir die ›Wirklichkeit an sich‹ wohl nie erkennen können, zeigt aber überzeugend, dass Sinnesorgane und Gehirn uns immerhin ein Bild der Wirklichkeit liefern, das ›realistisch‹ genug ist, um uns zu den kompliziertesten Überlebensleistungen in unserer Umwelt zu befähigen. Unser ›Weltbildapparat‹ sei durch Auslese im Dialog mit der Natur entstanden und an diese ebenso angepasst wie Flossen an das Wasser, Flügel an die Luft, Blätter an das Licht oder Wurzeln an das Erdreich, denn sonst könnten Auge und Ohr, Hand und Hirn darin nicht überlebenssichernd funktionieren, operieren und uns orientieren. Der Affe, der keine realistische Vorstellung von dem Ast hat, auf den er springt, wäre bald ein toter Affe und könnte nicht zu unseren Vorfahren zählen, ist ein Bonmot aus Kreisen der evolutionären Erkenntnistheorie.

and prophet of green roofs was commissioned to create a communal building. When faced with this task would he fail?

The house inevitably was built as an anti-Loos and anti-Mies sculpture, a contrasting agenda to the godless straight edge, a revolt against formal order and technical rationality. Is that the new aesthetic? Is disorder beauty? Why is this house a place to which the architecturally interested world-wide make their pilgrimage? Why did 40,000 Viennese turn up on open day to welcome this unique entity as a symbol of a new mindset in building – and why does it nevertheless remain so controversial in terms o architectural aesthetics? Why, following Schloss Schönbrunn and Hohensalzburg is it the third most visited tourist attraction in Austria, that holiday destination? Is irregularity, disorder, crooked lines and anti-geometry really in itself a recipe for beauty?

Humans – natural beings

How does an artist who is sensitive to nature end up condemning the straight lines of all things when seeking shapes appropriate to man?

The evolutionary cognitive theory founded by Konrad Lorenz, Karl Popper and Donald Campbell, advanced by Rupert Riedl and others, confirms the philosophical hypothesis that we can never fully grasp 'reality in itself'; but it also convincingly

Abb. 8:
Das Hundertwasser-Haus, stärkste Tourismus-Attraktion Wiens nach Schloss Schönbrunn und St. Stephan

Fig. 8:
Hundertwasser House, Vienna's biggest tourist attraction after Schloss Schönbrunn and St. Stephan

Photo: Bernd Lötsch

Abb. 9: Organische Idealarchitektur des Rokoko

Fig. 9: Organic ideal Rococo architecture

Photo: Kaffee Museum der JACOBS Stiftung, Zürich

Dieser Anpassungsdialog zwischen der Natur um uns und der Natur in uns währte über viele Millionen Jahre, formte jede Faser unseres Wesens, von der Netzhaut bis ins Nervenzentrum. Der Mensch ist in seinem Kern demnach furchtbar altmodisch geblieben, trägt er doch die Spuren seiner biologischen Evolution mit sich, einer Entwicklungsgeschichte, die sich – und das ist nun der springende Punkt für eine neue Bioästhetik – ausschließlich im Naturmilieu abgespielt hat. Nach Auffassung der Verhaltensforschung wird auch heute noch jedes Baby mit der Instinktausstattung des Cromagnon-Menschen geboren (›Steinzeitjäger im Straßenkreuzer‹ nannte ein bekannter Biologe dieses Phänomen).

Der Mensch ist konstitutionell an ein reich strukturiertes Gelände mit vielfältiger Pflanzenwelt angepasst. Eibl-Eibesfeldt (1985) spricht gar von ausgeprägter ›Phytophilie‹ (Pflanzensehnsucht) des Homo sapiens. Wo er kann, holt der Mensch Pflanzenformen in seinen Lebensraum, entweder als lebendes Gewächs in der modernen Wohnhöhle oder – künstlerisch verschlüsselt – vom Acanthuskapitell korinthischer Säulen bis zum floralen Jugendstildekor. Erst der Funktionalismus verbannte die Pflanzenornamentik aus der Architektur und schuf damit bald unbewusste Mangelerlebnisse für das uralte Naturwesen Mensch.

Wie viel Natur braucht der Mensch?

Die Zunahme nervlich seelischer Zivilisationsschäden führen Psychologen auch auf den oft unbewussten Naturverlustschock zurück. Dies ist umso wichtiger, seit man weiß, dass seelische Komponenten an der Entstehung der meisten Krankheiten beteiligt sind. Dies passt zur Lebenserfahrung eines Wiener Hausarztes: »a gsunder Mensch wird net krank«. Der bedeutende Vertreter der Wiener psychosomatischen Schule, Erwin Ringel, fasste es nicht minder treffend: »Was kränkt macht krank«. Intensives Naturerleben kann Stress abbauen,

shows that the sensory organs and the brain at least give us an image of reality that is 'realistic' enough to enable us to perform even the most complicated of survival tasks in our habitat. Our 'world-image apparatus' has arisen, they say, from selection in dialog with nature and is as adapted to this as flippers are to water, wings to the air, leafs to light, or roots to the earth. Otherwise, the eye and ear, the hand and brain would not function to secure our survival, would not operate and give us orientation. A monkey that has no realistic notion of the branch onto which it jumps would soon be a dead primate and could not be our predecessor – is a bon mot of the thinkers who take their cue from evolutionary cognitive theory.

This dialogue of adaptation between the nature around us and the nature in us has taken millions of years, and shapes every fiber in our being, from the retina to the nerve center. At his core, man has, in other words, remained horribly old-fashioned, for he bears the traces of his biological evolution within, a developmental history that exclusively took place in a natural milieu – and this is the key point for a new bio-aesthetics. In the opinion of the behavioral scientists, today every baby is still born with the instincts of Cromagnon man ('Stone Age hunters in modern cars' is what one biologist termed this phenomenon).

Constitutionally speaking, man is adapted to a richly structured terrain with diverse plant worlds; Eibl-Eibesfeldt (1985) even talks of homo sapiens' clear 'phytophilia' (yearning for plants). Wherever he can, man includes plant forms in his habitat, either as living plants in modern residential caves or artificially ciphered – as the acanthus capitols on Corinthian columns or even floral décor à la Art Nouveau. It was Functionalism that first banned the ornamental status of plants from architecture and thus soon created unconscious deficient experiences for that ancient natural being, man.

die Konzentrationskraft steigern, Blutdruck und Gemütslagen harmonisieren sowie Verspannungen lösen. Nationalparklandschaften tragen dazu bei, die ›seelische Hungersnot‹ des Industriemenschen zu lindern; sie sind nicht nur ›Biotope‹ sondern auch ›Psychotope‹. Der deutsche Photograph Ehlers beliefert Kliniken mit Postern aus den letzten europäischen Wildnisreservaten auch aus den Donauauen, da die Ärzte ausgesprochen günstige Wirkungen auf ihre Patienten sehen.

Hundertwasser´s Bauten bemühen sich um optische ›Naturkonditionierung‹. Zunehmend wurde er von Klinikern gebeten, Bereiche für ihre Patienten zu gestalten (z. B. Onkologie, Universität Klinik Graz).

Aus alledem folgt:

These 1: Naturformen als Seelenvitamin – die gottlose Gerade

Die viele Millionen Jahre währende Evolution des Menschen, die seinen sinnlichen Wahrnehmungsapparat und viele seiner seelischen Bedürfnisse formte, hat sich im Naturmilieu abgespielt, in einer Umwelt, in der es keine perfekten Geraden oder geometrischen Gestalten gab und gibt. Im Umfeld eines Papua oder Amazonasindianers kann man jahrelang leben, ohne einer ›gottlosen‹ Geraden zu begegnen. Selbst in den Landschaften Mitteleuropas fällt die gerade Linie sofort aus dem Rahmen, kann der Betrachter sicher sein, dass hier die Technik des Menschen ihre verfremdende Spur gezogen hat. Und der Ökologe weiß zudem, dass diese Geraden dann auch in der Regel zum ›Werkzeug des Teufels‹ werden.

Die schnurgeraden Trapezprofile der Bachregulierer haben Flussleichen in Betonsärgen hervorgebracht, öde Gerinne, die nicht nur das Auge beleidigen, sondern auch funktionell versagen.

Doch ist die ökologische Kritik an der Geraden lediglich eine späte Bestätigung des künstlerischen Empfindens, wie unnatürlich technisch-geometrische Perfektion

How much nature does man need?

Psychologists often attribute the increase in emotional/psychological damage by civilization to the often unconscious shock of the loss of nature. This is all the more important since we know that emotional components play a role in the genesis of most illnesses. This fits with the experience of a Vienna physician, who said "a healthy person does not fall ill". Erwin Ringel, that important representative of the Vienna psychosomatic school, put it no less trenchantly when he said "The injurious caused illness". Intensive experiences of nature can reduce stress, enhance powers of concentration, harmonize blood pressure and emotional states, and loosen tension. Te countryside of national parks helps alleviate the 'emotional starvation' of industrial man; they are not only biotopes, but also 'psychotopes'. German photographer Ehlers provides clinics with posters from the last remaining European protected wildernesses, among others from the meadow banks of the Danube, since the doctors believe these have a decidedly favorable effect on the patients.

Hundertwasser's buildings endeavor to provide visual 'natural conditioning'. He was increasingly requested by hospitals to design patient zones (e. g., the oncological department for the Graz University Teaching Hospital).

It follows from this that:

Hypothesis 1: Natural forms are an emotional vitamin – the godless straight line

The evolution of man has taken many million years, during which his sensory perceptual apparatus and many of his emotional needs arose. It took place in a natural habitat, in surroundings where there were and are no perfect straight lines or geometric forms. You can live for years in the environment of a Papua or Amazonian Indian without encountering a 'godless' straight line. Indeed, even in

Abb. 10:
Megakristall-Architektur, USA

Fig. 10:
Mega-crystal architecture, USA

Photo:
Archiv Victor Gruen, Wien

Abb. 11:
Zur Geometrie gesellt sich Machtsymbolik: Bankhochhäuser USA

Fig. 11:
Symbols of power join company with geometry: bank high-rises in the US

Photo: Archiv Lötsch

sei, Rechtfertigung einer Intuition, die ahnte, dass sich die Ordnung des Lebendigen grundsätzlich in anderen Formen ausdrückt, und dass Tausende Generationen des Menschengeschlechtes vor uns in organisch bestimmten Umwelten aufwuchsen, lebten, liebten und starben, in denen sie niemals einer makellosen Geraden, perfekten Symmetrien oder gar spiegelblanken, geometrischen Großformen begegneten.

Doch zu welchem Schluss berechtigt dies? Ist es trotz alledem nicht müßig, die Faszination zu leugnen, die von geometrischen Objekten ausgeht?

These 2: Der Reiz des Regelmäßigen – die göttliche Geometrie

Erfüllten nicht schon die Ägypter mit ihren – als Weltwunder bestaunten – Pyramiden, einen Menschheitstraum? Ein Widerspruch? Selbst die Natur produziert, dort wo sie ›Aufsehen erregen muss‹, also optische Signale aussendet, klare Formen, die in gesetzmäßiger Weise aus dem Rahmen

the countryside of Central Europe straight lines immediately catch the eye because the viewer can be certain that here the technology of man has left its estranging traces. And ecologists know, moreover, that this straight line will as a rule become a 'tool of the Devil'.

The absolutely straight trapezoidal profile adopted by engineers straightening rivers has created river corpses in concrete coffins, tedious streams that not only insult the eye, but are functionally useless, too.

Yet is the ecological critique of the straight line merely late confirmation of the artistic sensibility for how unnatural technical/geometric perfection is, the justification of an intuition which sensed that the order of the living essentially expresses itself in different forms, and that thousands of generations of humans before us grew up, lived, loved and died in organically defined environments in which they never saw a flawless straight line, perfect symmetries or even large sleek geometrical volumes.

organischer Unregelmäßigkeit und verwirrender Zufallsstrukturen ausbrechen. Da tauchen plötzlich recht strenge Symmetrien, simple Ordnungen und einprägsame Farbmuster auf. Die Biologen sprechen dann von ›Plakatfarbigkeit‹.

Eben weil der allen Augenwesen instinktiv vertraute Normalfall der organischen Natur die Unregelmäßigkeit ist, bedarf es klarer Ordnung als Kontrast, um Aufsehen zu erregen. Deshalb fühlen sich die meisten Organismen in der Unregelmäßigkeit zwar geborgen und heimelig, durch geometrische Ordnung hingegen angelockt. Deshalb wachsen uns die Megakristalle der technomorphen Großarchitektur heute über den Kopf – als überoptimale Attrappen unserer Ordnungssuche.

Blumen und Rosetten:
Eine der erfolgreichsten ästhetischen Wirkungen wird durch Symmetrie, besonders durch Radiärsymmetrie erreicht, von den strahligen Blüten und Blütenständen bis zur strahligen Monstranz des Pfauenrades (bei dem noch ›Augensymbole‹ hinzukommen, ähnlich denen auf vielen Schmetterlingsflügeln). Spiegelungen im Wasser sind ein beliebtes Motiv der Landschaftsfotographie, Kaleidoskope faszinieren uns ähnlich wie gotische Rosettenfenster.

Abb. 12:
Rosette des Straßburger Münsters (von innen). Im Glas außerdem Pflanzenornamente und die Farbzonierung des Regenbogens, der in seiner gesetzmäßigen Abfolge von Spektralfarben ein vielverwendeter Effekt ist.

Fig. 12:
Rosette, Strasbourg Cathedral (from the inside). The glass also features plant ornamentation and the color zones of the rainbow, which with the regular succession of its spectral colors is a much-used effect.

So what conclusion can we draw from this? For all this, is it not pointless to deny the fascination that geometrical objects exert?

Hypothesis 2: the stimulus of the regular – divine geometry

With their pyramids, admired as one of the wonders of the world, did the Egyptians not fulfill a human dream? Is this a contradiction? Even nature produces clear forms wherever it 'has to grab the attention', i. e., emit optical signals, forms that regularly break out of the framework of organic irregularities and confusing random structures. Suddenly, quite stringent symmetries arise, simple orders and catching color patterns. The biologists speak of 'appealing colors'.

Precisely because the instinctively familiar normal case of organic nature for all visual beings is irregularity, there is a need for a clear order as a contrast that catches attention. For this reason, most organisms feel safe and at home in irregularity, but attracted by geometric orders. For this reason, the mega-crystals of technomorphic giant architectures today go above our heads – as supra-optimal stage sets in our search for order.

Flowers and rosettes:
One of the most successful aesthetic effects is achieved by symmetry, in particular by radial symmetry, from the radiant blossoms and blooms through to the ostentatious spread of a peacock's fan (which even has 'eye symbols', similar to those on many butterfly wings). Reflections in water are a preferred motif in landscape photography, kaleidoscopes fascinate us the way Gothic rosette windows did.

The marvels of blossoms are window-dressing by nature – nurtured in competition with nature in order to attract insects – and precisely for that reason it is so interesting from the vantage point of a philosophy of nature that visual signals,

Abb. 13 und 14:
Spiegelsymmetrie als Blickfang: Der Fotograph ›bringt Ordnung in die Landschaft‹. Ästhetisch überhöhte Naturbilder aus U.S. Nationalparkprospekten Mirror Lake und Cypress Swamp

Fig. 13 and 14:
Axial symmetry as an eye-catcher: The photographer 'brings order to the landscape'. Aesthetically exaggerated natural images in brochures for Mirror Lake and Cypress Swamp National Parks in the US.

Photos: Archiv Lötsch

Die Blumenpracht ist eine Schaufensterdekoration der Natur – im Wettbewerbsgeschehen der Evolution herausgezüchtet, um Insekten anzulocken – und eben deshalb ist es naturphilosophisch so interessant, dass optische Signale, für deren Entstehung die Anziehungskraft auf die Facettenaugen vorbei fliegender Nektarsucher mit ihren stecknadelkopfgroßen Gehirnen maßgeblich war, auch den Menschen mit seiner ganz anderen Sinneswelt unwiderstehlich anziehen. (Wobei es für wilde Blumen bekanntlich eher Nachteile bringt, dass sie auch dem Menschen gefallen. Andererseits besitzt die Hinwendung zu einer – sagen wir Orchideenblüte – auch für den Menschen zunächst keinen materiellen Vorteil. Oder welchen biologischen Nutzen sollte seine Neigung zum Blumenpflücken haben, welchen Sinn die Emsigkeit, mit der bereits Kinder die Geschlechtsteile höherer Pflanzen amputieren und heim tragen?). Es manifestiert sich darin das allgemeine ästhetische Prinzip, dass geordnete Farben und Formen einer ungeordneten oder weniger differenzierten Umwelt vorgezogen werden.

the genesis of which can be attributed to the wish to attract the compound eyes of insects with their pin-head sized brains seeking nectar as they flew by, also exert an irresistible pull on humans, with their quite different sensory worlds. (For wildflowers it is, as we know, a disadvantage

Abb. 15:
Die radiärsymmetrische Vervielfachung (Kaleidoskopeffekt) wertet jede beliebige Ausgangstruktur ästhetisch auf: Gesteinsschliff im polarisierten Licht

Fig. 15:
In terms of aesthetics the radial symmetrical multiplication (kaleidoscope effect) upgrades any original structure: of polished stone in polarized light

Photo: ZEISS Kalender 1986, Institut für Wissenschaftliche Photographie Prof. Manfred Kage

Abb. 16:
Der Schauapparat
des Doldenblütlers.

Fig. 16:
The Apiaceae showpiece
is even more complex.

Photo: Bernd Lötsch

Die Schönheitsempfindung ist hier auch schon die Belohnung.

Das gestalterische Prinzip des idealen visuellen Signals beschreibt Lorenz in seiner Vergleichenden Verhaltensforschung (1978) als Prägnanz (ein Begriff von Felix Krüger). Auffallend und unverwechselbar durch Unwahrscheinlichkeit (der Reiz des Raren) und einprägsam durch Einfachheit, müssen Signale im Gedächtnis, (z. T. sogar im Genom von angeborenen Verhaltensprogrammen) leicht speicherbare ›Markenzeichen‹ abgeben.

Das ist einsehbar. So wäre etwa der im Insektenpelz verfrachtete Pollenstaub bei anschließendem Besuch auf einer anderen Blütenart verschwendet. Auch Schmetterlinge ›fliegen‹ (im wahrsten Sinne) auf das Flügelmuster ihrer Art. Wieder wird verständlich, warum visuelle Signale klar erkennbare Ordnungen brauchen, wofür die symetrischen Strukturen der Blüten – dann auch in unzähligen Schöpfungen der Kunst aller Zeiten – das beste Beispiel sind.

Die Suche nach Ordnung – den Augenwesen angeboren

Dies erklärt auch, warum augenorientierte Tiere ästhetische Ordnungen dieser Art aktiv suchen. In Wahlversuchen mit Affen, Waschbären, Dohlen und Krähen zeigte

if they appeal to humans. On the other hand, the turn to a orchid bloom, say, also offers humans no initial material advantage. Or what biological benefit should our propensity to pick flowers have, what meaning the diligence with which children amputate the genitalia of higher plants and carry them home?). These acts manifest the general aesthetic principle that ordered colors and shapes are preferred to an unordered or less differentiated environment. Here, our sense of encountering beauty is reward enough.

In his work on comparative behavioral research (1978), Lorenz described the creative principle behind the ideal visual signal as 'trenchancy': it is catching and unmistakable owing to its improbability (the stimuli of the rare) and striking for its simplicity, and has to emit signals for the memory that can be easily stored as 'hallmarks' (in part then are present in the genome as congenital behavioral programs).

This is conceivable. For example, the pollen dust born on the flanks of an insect would be wasted with its subsequent visit to a different type of plant. Butterflies also 'fly' (quite literally) on the wing patterns of their species. This again explains why visual signal require clearly discernible orders, for which the symmetrical structures of blossoms are the best example (and also in innumerable creations of art down through the ages).

The search for order – innate to visual beings

This also explains why visually-oriented animals actively seek out aesthetic orders of this kind. In experiments on choice run with monkeys, raccoons, crows and rooks, B. Rensch (1957, 1958) showed that animals prefer regular to irregular forms and symmetry to asymmetry. Humans, even as infants, give the same patterns a higher aesthetic rating than unsymmetrical, non-parallel patterns.

Abb. 17:
Kochsalzkristalle in eingetrockneter Kinderträne (100-fach vergrößert). Sie faszinieren auf den ersten Blick durch ihre Geometrizität, obwohl sie sich beim zweiten Blick oft als recht unregelmäßig erweisen.

Fig. 17:
Cooking salt crystals in dried child's tear (enlarged x 100). At first sight they are fascinating as a result of their geometric qualities, though closer examination reveals that they are frequently irregular.

B. Rensch (1957, 1958), dass die Tiere regelmäßige Formen den unregelmäßigen und Symmetrie der Asymmetrie vorziehen. Dieselben Muster werden von Menschen schon auf Kindheitsstufe ästhetisch höher eingestuft als unsymmetrische, nicht parallele Muster.

Unsere Wahrnehmung bemüht sich ferner, Ordnung in den visuellen Erscheinungen herzustellen. Bieten wir dem Auge für den Bruchteil einer Sekunde ein Dreieck, dem eine Spitze fehlt, dann sehen wir ein ganzes Dreieck. Asymmetrie und andere Unregelmäßigkeiten in einfachen geometrischen Figuren werden von der Wahrnehmung ausgeglichen. Wir ergänzen, d. h. idealisieren in Richtung auf Regelmäßigkeit und Symmetrie.

Die Faszination, die regelmäßige Kristalle für uns haben – je regelmäßiger die Prismen, desto höher der Sammlerwert – erklärt sich aus eben jenen Bezirken unserer Wahrnehmung. Dürers berühmter Kupferstich ›Melancholie‹ (1514) lebt vom reizvollen Kontrast zwischen einem fast geometrisch perfekten Kristall und der organischen Formenwelt des späten Mittelalters.

Dass gerade Naturvölker diesem für sie so seltenen Reiz erliegen, zeigen die Berichte von Forschungsreisenden aus dem vorigen Jahrhundert, die sich für (wertlose) geschliffene Glaskristalle bei den Eingeborenen kaufen konnten, was sie wollten.

Moreover, our perception endeavors to create order in the visual phenomena. If for a fraction of a second we offer the eye a triangle without its tip, then the eye sees the whole triangle. Our perception compensates for asymmetry and other irregularities in simple geometrical figures. We supplement and that means idealize things with a view to regularity and symmetry.

The fascination that regular crystals have on us – the more regular the prisms, the greater the collector's value – can be

Abb. 18:
Dass gerade Naturvölker diesem Reiz erliegen, zeigen die Berichte von Forschungsreisenden aus dem vorigen Jahrhundert, die sich um (wertlose) geschliffene Glaskristalle bei den Eingeborenen kaufen konnten, was sie wollten.

Fig. 18:
That primitive racers in particular succumb to the charm is revealed by the reports of traveling researchers last century, who were able to buy as much (worthless) cut-glass crystal from the natives as they wanted.

Abb. 19:
Die Suche nach dem Salzigen, das unsere Primatenahnen nur ausnahmsweise fanden, ergänzte den Ionenhaushalt, sicherte das Na+ und Cl– Inventar ihrer Körperflüssigkeiten.

Fig. 19:
The search for salty matter, which our primate forefathers only found as an exception, enhanced the ion stocks and ensured the Na+ and Cl– balance in their bodily fluids.

Photos: Archiv Lötsch

Auf meine Bitte hin machten I. Eibl-Eibesfeldt und C. Sütterlin mit Kindern von Naturvölkern Wahlexperimente zwischen Kristallen (Pyrit, Glas) und organischen Formen (schöne Meeresschnecken, kleine Tierplastiken). Sie fanden eine überwältigende Präferenz für die anorganischen glänzenden geometrischen Kristalle. Die Naturkinder suchten gerade jene Rarität, die ihnen die Natur – wenn überhaupt je – nur ausnahmsweise bot.

Auf das Seltene zu reagieren kann durchaus sinnvoll sein. Alles, das süß schmeckte, brachte unseren wilden Ahnen, ohne dass sie es wussten, zugleich auch Vitamine. Das Süße signalisiert die Natur oft durch ›glänzend, rund kontrastfärbig‹ (Kirsche, Eiben Arillus, Beerenobst). Die Suche nach dem Salzigen, das unsere Primatenahnen nur ausnahmsweise fanden, ergänzte den Ionenhaushalt, sicherte das Na+ und Cl– Inventar ihrer Körperflüssigkeiten, wie heute noch die Salzlecke für das Wild.

Doch was der Mensch sucht, wird leicht zur Sucht. Salz ist heute billig und unbegrenzt vorhanden. Die zivilisierte Menschheit frisst sich fallweise krank an Salz, meinen Herzkreislaufspezialisten. Ebenso frisst sie sich mitunter krank an Industriezucker, meinen Ernährungsfachleute und Internisten. Und ebenso fressen wir uns heute krank an Geometrizität,

Abb. 20:
Und ebenso fressen wir uns heute krank an Geometrizität. Wohnscheiben bei Linz.

Fig. 20:
And we are likewise eating ourselves sick with geometrical properties. Houses in Linz.

explained by precisely those sections of our perception. Dürer's famous engraving 'Melancholia' (1514) lives on this exciting contrast between an almost geometrically perfect crystal and the organic shapes of the late Middle Ages.

Reports by researchers in the last century show the fact that precisely native peoples succumb to what are for them extremely rare stimuli – the scientists were able to trade (worthless) polished class crystals with the natives for whatever they wanted to have.

At my request, I. Eibl-Eibesfeldt and C. Sütterlin conducted experiments on choice with children from native peoples: the choice was crystals (pyrite, glass) or organic forms (beautiful shells, small animal sculptures). They found an overwhelming preference for inorganic gleaming geometric crystals. Native children sought precisely those rarities that nature if seldom offered them, if at all.

It can be quite meaningful to respond to the rare. Everything that tasted sweet also offered our wild ancestors vitamins, although they did not know it. Nature offers signals sweetness with 'gleaming round contrast colors' (cherries, yew berries, berries). The search for the salty, something our primate ancestors rarely found, supplemented the ions in the metabolism, secured the stock of Na+ and Cl– in their bodily fluids. (Just as today, licking salt nourishes wild animals.)

Yet what man seeks can easily become an addiction. Today, salt is cheap and in unlimited supply. Civilized man on occasion eats himself ill with salt, so the cardiovascular specialists say. Just as they eat themselves sick with refined sugar, so the nutritionists and internal medical experts say. And we also eat more than our fill of geometricity, of 'the godless straight line' which mankind first succeeded in creating in perfect unlimited manner in the Industrial Age.

In the case of Hundertwasser we can read this as follows: "Even carrying a straight line with you should at least be

an ›gottlosen Geraden‹, die sich der Mensch erst im Industriezeitalter perfekt und unbegrenzt verschaffen konnte.

Bei Hundertwasser liest sich das dann eben so: »Schon das Bei-sich-Tragen einer geraden Linie müsste zumindest moralisch verboten werden. Das Lineal ist das Symbol des neuen Analphabetentums … Vor nicht allzu langer Zeit war der Besitz der geraden Linien ein Privileg der Könige und der Gescheiten. Heute besitzt jeder Depp Millionen von geraden Linien in der Hosentasche«. (Er hatte im Mikroskop die Geraden auf einer Rasierklinge gezählt). (Hundertwasser, 1958, Verschimmelungsmanifest. In: Schöne Wege, S. 165 ff)

Schon 1958 erkannte der Maler, dass Maschinenästhetik, Industriedesign und technomorphe Architektur unseren Sinnen ein gigantisches Gefängnis aus Geometrizität gebaut haben. Was die Natur in kleinen Dosen als Ausnahme bereithält, haben wir in nur wenigen Jahrzehnten zum Normalfall unserer visuellen Umwelt gemacht. Das Rare wurde zur Regel, die faszinierende Einzelerscheinung zum phantasietötenden Massenprodukt.

Der Wilde, der fasziniert nach den Glasperlen greift, würde nach kurzer Zeit aus den gigantischen Glasprismen und blanken Metallkuben reuig in die vertraute Wildnis zurückkriechen. Selbst der Industriemensch holt immer mehr Dschungelpflanzen und Epiphytenäste in seine technoiden Kristallhallen. Der kleine Asphaltkümmerer im 11. Stock des monoton gerasterten Wohnsilos träumt, wie alle Kinder vor ihm, von windschiefen Knusperhäuschen, Moos und Wurzelmännchen.

Der Reiz des Unregelmäßigen

Doch ist die Vorliebe für anheimelnde Patina, verwitterte Mauern und bemooste Dächer keineswegs nur eine modische Reaktion auf die Kälte moderner Großformen. Die Maler früherer Jahrhunderte haben schon die ästhetischen Qualitäten der damaligen Städtchen, zerzauster

morally prohibited. The ruler is the symbol of new illiteracy … Not too long ago possessing straight lines was a privilege of kings and the clever. Today every idiot has a million straight lines in his trouser pocket." (He had counted the straight edges on a razorblade using a microscope). (Hundertwasser, 1958, Mouldiness Manifesto, in: Schöne Wege, p. 165 ff)

As early as 1958 the painter realized that the machine aesthetic, industrial design and technomorphic architecture had created a giant prisonhouse of geometricity for our senses. What nature provides in small doses as an exception is something we have within the space of only a few decades turned into the normal state of affairs in our visual environment. The rare became the rule, the fascinating phenomenon became a mass product that dulled the imagination.

The native who grasps at the glass beads in fascination would swiftly and repentantly crawl back into his familiar wilderness if confronted by these gigantic glass prisms and sleek metal cubes. Even industrial man places an increasing number of jungle plants and epiphytic branches in his technoid crystal halls. The small child confined by blacktop who lives on the 11th floor of a monotonously structured block of flats dreams, like all children before him, of gingerbread houses that stand at an angle, of moss and of men shaped likes roots.

The stimulus of the irregular

Howe preference for a domestic patina, weather-beaten walls and moss-covered roofs is by no means a fashionable response to the coldness of large modern edifices. Painters in past centuries always sensed the aesthetic qualities of the small towns back then, the decrepit barns, the dilapidated farmyards – and deliberately exploited them. Landscape painters in the 18th and 19th centuries were of the opinion that only such buildings could be placed

Scheunen und baufälliger Bauerngehöfte empfunden und bewusst ausgebeutet. Die Landschaftskünstler des 18. und 19. Jahrhunderts waren der Meinung, dass man der Natur Bauwerke überhaupt nur im Zustand des Verfalls zumuten könne, weshalb sie künstliche Ruinen schufen.

Hundertwasser versucht in der Fassadengestaltung seines umstrittenen Wiener Gemeindebaus, etwas von der organischen Lebendigkeit und dem Charme handwerklich bestimmter, naiver Architektur wiedererstehen zu lassen. Für manche Betrachter, die seinen jahrzehntelangen Weg zu dieser Anbetung des Schiefen, Buckligen, Ungleichen, Asymmetrischen nicht kennen, mag er damit übertrieben haben, mag er den Zauber, welcher der Symmetrie und Ordnung nun eben auch innewohnt, zu sehr verleugnen. Viele meinen dazu, die unmotiviert stark unterschiedlichen Fenster der Fassade seien ihnen unbehaglich wie zwei stark ungleiche Augen eines Gesichtes, schiefe Säulen widersprächen schon rein gefühlsmäßig ihrer tragenden Urfunktion. Doch ist dies häufig so, wenn Künstler an einer Zeitenwende das Exempel des Anfanges statuieren.

Wenn manche Menschen das – aus dem altbürgerlichen Ambiente des dritten Wiener Bezirkes herausfallende – Hundertwasserhaus als ›Clownarchitektur‹ bezeichnen, schwingt darin vielleicht auch unbewusste Anerkennung mit. Der Clown ist bunt und weise, hat oft ungleich geschminkte Augen und verrückte Proportionen, durchbricht den Dutzendalltag mit Originalität und Humor, doch – so recht er auch haben mag – wollen nicht alle Leute zu Clowns werden.

Es gibt allerdings zu denken, dass Hundertwasser dort, wo er mit seiner Architektur höchste ästhetische Wirkung anstrebt – auf Seidentüchern, Wandbehängen und Buchumschlägen – seine Fassade nach unten spiegelt wie die eines Wasserschlosses – und damit von ästhetischen Elementen profitiert, die in seinem

in nature that were in a state of decay and to this end created artificial ruins.

In the façades he designed for his controversial Communal House, Hundertwasser tried to revive something of that organic liveliness and the charm of crafts-made, naïve architecture. For some observers who are not familiar with his decades-long path to this worshipping of the slanted, the hunched, and the asymmetrical, it may seem as if he exaggerated, for perhaps he overly denied the magic innate in symmetry and order. Many claimed that the ungrounded strong differences in the windows in the façade are as discomforting as two strongly unequal eyes in a face, and that leaning pillars contradicted their load-bearing function even at the emotional level. Yet this is often the case when artists set the example of a beginning at a point where an epoch is ending and a new age starting.

If some people term the Hundertwasser House that so stands out from the old bourgeois houses in Vienna's 3rd District as 'clown architecture', then perhaps this also conveys some unconscious recognition of his achievement. After all, the clown is colorful and wise, often has unequally made-up eyes and crazy proportions, undermines tedious everyday life with originality and humor and yet, however right he may be in what he says, not everybody wants to become a clown.

It bears considering here that where Hundertwasser aspired to the highest aesthetic effect with his architecture – on silk scarves, wall hangings and book covers – or has his façade reflected on the lower section as if surrounded by a moat he then benefits from aesthetic elements that do not originate in the house because he rejects them, namely symmetry and order.

Hundertwasser as style creator?

Hundertwasser did not wish to found a 'school' and he hated epigones. Hundertwasser knew that his success as an architect

Haus ursprünglich nicht vorkommen (weil er sie ablehnt) – nämlich Symmetrie und Ordnung.

Hundertwasser als Stilschöpfer?

Hundertwasser wollte keine ›Schule‹ begründen und hasste Epigonen. Hundertwasser wusste, dass sein Erfolg als Bauender von der Kontrastwirkung kam. Er kultivierte seine Originalität und freute sich seiner schöpferischen Kraft, aber er war nicht größenwahnsinnig, obwohl er die verschütteten Sehnsüchte Hunderttausender Menschen getroffen hatte, die ihn deshalb liebten »... nicht weil ich so gut bin« meinte er einmal vertraulich, »sondern weil die anderen so schlecht sind«. Er sah sich zunächst weniger als Architekt, denn als ›Architektur-Doktor‹, der gegen eine Krankheit antrat.

Unbenanntes Zählen – Gestalt statt Raster

Eine Eigenschaft, die der Mensch mit anderen Kleingruppenwesen teilt, ist seine Fähigkeit zum ›unbenannten Zählen‹: Dohle, Eichhörnchen oder Mensch können gleichermaßen fünf, sechs oder sieben Punkte auf einen Blick unterscheiden, ohne zu zählen.

Die Ansammlung gleicher Elemente über die Zahl neun hinaus erfordert Nummerieren und Abzählen (oder Anordnung in Gestalten – vgl. 8, 9, 10 auf Spielkarten). Die stereotype Wiederholung – etwa gleicher Bauteile über große Strecken (schmucklose, monoton gerasterte Fassaden) – führen bei Tier und Mensch in ähnlicher Weise zu Orientierungsverlust. Nirgendwo in der Natur gibt es die Wiederholung völlig identischer Fertigteile wie im Industriemilieu. Jedes organisch gewachsene Element ist prinzipiell einmalig. Baumgestalten sind mitunter ausgesprochene Orientierungspunkte.

An technischen Großstrukturen hingegen, etwa an horizontal aufgehängten Sprossenleitern, kann man beobachten,

Abb. 21: Größere Mengen erfordern Abzählen ...

Fig. 21: Larger quantities require counting ...

Photo: Bernd Lötsch

from the contrast he created. He nurtured his originality and enjoyed his creative powers, but he was no megalomaniac, although he had tuned into the buried yearnings of hundreds of thousands of people, who loved him for it "... not because I am good," he once said confidentially, "but because the others are so bad." He saw himself less as an architect and more as an 'architectural doctor' who tried to combat disease.

Nameless counting – shape not grid

One property that humans share with other beings that live in small groups is the ability to 'count namelessly': rooks, squirrels and people can distinguish five, six or seven dots at a glance without counting them.

The accumulation of identical elements that exceed the number nine require numbering and counting (or the arrangement in shapes – see the 8, 9, or 10 on playing cards). Stereotyped repetition – for example similar components across large distances (no-frills, monotonously grid-based façades) – lead among animals and humans alike to a loss of orientation. Nowhere in nature is there repetition of completely identical prefabricated parts as there is in an industrial setting. Each organically grown element is in principle

Abb. 22:
Größere Zahlen führen häufig zu Monotonie und Orientierungsschwierigkeiten – und zwar umso rascher, je simpler das Einzelelement ist.

Fig. 22:
Larger numbers result in monotony and difficulties finding one's way – all the more quickly the simpler the individual element is.

Abb. 23:
Ähnliche Funktionen führen zu ähnlichen Formen: Batteriehaltung von Versuchstieren.

Fig. 23:
Grid as a symbol of loss of individuality: Similar functions result in similar forms: test animals kept in batteries.

Photos: Archiv Lötsch

wie sich Tiere durch die Stereotypie irren; dieselbe Amsel etwa beginnt an verschiedenen Stellen nebeneinander mit dem Nestbau. Aber auch Kinder in modernen Berliner Mietskasernen oder normierten Reihenhaussiedlungen Finnlands hatten Schwierigkeiten, heimzufinden. Berliner Kinder halfen sich in einem näher untersuchten Fall damit, die vor den Eingängen stehenden Mülltonnen zu durchwühlen, da sie den elterlichen Haushalt an den Abfällen erkannten.

»Nicht nur die kommerzielle Erwägung, dass massenhaft herstellbare Bauteile billiger kommen, sondern auch die alles nivellierende Mode führen dazu, dass an allen Stadträndern aller zivilisierten Länder Massenbehausungen zu Hunderttausenden entstehen, die nur an ihren Nummern voneinander unterscheidbar sind und den Namen ›Häuser‹ nicht verdienen, da sie bestenfalls Batterien von Ställen für Nutzmenschen sind, ...« (Lorenz, 1973, S. 23).

»Die Selbstbewertung des normalen Menschen fordert mit vollem Recht die Behauptung seiner Individualität. Der Mensch ist nicht, wie eine Ameise oder eine Termite, von seiner Phylogenese so konstruiert, dass er es erträgt, ein anonymes und durchaus austauschbares Element unter Millionen völlig gleichartiger zu sein. Man betrachte einmal offenen Auges eine Siedlung von Schrebergärtnern und beobachte, welche Auswirkungen

unique, the shapes or trees are at times overt points of orientation.

In the case of large technical edifices, for example horizontally positioned rungs on ladders, we can observe how animals get confused by the stereotypy. The same blackbird, for example, starts to build its nest at different adjacent places at once. And children in modern high-rise residential estates in Berlin or in standardized housing estates in Finland had difficulty finding their way home. Berlin children helped themselves in one case that was studied more closely by sifting through rubbish bins outside the entrances since they knew what went into the rubbish bin in their own homes.

"Not only the commercial consideration that mass-produced components are cheaper, but also the all-leveling fashion mean that on the outskirts of towns in all civilized countries mass housing arises for hundreds of thousands of people, houses distinguished only by their number and thus not worthy of the name 'house', but at best batteries for reproducing useful humans, ..." (Lorenz, 1973, p. 23).

"The self-estimation of normal people calls quite rightly for the assertion of individuality. People are not, like ants or termites, constructed phylogenetically such that they can endure being anonymous and decidedly interchangeable elements among millions of their like.

der Drang des Menschen nach Ausdruck seiner Individualität dort hervorbringt.« (K. Lorenz, 1973, S. 30)

Das könnte auch erklären, warum selbst geistvoll geplante Massenwohnbauten, deren unnatürliche Monofunktion an der formalen Monotonie ablesbar ist, ›von außen‹ so heftig abgelehnt werden, während man ihnen ›von innen‹ manchmal gute Wohnzufriedenheit attestiert. Man sollte jedenfalls das ästhetische Unbehagen vieler Betrachter, das sich aus der tausendfachen Multiplikation weniger Serienelemente ergibt, bei zukünftigen Projekten ernst nehmen, umso mehr, als die Fassaden solcher Architekturen frappante Ähnlichkeit mit stereotypen Schallschutzbauten aus Betonfertigteilen haben oder auch den stereotypen Strukturen der Intensivtierhaltung verwandt sind.

Rhythmus statt Stereotypie

Die rhythmische Wiederholung gleicher Teile ist ein wesentliches Konstruktionsprinzip und Erkennungsmerkmal des Lebens, man denke an Zellstrukturen, an Raupen oder Fiederblättchen. Häufig wird rhythmische Wiederholung auch als visuelles Signal entwickelt, um aufzufallen (vgl. die Streifenmuster von Korallenfischen, Wespen, u. a.).

Deshalb sprechen Tier und Mensch auf solche Strukturen positiv an, wurde

Observe with an open eye a set of allotment gardens, and observe the effects the human drive to express individuality creates there." (K. Lorenz, 1973, p. 30)

This could perhaps also explain why even ingeniously planned mass residences, whose unnatural mono-function can be seen from the formal monotony, are so sharply rejected 'from the outside', while 'from the inside' they are often certified as providing good and satisfying dwellings. However, in future projects we should take seriously that aesthetic discomfort of many observers when confronted by the thousand-fold multiplication of a few serial elements (all the more so as the façades of such architectures exhibit striking similarities to the stereotyped noise-protective structures made of prefabricated concrete parts or are related to the stereotyped structures used in industrial animal husbandry).

Rhythm instead of stereotypy

The rhythmic repetition of identical parts is a key structural principle and characteristic of life if we think of cell structures, centipedes or compound leaves. Often, rhythmic repetition is also developed as a visual signal in order to catch the eye (see the striped pattern of coral fish, wasps, and many others).

For this reason, animals and humans are positively affected by such structures,

Abb. 24: Wiederholungen bis zur Zahl 9 ergeben meist ansprechende Fassadengliederungen

Fig. 24: Repeats up to 9 result mostly in attractive façade sub-divisions.

Abb. 25: Rhythmus Venezianischer Fassaden

Fig. 25: Repeat of the same – not of the identical: Venetian facades

Abb. 26:
Altes Ziegeldach

Fig. 26:
Old brick roof

Abb. 27:
Hundertwasser an der Gartenmauer des von ihm gestalteten KunstHausWien am Donaukanal.
Ziegel als Zellenbauweise summieren sich zum ›organischen‹ Gewebe.

Fig. 27:
Hundertwasser at the garden wall of his KunstHausWien on the Danube Canal.
Bricks as a cellular form of construction form an 'organic' fabric.

Photos: Archiv Lötsch

Wiederholung zum Gestaltungsprinzip dekorativer Kunst – von der Perlenkette bis zum klassischen Ornament des ›laufenden Hundes‹ oder den gestickten Borten aller Zeiten und Völker. Säulenordnungen, Arkaden, Alleebäume, Menschen in Reih und Glied drücken die formale Freude an rhythmischer Wiederholung aus. Natur und Handwerkskunst garantierten jedoch stets eine leichte Unregelmäßigkeit. Die Einheitlichkeit konnte nie zur Monotonie, der organische Rhythmus nie zur technischen Stereotypie verkommen. Die Vielfalt in der Einheit wurde manchmal auch bewusst kultiviert; man denke nur an die Kapitelle mittelalterlicher Kreuzgänge.

Erst maschinelle Massenfertigung ermöglichte eine exakte Vervielfältigung, der sich Natur und Handwerk nur asymptotisch genähert hatten, ohne sie je zu erreichen. So groß war des Menschen Stolz auf diese Leistung und so groß der anfängliche ökonomische Erfolg, dass wir lange nicht bemerkten, wie sehr wir uns die visuelle Umwelt damit verödeten, wie kalt und wesensfremd alles um uns wurde.

Erst heute, rund dreißig Jahre nach Hundertwassers ersten Protesten gegen tödliche technische Sterilität, Gleichheit und Glattheit, gegen die mörderische Monotonie industrieller Massenproduktion, beginnt ein Teil der Menschen aus der Narkose der Stereotypie zu erwachen. Ja, mehr noch, industrielle Eternitschindel-

and repetition became the creative principle behind decorative arts – from a pearl necklace to the classical ornament of 'runners' or embroidered borders to be encountered down through the ages in so many houses of some many peoples. Column orders, arcades, avenues of trees, people in rank and file express the formal joy in rhythmic repetition. However, nature and the crafts arts always guarantee a slight irregularity, standardization never degraded to the point of monotony, organic rhythm never became reduced to technical stereotypy. The diversity in unity has at times been deliberately cultivated; one need think only of the capitols in Medieval cloisters.

It is not until machine-based mass production takes place that exact replication becomes possible, something nature and the crafts trades had only approximated asymptotically without ever achieving it. Humans were so pride of this achievement and the initial economic success so great that for a long time we failed to notice just how much the visual environment bored us, how cold and inhuman everything around us became.

Not until today, some 30 years after Hundertwasser's first protests against fatal technical sterility, equality and smoothness, against the murderous monotony of industrial mass production have some humans started to awake from

hersteller beginnen, diese nach Computerprogrammen mit künstlicher Patina zu variieren, um sie für Altstadtensembles lebendiger zu gestalten.

Störstellen – ›Kaugummi fürs Gehirn‹?

Die Spannung zwischen Ordnung und Unordnung bestimmt unsere visuelle Umwelt, wie die Spannung zwischen Kultur und Natur unser ganzes Erleben beherrscht. Unser Wahrnehmungsapparat sucht nach Gesetzmäßigkeiten und Ordnungen. Ebenso wie er annähernd Regelmäßiges im Geist zu geometrisch Perfektem ergänzt, so idealisiert er annähernd Gleiches zu perfekter Gleichheit: eine Verrechnungsleistung des Gehirns, die Anwendung sucht ähnlich wie die Fähigkeit zum Gestaltsehen, die dann auch auf Wolken und Berge angewendet wird. Bietet man perfekte Geometrie und Stereotypie im Übermaß, langweilt sich unser Wahrnehmungsapparat. Auge und Hirn entbehren die reizvolle Herausforderung, die uns leichte Unregelmäßigkeit sonst bietet.

Augenwesen Mensch

Die Abschirmung der Wohnsphäre gegen den Einblick Fremder ist dem Menschen ebenso wichtig wie der Schutz gegen Witterungseinflüsse. Der Mensch kann durch visuelle Schlüsselreize, Auslöser, überoptimale Attrappen in der Verkaufswerbung beinahe beliebig manipuliert werden, solange er nicht durch Bewusstmachung der ethologischen Grundlagen psychische Gegenstrategien entwickelt. Das Kindchenschema etwa, in der Natur zum Schutz der hilfebedürftigen Jungen entwickelt und über Artgrenzen hinweg wirksam (wie der entwaffnende Anblick junger Kätzchen beweist), wird seit Jahrzehnten mit unvermindertem Erfolg zur Verkaufswerbung für Kinderartikel, Katzenfutter und Farbfotomaterial verwendet.

Unsere Veranlagung, mit unseren Augen auf überoptimale Attrappen hereinzufallen,

the anesthetic of stereotypy. Indeed, industrial manufacturers of tile cladding for buildings are starting to vary these with an artificial patina generated by a computer in order to make them more lively for old town centers.

Accidents happen – 'chewing gum for the brain'?

The tension between order and disorder defines our visual environment, just as the tension between culture and nature defines everything we experience. Our perceptual apparatus seeks regularities and orders. Just as it supplements approximately regular items to form geometrically perfect items in our minds, so it idealizes the approximately identical to perfect identity: an act of compensation by the brain that seeks applications (similar to the ability to see shapes that can then also be applied to mountains or clouds). If one offers perfect geometry and stereotypy in surfeit, then our perceptual apparatus becomes bored. The eye and the brain then miss the challenge of stimuli otherwise afforded by slight irregularity.

Man the visual being

Screening residential quarters off from the eyes of outsiders has often been as important to people as protection against the elements. Humans can be manipulated almost at random by visual key stimuli, triggers, supra-optimal eye-catchers in sales adverts, as long as they do not develop psychological counter-strategies by becoming aware of the ethological basis. The babyface scheme, for example, developed in nature to protect children in need of help, effective across different species (as the disarming gaze of kittens shows) has been used for decades with equal success by sales adverts for children's good, catfood and color films.

Our inclination, owing to our visual focus, to get tricked by supra-optimal

hat bei der Obstzüchtung zur einseitigen Überbetonung äußerer Merkmale geführt, sodass heute rotbackige Riesenäpfel angeboten werden, nach denen der Konsument gierig greift, um später enttäuscht festzustellen, dass sie wie Futterrüben schmecken.

Das Auge des Menschen ist aber nicht nur Reizempfänger, sondern auch Sender; es kann nicht nur sehen, sondern schauen, es ist Sinnes- und Ausdrucksorgan zugleich. Nicht von ungefähr heißt unser Antlitz ›Gesicht‹. Die auffallend weißen Zonen des Augapfels beiderseits der Iris – eine Besonderheit des menschlichen Auges – erleichtern das Erkennen der Blickrichtung und steigern die zwischenmenschliche Signalwirkung. Auch die Zeitdauer eines Augenkontaktes ist für die zwischenmenschliche Kommunikation bedeutsam.

Die starke Wirkung von Iris und Pupille wird in Gebrauchs- und Werbegraphik für Firmenzeichen und Signale und meist unbewusst auch in Motiven der Volkskunst vielfältig eingesetzt. Wir sehen Augen auch in Gebilden, die nicht das geringste mit dem Sehorgan zu tun haben und sprechen von Hühnerauge, Kartoffelauge, Fettauge, Pfauenauge und erkennen die tatsächlich auf optische Abwehrfunktion hin entwickelten Zeichnungen der Brillenschlangen oder verschiedener Schmetterlinge (Nachtpfauenauge und Schreckaugenfalter Caligo).

Geschwungene Mauervorsprünge und Stukkatur-Ränder über den Fenstern werden als Augenbrauen empfunden. Sie tragen übrigens dazu bei, dass solche Häuser, wenn sie Patina ansetzen, erst richtig schön werden oder würdig altern, während die glatt-kahlen Fronten der Neuen Sachlichkeit hässlich schmutzen und hoffnungslos schäbig werden, wenn schwärzliche Oxydspuren von den Metallrahmen der toten Fenster über den nackten Sichtbeton rinnen.

›Verschimmelung‹ – das hieß auch Bemoosung und wucherndes Fassadengrün, wie Hundertwasser in mehreren Manifesten

eye-catchers has led in fruit production to the one-sided excessive emphasis of outer features, so that today huge rosy-cheeked apples are offered, greedily grabbed by consumers, who later find out to their disappointment that they taste like sugarbeet.

The human eye is not only a recipient but also an emitter of stimuli; it can not only see but also gaze, it is both sensory and expressive organ at once. It is no coincidence that our faces are viewed. The noticeable white zones in the eye both sides of the iris (a characteristic of the human eye) facilitate recognition of the direction of a gaze and enhance the interpersonal signal emitted. The duration of eye contact is also crucial for interpersonal communication.

The strong effect of the iris and the pupil is used in a variety of ways in printed graphics and advertising for logos and for signals, and usually unconsciously in motifs in popular art. We also see eyes in structures that have just about nothing to do with the visual organ and speak of the eye of a storm, and recognize the drawings actually designed as a visual defense mechanism by cobras or various butterflies (such as emperor moths).

The word 'window' is quite literally an eye in the wall (wall deriving from the word 'winde', as originally walls were 'wound' out of branches and clay), and the old term 'ow' for eye still survives in the word 'owl', an impressive bird of vision. The notion of an eye in the wall brings to mind the expressivity of windows, indeed of façades – faces. The human ability to perceive visual shapes also sees physiognomies in walls, which can be friendly or repellent, the values of shapes that have been neglected by 20th century architecture – another aspects of the loss of the human scale.

Curved projections in walls and stucco edges over windows are considered to be eyebrows. Incidentally, they contribute to such houses, once they have a patina,

Bibliography:

Brauer, A., 1983. Das Runde fliegt, (dtv 2885, Munich: Deutscher Taschenbuchverlag).
Campbell, D. T., 1966. 'Evolutionary Epistemology,' in: Schilpp, P. A. (ed.) The Philosophy of Karl R. Popper, (La Salle: Open Court Publ.).
Le Corbusier, Ch., 1926. Kommende Baukunst, (Berlin: Deutsche Verlagsanstalt, Stuttgart).
Eibl-Eibesfeldt, I., 1984. Die Biologie des menschlichen Verhaltens. Grundriss der Humanethologie, (Munich: R. Piper Verlag).
Eibl-Eibesfeldt, I., Hass, H., Freisitzer, K., Gehmacher, E., Glück, H., 1985. Stadt und Lebensqualität. Neue Konzepte im Wohnbau auf dem Prüfstand der Humanethologie und der Bewohnerurteile, (Vienna: Österr. Bundesverlag).
Gombrich, E., H., 1979. The Sense Of Order, (Oxford: Phaidon Press Ltd.).
Haeckel, E., 1914. 'Die Natur als Künstlerin. Formenschatz der Schöpfung' in: Prof. Franz Goerke, (ed.) (Charlottenburg, Berlin: Deutsches Verlagshaus).
Heydemann, B., 1980. 'Naturschutz der Seele zuliebe. Auswirkungen des angeborenen Schönheitssinnes bei Mensch und Tier,' in: 'Natur' environmental magazine, dummy copy: pp. 30–39. (Munich: Ringier Verlag).
Hundertwasser, F., 1983. Schöne Wege, (dtv 2886. Munich: Deutscher Taschenbuchverlag).

fordert, scheint hier wirklich die einzige Chance einer ästhetischen Revitalisierung.

In Hundertwassers Ästhetik spielen Augenmotive bewusst und unbewusst eine beherrschende Rolle. Zunächst wirken seine aus konzentrisch dunkelbunten Ringen oder aus ›irisierenden‹ Spiralen aufgebauten rundlichen Gebilde als Augen, selbst wenn er sie als Baumkronen gemeint hat. Dann arbeitet er mit merkwürdigen ›Spindelaugen‹, die er nach eigenen Angaben seinem französischen Malerfreund Bro entlehnt hat. Manchmal baut er daraus verfremdete Gesichter, die eine direkte Beziehung zu seinen Fensterteilungen haben. Hundertwasser hat mich – ohne es vielleicht selbst zu wissen – darauf gebracht, dass Fensterkreuze oder T-förmige Fensterteilungen verschlüsselte Gesichter bilden – aus einer horizontalen Augen- und einer vertikalen Nasenlinie.

Zusammenfassung:
Ästhetik zwischen Natur und Kultur

Die Natur unserer Ästhetik verlangt keineswegs nur nach der Ästhetik der Natur. Deshalb kommt man in der Bio-Ästhetik mit einer ›Ideologie des Natürlichen‹ nicht sehr weit. Sie bleibt immer nur Teil der Wahrheit. Der andere Teil der Wahrheit ist der Reiz des Raren, die Anziehungskraft des Unnatürlichen und Künstlichen. Die Natur selbst bedient sich oft sogar ausgesprochen ›unnatürlicher‹ Effekte, um Aufsehen zu erregen: von ›metallischen‹ Interferenz- und Schillerfarben bis zur ›Lichtreklame‹ von Leuchtorganismen.

Eben weil uns Kristallisches, Metallisches und Geometrisches als Kontrast zum Organischen seit jeher so fasziniert, sind uns diese Elemente technokratischer Architektur über den Kopf gewachsen; sie appellieren an die unterste primitivste Ebene ästhetischen Empfindens.

Der Pendelschlag zum Organischen ist heute eine lebensnotwendige geistesgeschichtliche Reaktion auf dem Weg zu einer neuen Baukultur. Sie wird aus einer Neubewertung des Handwerklichen,

first becoming truly beautiful or ageing in a dignified manner, whereas the smooth/cold fronts of buildings in the New Objectivity tradition become ugly with dirt and hopelessly shabby once blackish oxide traces run from the metal frames of dead windows across naked fair-face concrete.

Here 'mold' would seem the only real chance for aesthetic revival – and this also means moss and rampant green on façades, such as Hundertwasser called for in several of his manifestos.

Eye motifs consciously and unconsciously play a paramount role in Hundertwasser's aesthetics. Initially, his round structures, made of concentric dark-hued rings or 'iridescent' spirals, resemble eyes, even if he meant them as the crowns of trees. And he also worked with strange 'spindle eyes', which, or so he said, he borrowed from his French painter friend Rene Bro. Sometimes he used them to create alienated faces that bear a direct relationship to his window dividers. Without perhaps knowing it himself, Hundertwasser showed me that window crosses or T-shaped window dividers form ciphers for faces made up of horizontal eyes and the vertical line of the nose.

Summary:
aesthetics between nature and culture

The nature of our aesthetics by no means calls only for an aesthetics of nature. For this reason, you do not get very far in bio-aesthetics by promulgating an 'ideology of the natural'. It always remains only one part of the truth. The other part of the truth is the stimulus of the seldom, the magnetic appeal of the unnatural and artificial. Even nature itself often makes use of decidedly 'unnatural' effects in order to attract attention: from 'metallic' interferential and shimmering colors to the 'illuminated advertising' of luminescent organism.

Precisely because we have always been so fascinated by the crystalline, the metallic

Koehler, O., 1943. '›Zähl‹-Versuche an einem Kolkraben und Vergleichsversuche an Menschen,' in: Z. Tierpsychol., no. 5, pp. 575–712.
Koehler, O., 1952. Vom unbenannten Denken, in: Verh. Dt. Zool. Ges. Freiburg: pp. 202–211.
Loos, A., 1908. 'Ornament und Verbrechen,' in: A. Loos, Trotzdem, (Vienna: Georg Prachner Verlag).
Lorenz, K., 1949. Er redete mit dem Vieh, den Vögeln und den Fischen, (Verlag Borotha Schoeler, Vienna).
Lorenz, K., 1974. Civilized Man's Eight Deadly Sins, (Methuen, London).
Lorenz, K., 1977. Behind the Mirror, (Methuen, London)
Lorenz, K., 1995. The Natural Science of the Human Species. An Introduction to Comparative Behavioral Research, (MIT Press, Camb. Mass.,).
Lötsch, B., 1984. 'Auf der Suche nach dem menschlichen Maß,' Part 1: 'Habitatgestaltung für den Homo sapiens,' in: Garten + Landschaft, edition 1/84: pp. 34–40.
Lötsch, B., 1985. 'Unordnung als Seelenvitamin. Zu den biologischen Grundlagen unseres Schönheitsempfindens,' in: Das Haus Hundertwasser, (Österr. Bundesverlag and Compress Verlag), pp. 308–313.
Piperek, M., 1975. Umweltpsychohygiene, Wohn- und Baupsychologie, (Vienna: Jupiter Verlag).
Piperek, M., 1984. Natürliche Psychohygiene des Wohnens, Club Niederösterreich, 6/1984: Research report sponsored by the Austrian Ministry of Building and Technology.

Rensch, B., 1957. 'Ästhetische Faktoren bei Farb- und Formbevorzugungen von Affen,' in: Z. Tierpsychol., No. 14, pp. 71–99.
Rensch, B., 1958. 'Die Wirksamkeit ästhetischer Faktoren bei Wirbeltieren,' in: Z. Tierpsychol, no. 15, pp. 447–461.
Riedl, R., 1979. Biologie der Erkenntnis. Die stammesgeschichtlichen Grundlagen der Vernunft, (Berlin, Hamburg: Paul Parey Verlag).
Sedlmayr, H., 1948. Verlust der Mitte. Die bildende Kunst des 19. und 20. Jhdts. als Symptom und Symbol der Zeit, (Salzburg: Otto Müller Verlag).

einer neuen Ehrfurcht vor der Natur um uns, aus Kenntnis der Natur in uns und Respekt vor den zeitlosen Werten gewachsener Kulturen kommen müssen, denen wir letztlich unser Menschsein verdanken.

Denn – wie definiert Konrad Lorenz (mit Arnold Gehlen) den Homo sapiens? Als ›Kulturwesen von Natur aus‹. Damit ist er auch das Wesen mit dem fallweise natürlichen Hang zum Unnatürlichen.

Während eine rettungslos rückständige Avantgarde die Schönheit fürchtet wie der Teufel das Weihwasser, weisen K. Lorenz, E. Gombrich, I. Eibl-Eibesfeldt und die neuen Aspekte dieser vorliegenden Arbeit den Weg zum Verständnis wesentlicher ›Vokabeln des Schönen‹, die jeder Planer und Designer, Marketing- und PR- Stratege kennen sollte, während sich Architekten in einer trotzigen Subkultur technoider Minimalisten einigeln und das unter Verbrauch von Milliarden und Zerstörung gewachsener Urbankulturen.

and the geometric as opposed to the organic, these elements of technocratic architecture have come to overpower us (they appeal to the lowest, most primitive level of aesthetic sensation).

The pendulum has now moved back again toward the organic and is a response in intellectual history necessary for our survival en route to a new culture of building. It will have to be fueled by a revaluation of the crafts-based, a new reverence for nature around us, a knowledge of the nature in us, and a respect for timeless values of traditional cultures, all of which we in the final instance have to thank for our human essence.

After all, how did Konrad Lorenz (and with him Arnold Gehlen) define homo sapiens? As 'cultural beings by their nature'. In other words, the human being is also the being with the occasional natural inclination to enjoy the unnatural.

While a hopelessly backward avant-garde fears beauty like the devil fears holy water, K. Lorenz , E. Gombrich, I. Eibl-Eibesfeldt and the new aspects of the present study show the way to understand the essential 'vocabulary of the beauty', which every planner and designer, marketing and PR strategist should know. By contrast, the architects burrow themselves in a defiant sub-culture of technoid minimalists and in so doing consume billions and destroy long-standing organic urban cultures.

Tafel/Plate 16: 993 Spontan Vegetation / Spontaneous vegetation, 1999

Mixed media, 100 x 140 cm. Galerie Patrice Trigano, Paris,

Joram Harel

Die gerade Linie ist gottlos

The straight line is godless

Hundertwasser:
»Die gerade Linie ist gottlos und unmoralisch. Die gerade Linie ist keine schöpferische, sondern eine reproduktive Linie. In ihr wohnt weniger Gott und menschlicher Geist als vielmehr die bequemheitslüsterne, gehirnlose Massenameise."
aus: Verschimmelungsmanifest gegen den Rationalismus in der Architektur, 1958/1959/1964)

Hundertwasser:
"The straight line is godless and immoral. The straight line is not a creative line, it is a duplicating line, an imitating line. In it, God and the human spirit are less at home than the comfort-craving brainless intoxicated and unformed masses."
ex: Mouldiness Manifesto against Rationalism in Architecture, 1958/1959/1964

Hundertwasser:
»Freie Natur muss überall dort wachsen, wo Schnee und Regen hinfallen, wo im Winter alles weiß ist, muss im Sommer alles grün sein. Was waagrecht unter freiem Himmel ist, gehört der Natur.«
aus: Dein Fensterrecht, Deine Baumpflicht, Düsseldorf, 1972

Hundertwasser:
"Free Nature must grow wherever snow and rain fall, where everything is white in winter, everything must be green in summer. Anything horizontal beneath the skies must be part of nature."
ex: Your Window Right, Your Tree Duty, Düsseldorf, 1972

Hundertwasser war Maler. Seit den frühen fünfziger Jahren hat er sich jedoch auch mit Architektur auseinandergesetzt und sein Anliegen für eine natur- und menschengerechtere Architektur konsequent verfolgt.

Er begann sein Engagement mit Manifesten, Essays und Demonstrationen, z. B. der Verlesung des ›Verschimmelungsmanifestes‹ 1958 anlässlich einer Kunst- und Architekturveranstaltung im Kloster Seckau, den ›Nacktreden für das Anrecht auf die dritte Haut‹ in München 1967 und in Wien 1968 sowie der Rede ›Los von Loos – Gesetz für individuelle Bauveränderungen oder Architektur-Boykott-Manifest‹, die er 1968 im Presseclub Concordia in Wien hielt.

In den siebziger Jahren ließ er erste Architektur-Modelle anfertigen, so die Modelle für die Eurovisions-Sendung ›Wünsch Dir was‹ 1972, mit denen er seine Ideen der Dachbewaldung, der Baummieter und des Fensterrechts veranschaulichte. In diesen Modellen entwickelte er architektonische Formen wie z. B. das Spiralhaus, das Augenschlitzhaus, das Terrassenhaus und das Hochwiesenhaus. 1974 kamen mit den Modellen, die er von Peter Manhardt anfertigen ließ, das Grubenhaus, das Grasdach-Haus und die begrünte Tankstelle dazu, aber auch seine Idee der grünen, unsichtbaren und unhörbaren Autobahn.

In den frühen achtziger Jahren erhielt er die Gelegenheit, als Architekturdoktor nicht-reglementierte Unregelmäßigkeiten und Schönheitshindernisse zu schaffen, z. B. mit der Umgestaltung der Rosenthal Fabrik in Selb und des Mierka-Getreidesilos in Krems, Niederösterreich, und mit der Gestaltung der Zungenbärte für das Rupertinum in Salzburg.

Schließlich konnte er Architekturprojekte realisieren, in denen es das Fensterrecht und die Baummieter gibt, den unebenen Boden,

Hundertwasser was a painter. But as of the early 1950s he increasingly focused on architecture, too, and since that time consistently pursued his goal of creating on architecture more fitting to nature and humans.

He started out on this undertaking with manifestos, essays and demonstrations, e. g., by reading out his 'Mouldiness Manifesto' in 1958 on the occasion of an art and architectural event held at the Seckau Monastery, and then in Munich in 1967 with his 'Speech in Nude for the Right to a Third Skin', and in Vienna in 1968 as well as his lecture 'Los von Loos (Loose from Loos), A Law Permitting Individual Buildings Alterations or Architecture-Boycott Manifesto', which he held at the Concordia Press Club in Vienna in 1968.

In the 1970s, he had his first architectural models built, such as the models for the Eurovision 'Wünsch Dir was' show in 1972, which he used to visualize his ideas on forested roofs, tree tenants and the window right. In these models he developed new architectural shapes, such as the spiral house, the eye-slit house, the terrace house and the high-rise meadow house. In 1974, they were then joined by models, made by Peter Manhardt for him, of the pit house, the grass roof house and the green service station – along with his idea of the Green Motorway – the invisible, the inaudible.

In the early 1980s he had the opportunity to act as an architecture doctor and create non-regulated irregularities and beauty barriers examples being his redesign for the Rosenthal Factory in Selb and the Mierka Grain Silo in Krems, Lower Austria, or the design for the 'tongue beards' for the Rupertinum in Salzburg.

Finally, he realized architectural projects in which there are window rights and tree

Wälder auf dem Dach und eine Spontanvegetation. In seinem architektonischen Werk setzt Hundertwasser Vielfalt anstelle von Monotonie, das Organische und unreglementierte Unregelmäßigkeiten anstelle des Rastersystems.

Hundertwasser hat sich selbst nie als Architekt verstanden. Er sah sich vielmehr von den Architekten gezwungen, beispielhafte Bauten zu realisieren. Ursprünglich versuchte er, den Architekten in aller Welt seine Anliegen in Vorträgen zu vermitteln. Er sprach beispielsweise im Dezember 1982 im American Institute of Architects und vor dem Development Committee der Architekten Skidmore, Owings & Merill in San Fancisco und im April 1983 vor der Architectural Association in London.

Die Architekten applaudierten ihm und identifizierten sich mit seinen Anliegen. Wenn es aber um die Umsetzung von Hundertwassers Vorschlägen ging, behaupteten sie, die Realität zeige, dass eine Umsetzung seiner Vorstellungen unmöglich sei, und zwar auf Grund des Drucks von Seiten der Bauherren, die Bauten in minimaler Zeit und mit minimalen Kosten zu realisieren, aber auch wegen der herrschenden Bauordnung und der unfähigen und unqualifizierten Bauarbeiter. Die Architekten seien gezwungen, sich der wirtschaftlichen Rationalität und Funktionalität unterzuordnen, unter Verzicht auf die schöpferische, ästhetische und menschliche Dimension. Für Hundertwasser war das eine Ausrede, eine Flucht der Architekten aus der Verantwortung gegenüber der Gesellschaft.

Mit seinem Gemeindebau für die Stadt Wien, der in den Jahren 1983–1985 entstand, widerlegte er die Ausreden der Architektenschaft. Das Haus wurde vom billigst bietenden Generalunternehmer in der üblichen Bauzeit von zwei Jahren realisiert, im niedrigen Kostenraster für Gemeindebauten aus öffentlichen Mitteln. Mit zufällig ausgewählten Bauarbeitern entstand dieses Beispiel einer Architektur in Harmonie mit der Natur, von individueller Kreativität, in Vielfalt anstelle von Monotonie, mit

Abb. 1:
Hundertwasser
auf der Baustelle des Hundertwasser-Hauses, 1985

Fig. 1:
Hundertwasser
on the building site of the Hundertwasser House, 1985

Photo: Gerhard Krömer

tenants, uneven floors, woods on the roof, and spontaneous vegetation. In his architectural œuvre, Hundertwasser puts diversity before monotony, replaces a grid system with an organic approach that enables unregulated irregularities.

Hundertwasser never saw himself as an architect. Instead, he believed he was forced by architects to realize exemplary buildings. He originally tried by lecturing to convey his ideas to architects worldwide. For example, in December 1982 he addressed the American Institute of Architects and spoke to the Development Committee of the architects office of Skidmore, Owings & Merill in San Fancisco; and in April 1983 he lectured to the Architectural Association in London.

The architects applauded, and identified with his intentions. But whenever it came to realizing his proposals, they then claimed that reality showed his ideas could not be implemented, owing to pressure from developers, who wanted building made

Hundertwasser:
»Die materielle Unbewohnbarkeit der Elendsviertel ist der moralischen Unbewohnbarkeit der funktionellen, nützlichen Architektur vorzuziehen. In den so genannten Elendsvierteln kann nur der Körper des Menschen zugrunde gehen, doch in der angeblich für den Menschen geplanten Architektur geht seine Seele zugrunde. Daher ist das Prinzip der Elendsviertel, das heißt der wild wuchernden Architektur, zu verbessern und als Ausgangsbasis zu nehmen und nicht die funktionelle Architektur.«
aus: Verschimmelungsmanifest, 1959

Hundertwasser:
"The tangible and material uninhabitability of slums is preferable to the moral uninhabitability of utilitarian, functional architecture. In the so-called slums only the human body can be oppressed, but in our modern functional architecture, allegedly constructed for the human being, man's soul is perishing, oppressed. We should instead adopt as the starting point for improvement the slum principle, that is, wildly luxuriantly growing architecture, not functional architecture."
ex: Mouldiness manifesto, 1959

Hundertwasser:
»Die Architekten bauen verbrecherisch und menschenunwürdig oder zu Beton gewordene Schnapsideen. Sie bauen Gefängniszellen, in denen die Seele des Menschen zugrunde geht.«
aus: Die Kehrtwendung, 1979

Hundertwasser:
"The architect is building criminal structures unworthy for men to live in, or insane illusions become reality in iron cement. They are building concentration camp cells where man's soul perishes."
ex: The Turn, 1979

organischen Formen anstelle des Rastersystems, tanzenden Fenstern und bewaldeten Dächern, individueller Handarbeit anstelle einer Aneinanderreihung von Fertigbauteilen und Vorfabriziertem.

Hundertwasser hat dieses dreidimensionale Manifest als Hoffnung verstanden, dass berufenere Architekten, Meister ihres Faches, seinen Bauten Besseres, Schöneres, Kreativeres entgegensetzen werden. Somit war Hundertwassers Tätigkeit eine Provokation und ein Signal, seine Architekturen Vorläufer von längst da Gewesenem.

Hundertwasser war überzeugt, dass eine Änderung steriler, kalter und seelenloser Architektur nicht von Bauherren oder Architekten ausgehen, sondern nur als eine Evolution zu einer natur- und menschengerechteren Architektur von unten, von den Bewohnern, stattfinden könne.

Immer wieder lösen Hundertwasser-Bauten Kontroversen aus. Der Name ›Hundertwasser‹ allein genügt, dass so genannte Architektur-Experten rot sehen. Es sind meist Vorurteile, die aus Unwissenheit und Neid entstanden sind und die dann immer weitererzählt werden. Zum Beispiel: Hundertwassers Gestaltung beschränke

Abb. 2:
Hundertwasser auf der Baustelle der St. Barbara Kirche, 1988

Fig. 2:
Hundertwasser on the building site of the Church of St. Barbara, 1988

Photo: Hundertwasser-Archiv

with minimum costs in a minimum time, and also owing to the prevailing building laws, not to mention the lack of qualified able building workers and professionals. They claimed that they were forced to bow down to economic reason and functionalities, and waive the creative, aesthetic and human dimensions. Hundertwasser believed the architects were merely seeking excuses, trying to flee their responsibilities to society.

With his Residential Building of the City of Vienna, which arose in 1983–1986, he proved that there was no substance to what the architects claimed. The house was made by the cheapest general contractor who bid in the tender, and was completed in the customary period of two years in line with the low cost guidelines for communal buildings financed from public coffers. Using randomly chosen building workers, he created an example of an architecture in harmony with nature and individual creativity, replacing monotony with diversity, organic shapes instead of a grid plan, offering dancing windows and wooded roofs, individual craftsmanship instead of a series of prefabricated sections and parts.

Hundertwasser connected this 3D manifesto with the hope that professional architects, masters of their discipline, would be able to come up with better, more beautiful and more creative buildings than his. In other words, Hundertwasser's work was meant to provoke and to set a signal, and his architecture was intended as the precursor of what had long since existed.

Hundertwasser was convinced that a change away from sterile, cold and soulless architecture as pursued by developers or architects could only happen if there was a move from below by the inhabitants in favor of an evolution of more natural buildings more fitting to human life and needs.

Hundertwasser buildings repeatedly triggered controversy. The name 'Hundertwasser' itself sufficed for so-called architec-

sich nur auf das Äußere. Dabei gibt es ›Hundertwasser-Normen‹, die auflisten, was im Inneren eines Gebäudes menschengerechter und menschlicher zu gestalten ist. Außerdem ist Vielfalt auch das oberste Prinzip bei der Erstellung und Planung des Raum- und Funktionsprogrammes.

Ein weiteres Vorurteil: alle Hundertwasser-Gebäude kämen vom Fließband, mit immer denselben Kugeln, Säulen, Türmchen, etc. Alle Gebäude seien gleich. Dabei sind sie unverwechselbar verschieden, so wie es keine zwei gleichen Bäume gibt. Auch gotische Kathedralen sind völlig voneinander verschieden, weisen jedoch gleiche Stilelemente auf. Oder: die Häuser seien nicht ökologisch. Dabei sind der Wald am Dach, organische, variierte Formen und natürliche Materialien wie Holz und Ziegel der beste Garant für Harmonie mit der Natur.

Wenn Hundertwasser-Architekturen kitschige, unbedeutende Behübschungen, bloß Schall und Rauch wären, so schlimm, wie dies Architekturkritiker, selbst ernannte Sachverständige und Neider behaupten, so könnten sie weder so phantastisch funktionieren noch diese Gegenliebe von Menschen in aller Welt ernten. Es sind die Kritiker und Neider, die in eine Vorurteilsfalle geraten, die falsch informiert sind oder tendenziös immer wieder Falsches verbreiten. Es sind die Kritiker, die Falsches verkünden, die der Architektur Dogmen aufoktroyieren und die Sehnsüchte der Menschen ignorieren.

Hundertwasser bekämpfte das Mittelmaß, das Nivellierende, das Menschen-Verachtende in der Architektur. Er war gegen die Geradlinigkeit und die Uniformität der Architektur; er empfand sie als gefühllos, steril, kalt, herzlos, aggressiv und emotionslos.

Es gibt viele Kritiker, die behaupten, Hundertwassers unzeitgemäße Architekturträume seien einem kindlich-naiven Geist entsprungen; sie entsprächen nicht dem so genannten Zeitgeist. Wenn dem so wäre, wie erklärt man sich den unglaublichen und für den Bereich der Architektur untypischen

tural experts to see red. Usually this was a matter of prejudices, fueled by a lack of knowledge or jealousy that were simply not subjected to scrutiny and then repeated and repeated. One example being the claim that Hundertwasser's design focused only on external appearances. In ignorance of the 'Hundertwasser Norms' that list exactly how the interior needed to be in order to be more humane and better fit for human habitation. Moreover, diversity is also the uppermost principle when creating and planning the spatial layouts and functional programs.

Another prejudice: all Hundertwasser buildings simply came off the belt, always featured the same spheres, pillars, little turrets, etc. The claim: all the buildings are the same. Yet they are unmistakably different, just as there can never be two identical trees. Gothic cathedrals are likewise always completely different, even if they use the same stylistic elements. Or the objection: the houses are not ecological. Forgetting that the forests on the roof, the organic and varied forms and natural materials such as wood and brick are the best guarantee of harmony with nature.

If Hundertwasser architectures were mere kitsch, insignificant beautifications, filled only with sound and fury, and as bad as such architectural critics, self-appointed experts and enviers claims, then they would neither be able to function so marvelously nor garner the love of people the world over. It is the critics and enviers who get caught up in prejudices, are wrongly informed or repeatedly spread false rumors. It is the critics and enviers who proclaim untruths, subjugate architecture to dogmas, and ignore human desires.

Hundertwasser fought bitterly against the mediocre, the leveling and the inhuman in architecture. He was against straight lines and the uniformity of architecture; he felt it to be bereft of feeling, sterile, cold, heartless, aggressive and emotionless.

There are many critics who claim that Hundertwasser's non-contemporary

Hundertwasser:
»Wenn man die Fenster tanzen lässt, dadurch dass man sie verschiedenartig gestaltet und auch sonst so viele Unregelmäßigkeiten wie möglich an Fassaden und im Inneren unterbringt bzw. geschehen lässt, so kann das Haus genesen.«
aus: Der Architekturdoktor, 1990

Hundertwasser:
"If you let windows dance by designing them in different styles, and if you allow as many irregularities as possible to appear or happen in façades and interiors, houses will recover."
ex: The Architecture Doctor, 1990

Hundertwasser:
»Jetzt weiß es schon jeder, dass graue Wohnsilos ein Unglück sind, eine Fehlplanung. Der Mensch reagiert dagegen zerstörerisch durch Terrorismus, Vandalismus oder selbstzerstörerisch durch Krankheit, Krebs, psychische Krankheit, Selbstmord, oder er flieht in die Ferien oder in den Tod.“
aus: Katalog der Ausstellung, Museum Ludwig, Köln 1980

Hundertwasser:
"Everybody now knows that grey apartment blocks are a misfortune, are faulty planning. Humans respond destructively, with terrorism, vandalism or self-destructively with illness, cancer, psychological illnesses, suicide, or they flee into vacation or into death."
ex: exhibition catalog, Museum Ludwig, Cologne, 1980

Hundertwasser:
»Wir können uns nicht dauernd und immer mehr von der Schöpfung und der Kreativität der Natur abkapseln und entfernen, ohne selbst draufzugehen. Man muss endlich die Weichen stellen für eine Architektur, die den Sehnsüchten der Menschen entgegenkommt, und eine Architektur für die Seele des Menschen schaffen.«
aus: Das Heddernheimer Schulprojekt, 1988

Hundertwasser:
"We cannot enduringly and increasingly seal ourselves off and distance ourselves from creation and the creativity of nature, without ourselves perishing. We must at long last lay the foundations for an architecture that fulfilles the longing of man, an architecture for the human soul."
ex: The Heddernheim School Project, 1988

Erfolg von Hundertwasser-Bauten, die Millionen Besucher? Hundertwassers Architekturen zählen mit Sicherheit zu den meist fotografierten und publizierten.

Hundertwasser hat menschengerechtere Maßstäbe in der Architektur gesetzt, Maßstäbe, die langsam und vegetativ wachsend gute Architekten positiv beeinflussen sollen. Hundertwasser-Architekturprojekte sind eine Erholungskapsel, Freudenspender und eine Wiedergutmachung an der menschenverachtenden Architektur *à la mode*. Sie sind eine Architektur, die dem Menschen entspricht, die den Menschen erhebt.

Hundertwasser hat neue Werte in die Architektur eingebracht. Er respektierte die Sehnsucht nach Romantik, nach Individualität und Vielfalt, insbesondere nach Kreativität und nach einem Leben in Harmonie mit der Natur. Er setzte sich für einen Friedensvertrag mit der Natur ein, lange bevor er sich als Architekt betätigte, getreu seiner Maxime: »Die Horizontale gehört der Natur, die Vertikale den Menschen. Wir müssen der Natur Territorien zurückgeben, die wir ihr widerrechtlich, z. B. durch den Bau eines Hauses, genommen haben, so dass man von oben nur Natur, nur Landschaft sieht – kein Haus.«

Hundertwasser hat in seinen Architektur-Projekten die Schöpfung der Natur mit der Schöpfung des Menschen wiedervereint. Er hat ein Zeichen gesetzt, das zur Umkehr und Abwendung von der traditionellen und seelenlosen Architektur aufruft.

War Hundertwasser ein Träumer? Nein! Er war ein Wissender, der unbeirrt von den Trends *à la mode* Paradiese auf Erden schaffen wollte. Er versuchte, ein Fenster zu öffnen, zu unseren eigenen Träumen und zu unserer Kreativität.

architectural dreams were the product of a childish and naïve mind and were not in line with the so-called zeitgeist. If that were the case, then how to explain why the Hundertwasser buildings are so incredibly successfully and why they attract millions of viewers, quite unheard of otherwise in architecture? Hundertwasser's architectures are without doubt among those most frequently photographed and published.

Hundertwasser set more human/e standards in architecture, standards that favorably influenced architectural projects that grew slowly, vegetatively. Hundertwasser's architectural undertakings provide a capsule for recovery, a source of joy and recompense for the inhuman architecture *à la mode*. His is an architecture that corresponds to human beings and is edifying and commensurate with human dignity.

Hundertwasser introduced new values into architecture. He respected the yearning for Romanticism, individuality and diversity, in particular for creativity and a life spent in harmony with nature. He championed a peace treaty with nature long before he became active as an architect, in keeping with his motto that "The horizontal belongs to nature, the vertical to man. We must restore to nature the territories man has illegally occupied and destroyed, for example by building a house, so that from above all you see is nature and the countryside, not houses."

In his architectural projects, Hundertwasser reunited the creation of nature and human creativity. He forged a symbol for an about-turn, for us to turn away from traditional and soulless architecture.

Was Hundertwasser a dreamer? No! He was a man of knowledge who, impervious to trends *à la mode*, wished to create Paradise on earth. He tried to open a window to our own dreams and our own creativity.

»Die gerade Linie ist gottlos und unmoralisch. Die gerade Linie ist keine schöpferische, sondern eine reproduktive Linie. In ihr wohnt weniger Gott und menschlicher Geist als vielmehr die bequemheitslüsterne, gehirnlose Massenameise.«

Hundertwasser 1958

"The straight line is godless and immoral. The straight line is not a creative line, it is a duplicating line, an imitating line. In it, God and the human spirit are less at home than the comfort-craving brainless intoxicated and unformed masses."

Hundertwasser 1958

»Ich bin stolz darauf, dass ich ein Behübscher bin. Die ganze hässliche Welt, die graue herzlose Welt müsste behübscht werden. Ein menschlicher, freundlicher, heiterer Geist soll einziehen in die Wohnungen und Häuser.«

Hundertwasser 1981/83

"I am proud to be a beautifier. The whole ugly world, the grey and heartless world should be beautified. A more human, friendlier, happy spirit should fill flats and homes."

Hundertwasser 1981/83

»Unsere Städte sind zu Beton gewordene Schnapsideen von Architekten, für die der Eid des Hippokrates nicht gilt, der da heißen soll: Ich weigere mich, Häuser zu bauen, wodurch Natur und die Seele des Menschen zu Schaden kommen.«

Hundertwasser 1983

"Our cities are the concretisations of the hare-brained ideas of criminal architects, for whom the Hippocratic Oath does not apply, which should state, I refuse to build buildings which are harmful to nature and man."

Hundertwasser 1983

»Architektur soll den Menschen erheben und nicht gleichschalten und erniedrigen. Architektur soll für den Menschen da sein, er muss sich geborgen, er muss sich wie zu Hause fühlen können. Sie muss seine dritte Haut sein können.«

Hundertwasser 1996

"Architecture should elevate man and not level and degrade him. Architecture must be for man who should be safe and feel as at home in it. Architecture must become his third skin."

Hundertwasser 1996

Wohnhaus der Stadt Wien, Hundertwasser-Haus

(1983–1986)

Kegelgasse 36–38, 1030 Wien
Neubau: 50 Wohnungen, Arztpraxis, Café, 37 Parkplätze
Grundfläche: 1273 m²
Wohnfläche und Erschließung: 5230 m²
Auftraggeber: Gemeinde Wien
Planung: Magistratsabteilung 19 – Stadtgestaltung, Architekt Peter Pelikan, Wien, und Architekt Josef Krawina, Wien
Grundsteinlegung: 16. August 1983
Eröffnung: 17. Februar 1986

»Ein Mann in einem Mietshaus muss die Möglichkeit haben, sich aus seinem Fenster zu beugen und – so weit seine Hände reichen – das Mauerwerk abzukratzen. Und es muss ihm gestattet sein, mit einem langen Pinsel – so weit er reichen kann – alles rosa zu bemalen, so dass man von weitem, von der Straße, sehen kann: Dort wohnt ein Mensch, der sich von seinen Nachbarn unterscheidet, dem zugewiesenen Kleinvieh!«

Hundertwasser 1958

Mit dem Hundertwasserhaus der Stadt Wien begann alles: die Begeisterung von Bewohnern für ein anderes Wohnen, die Besucherströme, die dergleichen Villa Kunterbunt nie gesehen hatten, die Kritik der Architekten, die von kitschigem Bau, von Firlefanz und Dekoration sprachen, die Karriere Hundertwassers als Architekt, der sich für ein natur- und menschengerechteres Bauen stark machte und damit Erfolg hatte.

Hundertwasser, der ein Jahr lang jeden Tag auf der Baustelle arbeitete, entwickelte ein zur Straße hin offenes Terrassenhaus mit einem hohen Turmbau als Kontrast zur niedrigsten Terrasse. Entgegen allen anders lautenden Informationen wurde das Haus im Rahmen der normalen Bauzeit, im finanziellen Rahmen eines öffentlich finanzierten Bauprojektes und im Rahmen der geltenden Bauordnung ohne Sondergenehmigungen fertig gestellt.

Residential Building of the City of Vienna, Hundertwasser House (1983–1986)

Kegelgasse 36–38, 1030 Vienna
New building: 50 apartments, doctor's practice, coffee shop, 37 car parking spaces
Plan area: 1,273 sq. m.
Living space and gross area: 5,230 sq. m.
Developer: Municipality of Vienna
Planning: Municipal department 19 – town planning, Peter Pelikan, architect, Vienna, and Josef Krawina, architect, Vienna
Laying of foundation stone: August 16, 1983
Inauguration: February 17, 1986

"A tenant in an apartment house must have the freedom to lean out of his window and as far as his arms can reach scratch off the plaster from the outside of the walls. And he must be allowed to take a long brush and – as far as his arms can reach – paint everything pink, so that from far away, from the street, everyone can see: there lives a man who distinguishes himself from his neighbors, such rabbits in hutches!"

Hundertwasser 1958

Everything began with the Hundertwasser House in Vienna: Residents' enthusiasm for a different way of living, the hoards of visitors who had never seen the likes of such a 'motley colorful villa', the criticism of architects who derided what they termed kitsch, frivolity and decoration, and thus the career of Hundertwasser as an architect who fought for the kind of building which did justice to man and nature, and succeeded.

Hundertwasser, who worked on the construction site for one year, developed a terraced house open towards the street with a tall tower construction to contrast with the lowest terrace. Against all information to the contrary, the house was completed within the normal construction period and within the financial framework of a publicly financed construction project and in line with the applicable building regulations – without any special permits or dispensation.

Texte der Seiten 148–240 von/texts on pages 148–240 by *Ingeborg Flagge*

Das Haus wurde in Ziegelbauweise errichtet. Die Grundrisse der Wohnungen sind unterschiedlich. Es gibt ein- und zweigeschossige Wohnungen, viele Wohnungen haben vorspringende Balkon- oder Laubengänge und Loggien. Auf vierzehn große und kleinere Grünflächen und in Baummietertröge wurden 900 Tonnen Erde aufgetragen. Die anfängliche Offenheit des Hauses für neugierige Besucher ist heute aufgehoben, weil die Bewohner keine Ruhe und Privatsphäre mehr hatten.

Das Haus verkörpert Hundertwassers Idee einer natur- und menschengerechteren Architektur. Die begrünten Flächen des Hauses betragen mehr als 100 Prozent der Grundrissfläche. Auf dem Dach wurde der Natur zurückgegeben, was ihr durch den Bau des Hauses am Boden weggenommen wurde. Es ist das erste Haus, bei dem das Fensterrecht der Bewohner im Mietvertrag verankert wurde. Der unebene Fußboden im öffentlichen Bereich des Hauses bedeutet nach Hundertwasser eine Wiedergewinnung der Menschenwürde, die dem Menschen im nivellierenden Städtebau entzogen wurde. Die Mosaiken an Wänden und auf dem Boden der Stiegenhäuser und Gänge wurden von Arbeitern gestaltet, die Fliesen in den Küchen und Badezimmern wurden von ihnen unregelmäßig verlegt: Hundertwasser findet die rigide Ordnung des Rastersystems und gerader Linien steril. Allerdings hat nur einer der Mieter sein Fensterrecht bisher in die Tat umgesetzt.

Efthymios Warlamis schreibt grundsätzlich über Hundertwasser: »Hundertwassers Farben, Farbklänge und Farbgliederungen betonen ... die Gestalt und die Formen seiner Architektur. Sie ... tragen zur Einstimmung in die örtliche Umgebung bei. Sie schaffen Wirkungen und Gegenwirkungen. Sie ... binden und teilen, sie akzentuieren und egalisieren, vor allem aber unterstreichen sie...den optischen Wandel. ... Kontraste und Stufungen ... werden so eingesetzt, dass sie der ... Uniformität in Funktion, Struktur und Konstruktion entgegenwirken ... und die Umgebung

The house is built of brick. Apartment footprints vary. There are one- and two-story apartments, many apartments with projecting balconies or galleries, of loggia. 900 tons of soil were deposited on 14 large and smaller green spaces and in troughs for trees to inhabit the building. The house's initial openness to curious visitors has since been annulled as it deprived residents of their peace and privacy.

The house embodies Hundertwasser's idea of an architecture more fitting to nature and humans. The areas of the tenement building bearing plants total more that 100 percent of the building's footprint. The nature which was removed when the house was built has returned – to the roof of the building. It was the first apartment house in which residents had 'window rights' laid down in the rental agreement. The uneven floor in the public area of the building signifies, so Hundertwasser claimed, the regaining of the human dignity which people are robbed of when leveled to one common denominator by urban development. The mosaics on walls and floors of staircases and passages were designed by the workers, the tiles in the kitchens and bathrooms were laid irregularly by them: Hundertwasser considers rigid order and straight lines sterile. Nevertheless, only one of the tenants has yet exercised his window rights.

Efthymios Warlamis writes categorically on Hunderwasser. "Hundertwasser's colors, color tones, and color divisions emphasize ... the shape and the forms of his architecture. They help it blending with the local surroundings. They create effects and counter-effects. They ... bind and divide, accentuate and equalize, but above all they underline ... the optical transition. ... Contrast and graduation are used in such a way as to contrast with the uniformity in function, structure and construction ... which emotionalizes the environment and creates a cheerful mood. Hundertwasser pays as much attention to the enhancement or suppression of flat or three-dimensional

›emotionalisiert‹ und heiter einstimmt. Hundertwasser achtet auf die Betonung oder Unterdrückung flacher oder plastischer Elemente, ebenso auf die Steigerung oder Minderung von Strukturen und Formspannungen: groß gegen klein, offen gegen geschlossen, Licht gegen Schatten. … Er modelliert und durchformt Flächen durch Farbvarianten, die zugleich mit Struktur und Materialkonstanten verbunden sind: Putz gegen Ziegel, glatt gegen rau, matt gegen glänzend …« (Efthymios Warlamis, 9. Architektur der Hoffnung aus: Das Hundertwasser Haus, hrsg. von Gerhard Habarta 1985, Wien, Österreichischer Bundesverlag und Compress Verlag)

Die mit und in diesem Haus herausgebildeten Charakteristika hat Hundertwasser in seinen darauf folgenden Bauten konsequent weiterentwickelt.

elements as he does to heightening or lessening structures and formal tensions: large contrasted with small, open with closed, light with shadow. … He molds and forms spaces with color variations which are simultaneously connected to structure and material constants: Plaster with brick, smooth with rough, matte with shiny …" (Efthymios Warlamis, '9. Architektur der Hoffnung,' ex: 'Das Hundertwasser Haus,' ed. Gerhard Habarta 1985, Vienna, Österreichischer Bundesverlag and Compress Verlag)

In his subsequent buildings Hundertwasser consistently continued to advance the characteristics associated with this house.

Photos:

Emil Bilinski (pp. 152, 153)
Hubert Kluger (pp. 154, 155 o. l., 155 u. l., 155 u. r., 157 o. r.)
Herwig Popelka (p. 151)
Miguel Raurich (p. 155 o. r.)
Herbert Schwingenschlögl (pp. 149, 156, 157 o. l., 157 u.)

MATHIAS WASKE
MONA LISA BIS MADONNA
KUNSTHAUSWIEN
Weißgerberstraße 13 • 1030 Wien
Mai bis 18. September 2005
info@kunsthauswien.com
HUNDERTWASSERHAUS

 Hundertwasser-Haus, Wien

MÜLLRAUM

St. Barbara Kirche

(1987–1988)

8572 Bärnbach, Steiermark
Renovierung und Neugestaltung der Kirche, Planung und Entwurf der Umgebung sowie von zwölf ökumenischen Torbögen der großen Weltreligionen (1987–1999)
Planung: Architekt Dr. Manfred Fuchsbichler, Voitsberg
Beginn der Umbaumaßnahmen: 12. Oktober 1987
Einweihung: 4. September 1988

> »Jetzt haben wir das Glatte. Auf dem Glatten rutscht alles aus. Auch der liebe Gott fällt hin. Denn die gerade Linie ist gottlos … Die gerade Linie ist ein wahres Werkzeug des Teufels.«
>
> *Hundertwasser 1968*

Bis 1988 war die St. Barbara Kirche eine normale Dorfkirche mit hohem Turm und einem daran anschließenden Kirchenraum unter steilem Dach, eine Kirche wie andere auch, durchaus nicht ›glatt‹

Church of St. Barbara

(1987–1988)

8572 Bärnbach, Styria
Renovation and redesign of the church building, planning and design of the surrounding grounds and of twelve ecumenical gateway arches of the major world religions (1987–1999)
Planning: Architect Dr. Manfred Fuchsbichler, Voitsberg
Start of construction: October 12, 1987
Consecration: September 4, 1988

> "Now we have the smooth. Everything slips on the smooth. Even God falls down. For the straight line is godless…The straight line is a true tool of the devil."
>
> *Hundertwasser 1968*

Until 1988 the Church of St. Barbara was a normal village church with a high spire and an adjacent church building with a steep roof, a church like any other, and definitely not 'smooth' in Hundertwasser's terms; instead it was run-of-the-mill unobtrusive.

At the vicar's initiative, Hundertwasser was asked to redesign the church. However, Hundertwasser insisted that not only the church building itself be changed, but also the immediate vicinity. The community agreed, and they thus received a new hallmark for the village. The shaft of the old spire was structured, and a golden onion dome chosen to crown it. The roof and walls were re-interpreted, and a new entrance way created. Hundertwasser transformed the single-section edifice into an ecumenical ensemble consisting of the church and 12 colored and quite different gateways, standing with their symbols for all the major world religions.

Hundertwasser's idea here was an architectural gesture for the common roots of the various religions, intended as a sign of tolerance.

im Sinne Hundertwassers, aber durchschnittlich – unauffällig.

Auf Initiative des Pfarrers wurde Hundertwasser mit der Neugestaltung beauftragt. Hundertwasser bestand jedoch darauf, nicht nur den Kirchenbau, sondern auch die unmittelbare Umgebung umzugestalten. Die Gemeinde stimmte dem zu und erhielt ein neues Wahrzeichen für den Ort.

Der Schaft des alten Kirchturmes wurde gegliedert und eine goldene Zwiebel als Bekrönung gewählt. Dach und Wände der Kirche wurden uminterpretiert, ein neuer Eingang gestaltet. Hundertwasser verwandelte den Einzelbau in ein ökumenisches Ensemble aus Kirche und zwölf bunten, ganz verschiedenen Toren, die mit ihren Symbolen für alle großen Weltreligionen stehen. Hundertwassers Idee dabei war eine gebaute Geste der Gemeinsamkeit der unterschiedlichen Religionen und ein Zeichen der Toleranz.

Mit dem Entwurf des Innenraums wurden einheimische Künstler beauftragt, Hundertwasser gestaltete den Strahlenkranz hinter dem Altar, den Boden des Presbyteriums und das Spiralenfenster hinter dem Taufbecken.

Die Kirche ist seither nicht nur für ihre Mitglieder interessanter geworden, sondern auch ein farben- und formenreicher Mittelpunkt für die ganze Gemeinde.

Local artists were commissioned to design the interior, while Hundertwasser came up with the plans for the crown of rays behind the altar, the floor of the presbytery and the spiral winder behind the baptismal font.

Since then, the church has become more interesting not only for the members of the parish, but also a colorful and marvelously shaped center for the entire community.

Photos:
Hundertwasser-Archiv (pp. 164/165: Fassaden [Wasserfarben und Bleistift auf Faxkopie])
Hubert Kluger (pp. 160, 163)
Herbert Schwingenschlögl (pp. 159, 161, 162)
Jürgen Wörndle (p. 158)

日本

Bischöfliches Ordinariat Graz
Bauamt
8010 Graz, Bischofplatz 2
NORDFASSADE
0 1 2 3 4 5M
GAUPENSEITEN
IN FARBE DER
LAIBUNGEN
1998-04-20 22:11 JORAM-HAREL-MANAGEMT-WIEN 43 222 3412?1 07

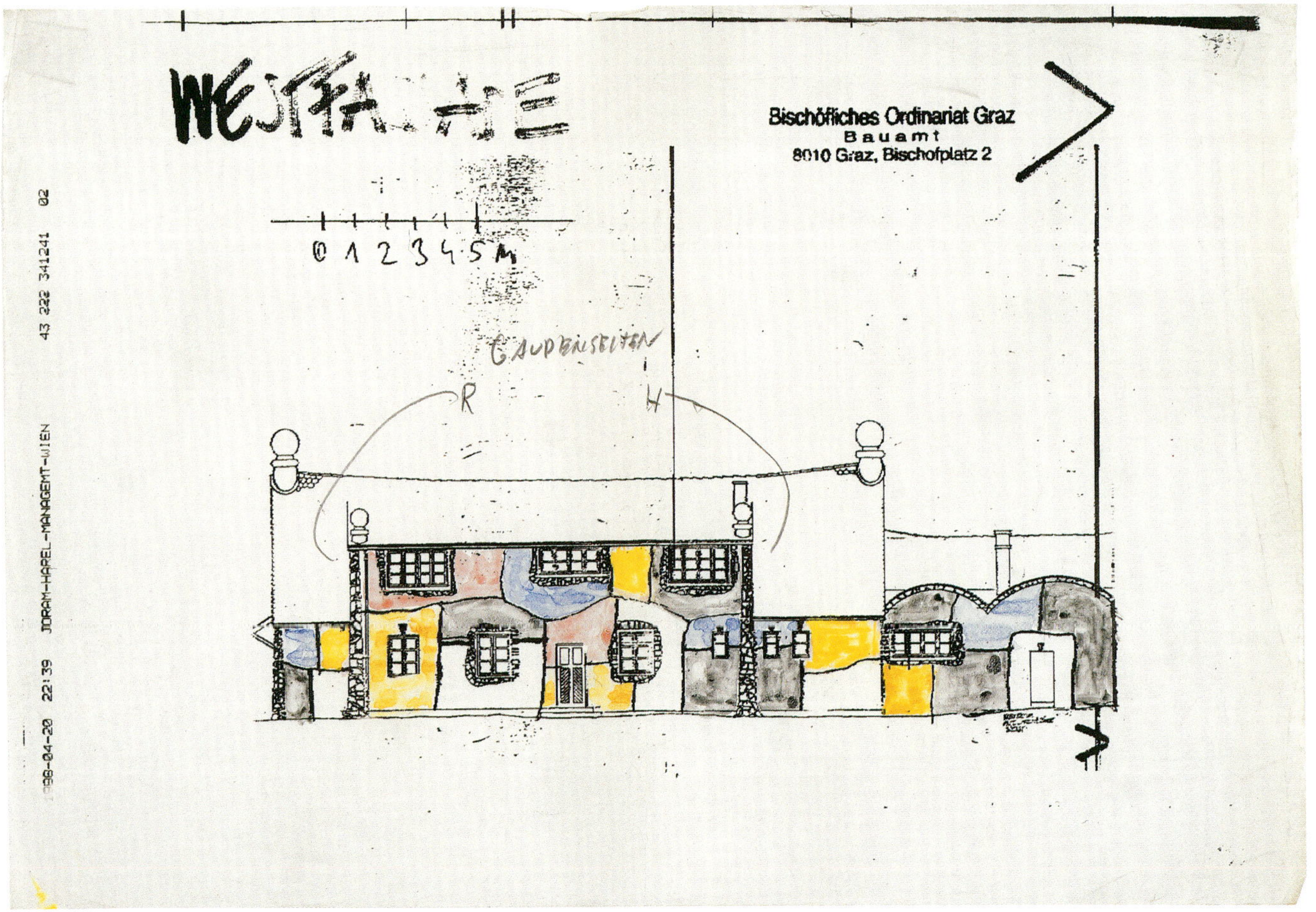
Bischöfliches Ordinariat Graz
Bauamt
8010 Graz, Bischofplatz 2
0 1 2 3 4 5M
GAUPENSEITEN
1998-04-20 22:39 JORAM-HAREL-MANAGEMT-WIEN 43 222 341241 02

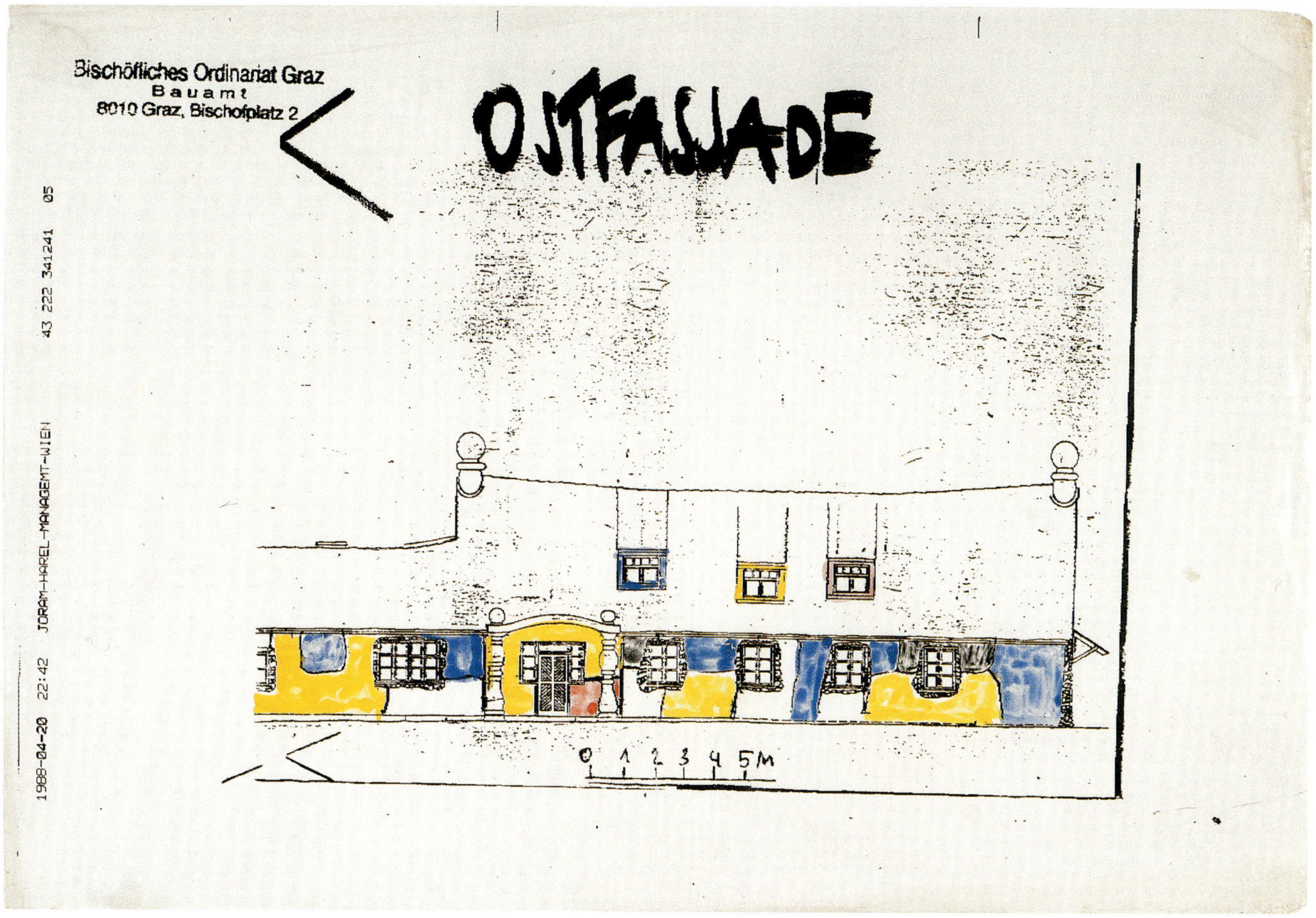
Bischöfliches Ordinariat Graz
Bauamt
8010 Graz, Bischofplatz 2
OSTFASSADE
1988-04-20 22:42 JORAM-HAREL-MANAGEMT-WIEN 43 222 341241 05
0 1 2 3 4 5M

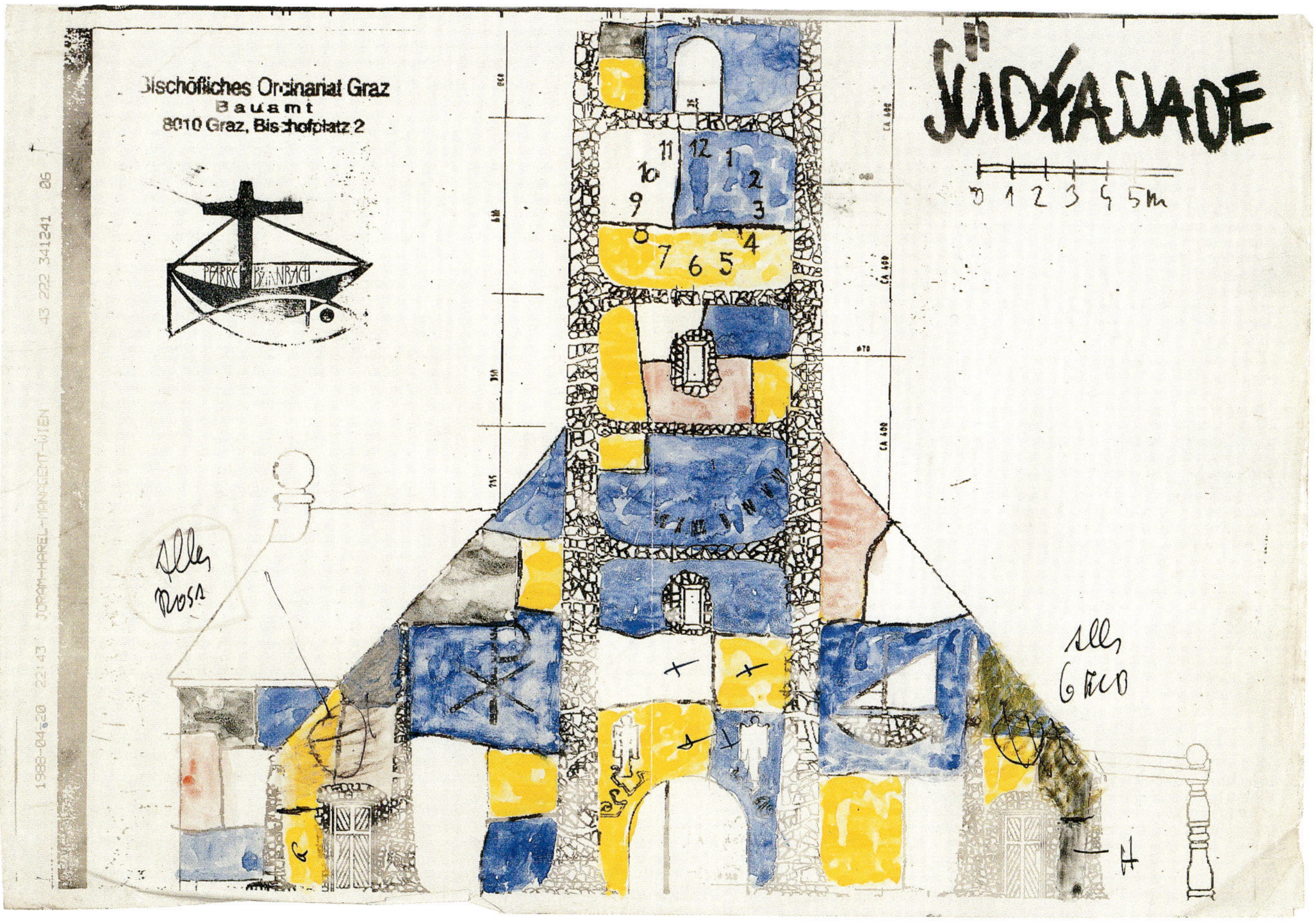
Bischöfliches Ordinariat Graz
Bauamt
8010 Graz, Bischofplatz 2
SÜDFASSADE
0 1 2 3 4 5m
alles rosa
alles grün

Autobahnraststätte Bad Fischau (1989/90)

2721 Bad Fischau, Niederösterreich
Neugestaltung
Auftraggeber: WIGAST AG, Wien
Planung: Peter Pelikan, Wien
Beginn der Umbaumaßnahmen: 1989
Eröffnung: 22. Juni 1990

> »Ich bin stolz darauf, dass ich ein Behübscher bin. Die ganze hässliche Welt, die graue herzlose Welt müsste behübscht werden. Ein menschlicher, freundlicher, heiterer Geist soll einziehen in die Wohnungen und Häuser.«
>
> *Hundertwasser 1981–83*

Eine Autobahnraststätte ist selten ein attraktiver Bau. Deshalb hatten auch alle Architekten, die der Bauherr, die Wigast AG, zu einer Bearbeitung des schäbigen Baus aus den siebziger Jahren gebeten hatte, seinen Abriss vorgesehen. Da jedoch die Bausubstanz gesund war, wollte der Bauherr einen attraktiven Umbau, der ihm helfen sollte, die Autobahnraststätte wieder attraktiv zu machen und Besucherzahlen und Umsatz zu steigern.

Hundertwasser plante den langweiligen Bau innen und außen um, wobei die Innengestaltung die Handschrift von Architekt Pelikan trägt. Entstanden ist ein Haus von deutlicher Identität, das bei Nacht leuchtet und Fernwirkung zeigt. Ein Glastürmchen betont die Ecke des Baus; der gewellte und bekrönte Dachumriss lässt an ein Märchenschloss denken; die senkrechten Schlieren in der Fassade gliedern den Bau. Eine Autobahnraststätte wie keine andere.

Motorway Restaurant Bad Fischau (1989–90)

2721 Bad Fischau, Lower Austria
Redesign
Developer: WIGAST AG, Vienna
Planning: Peter Pelikan, Vienna
Start of construction: 1989
Inauguration: June 22, 1990

> "I am proud to be a beautifier. The whole ugly world, the grey and heartless world should be beautified. A more human, friendlier, happy spirit should fill flats and homes."
>
> *Hundertwasser 1981–3*

A motorhighway restaurant is seldom an attractive building. Consequently, all the architects who asked the developer, Wigast AG, to rebuild the shabby 1970s building, intended to demolish it. However, as the structure of the building was sound the developer decided that the highway restaurant should be attractively modified, making it more appealing and thereby increasing the number of visitors and sales.

Hundertwasser re-planned the interior as well as the exterior of the dreary building; architect Peter Pelikan was responsible for the interior design. What resulted is a building with a clear identity which is illuminated at night giving it a long-distance effect. A glass turret emphasizes the corner of the building; the wavy and domed circumference of the roof is reminiscent of a fairytale castle; the vertical streaks on the façade divide the building optically. A highway restaurant like no other.

Photos:
Hundertwasser-Archiv
(p. 166: Vorzustand, Entwurf [Filzstift auf Fotografie])
Gerhard Krömer (p. 168 u.)
Herbert Schwingenschlögl
(pp. 167, 168 o., 169, 170, 171)

KunstHausWien

(1989–1991)

Untere Weissgerberstraße 13, 1030 Wien
Umbau und Umgestaltung der früheren Thonet Möbelfabrik, errichtet 1892, in ein Museum mit Café-Restaurant und Museums-Shop.
Ausführungsplanung: Peter Pelikan, Wien
Beginn der Umbaumaßnahmen: 1989
Eröffnung: 9. April 1991

> »Es gibt keinen besseren Lehrmeister als die Natur. Nur die Natur schafft nicht reglementierte Unregelmäßigkeiten, wahrhafte Schönheitshindernisse. Man muss die Natur mitgestalten lassen an der Farbe. Eine Wand braucht nur zu verwittern ... Eine alte Mauer ist schön."
>
> *Hundertwasser 1981*

Die alte Thonetfabrik aus dem Jahre 1892 war ein nüchterner innerstädtischer Industriebau, schmucklos, vier Geschosse hoch, eingebaut in einen Block.

Die Größe der Gebäude bot die Möglichkeit, nicht nur das beabsichtigte Hundertwasser-Museum hier einzurichten, sondern ebenfalls eine Nutzung für internationale Wechselausstellungen mit ein-

KunstHausWien

(1989–1991)

Untere Weissgerberstraße 13, 1030 Vienna
Conversion and alterations to turn the former Thonet furniture factory, built in 1892, into a museum with a café-cum-restaurant and a museum shop.
Project planning: Peter Pelikan, Vienna
Start of construction: 1989
Inauguration: April 9, 1991

> "There is no better teacher than nature, because only nature creates non-regulated irregularity, genuine barriers of beauty. You have to allow nature to play a part in the color. A wall only needs to weather ... An old wall is beautiful."
>
> *Hundertwasser 1981*

The old Thonet factory, built in 1892, was a sober, inner city industrial building, unadorned, four stories high, built to fill the street block.

The building's size afforded the opportunity not just to set up the planned Hundertwasser Museum but to also accommodate changing international exhibitions. The renovation was undertaken from 1989 to

zuplanen. Der Umbau, bei dem zwei Häuser zusammengelegt wurden, wurde in den Jahren 1989–1991 unter der Bauführung der BAWAG (Bank für Arbeit und Wirtschaft) durchgeführt.

Das Projekt war ganz im Sinne Hundertwassers: kein Abriss, kein Neubau, aber eine Veränderung durch Um- und Anbauten, durch Form, Farbe, Ornament und die Einbeziehung der Natur. Zur Straße hin wurde ein Vorbau angefügt, dessen Glasfront die Ausstellungsräume zusätzlich mit Licht versorgt, hofseitig ein Treppenhaus. Die uniformen Hausfassaden wurden durch Mosaike gegliedert, Fenster in unterschiedlichen Größen gestaltet, einige hinzugefügt. Unregelmäßigkeit statt rigider Ordnung beherrscht das Erscheinungsbild. Bäume wachsen aus der Fassade, hinter der geschwungenen Dachlinie liegt ein Garten mit hohen Bäumen – eine grüne Lunge für den gesamten steinernen Block.

Das KunstHaus Wien wird ausschließlich privatwirtschaftlich und ohne öffentliche Subvention geführt. Seine Fläche beträgt 4000 m^2.

Im Erdgeschoss sind neben einer Kasse und der Garderobe auch ein MuseumShop

1991, with the BAWAG (Bank für Arbeit und Wirtschaft) as developer.

The project was right up Hundertwasser's alley: no demolition, no new building, but a change created by modifying and adding to the original, by applying form, color, ornamentation as well as including nature. On the street side he added a front building whose glass façade also provided the exhibition rooms with light, and on the courtyard side a staircase. The uniform façades of the building were divided and designed with mosaics, the windows redesigned in various ways and sizes, irregularity rather than rigid order dominating the appearance. Trees grow out of the façade, behind the curved roof-line lies a garden with tall trees – green lungs for the entire block of stone.

The KunstHausWien is run exclusively as a private enterprise and without public subsidies. It has a gross floor area of 4,000 sq. m.

On the ground floor there is a museum shop in addition to the cash desk and cloakroom as well as a café-restaurant. The first two floors house a cross section

Photos:
Hundertwasser Archiv (p. 172; Vorzustand)
Hubert Kluger (pp. 177, 178, 179)
Herwig Popelka (p. 175)
Herbert Schwingenschlögl (pp. 173, 174, 176)

und ein Café-Restaurant untergebracht. In den beiden ersten Stockwerken wird ein Querschnitt durch Hundertwassers Œuvre gezeigt, mit Malerei, Grafik, Tapisserien und Architekturmodellen.

Das Haus erinnert auch im Inneren in allen Details an Hundertwasser: im Café, das einem Wald gleicht, in den Ausstellungsräumen mit ihren unebenen Fußböden, im Foyer mit seinen Mosaiken und dem Brunnen aus Steinen, die aus 15 Ländern stammen. Dennoch ist der Thonet Altbau überall deutlich erkennbar und seine Struktur als Hintergrund von Hundertwassers architektonischer Umgestaltung vollständig erhalten.

of Hundertwasser's œuvre, with paintings, prints, tapestry and architecture models.

The building is redolent of Hundertwasser, inside as well, and in all the details: In the café, which resembles a forest, in the exhibition rooms with their uneven floors, in the foyer with its mosaics, and the fountain made of stones from 15 countries. Nevertheless, the old Thonet building is clearly recognizable throughout, and its structure completely retained as a background to Hundertwasser's architectural designs.

KUNST
HAUS
WIEN

Fernwärmewerk Spittelau

(1988–1992)

Spittelauer Lände 45, 1090 Wien
Architektonische Umgestaltung des Heizkraftwerkes und des Schornsteins.
Auftraggeber: Heizbetriebe Wien Ges.mbH/ Fernwärme Wien
Planung: Waagner Biro – Marchart, Moebius & Partner, Wien
Fassadenplanung: Peter Pelikan
Bauleitung: Jürgen Kleiner
Beginn der Umbaumaßnahmen: 1988
Eröffnung: 2. Dezember 1992

»Die Architektur ist auf dem Scheidewege … Entweder entfernt sich die Architektur noch mehr von der organisch gewachsenen Natur und den Sehnsüchten und Träumen des Menschen oder aber die Architektur und die Architektengemeinschaft begreifen endlich, dass es ihre hohe Aufgabe ist, den Menschen ins verloren geglaubte Paradies zurückzuführen.«

Hundertwasser 1997

Eine Müllverbrennungsanlage ist selten ein schöner Bau. Das riesige Kraftwerk, das 60 000 Wohnungen mit Fernwärme versorgt, liegt zudem an so exponierter

District Heating Plant Spittelau (1988–1992)

Spittelauer Lände 45, 1090 Vienna
Architectural redesign of the incineration plant and the chimney.
Developer: Heizbetriebe Wien Ges.mbH/ Fernwärme Wien
Planning: Waagner Biro – Marchart, Moebius & Partner, Vienna
Preliminary façade plans: Peter Pelikan
Construction manager: Jürgen Kleiner
Start of construction: 1988
Inauguration: December 2, 1992

"Architecture is at a crossroads … Either it distances itself even more from organic, undisturbed nature and thus from human desires and dreams, or, together with the architectural community, it at long last accepts that its duty is to lead human beings back to the seemingly lost paradise."

Hundertwasser 1997

A waste incineration plant is seldom a beautiful building. This giant power plant which supplies 60,000 apartments with remote heating also lies at such an exposed spot of the Danube canal that it can be seen from afar.

Originally, Hundertwasser did not wish to take on the job of giving the Spittelau a new face for in principle he had objections to the incineration plant itself. His ideal was to avoid garbage and recycle it. Not until he came to the bitter realization that for a metropolis such as Vienna there was no alternative to the incineration plant did he take on the job, incidentally, without remuneration.

Hundertwasser was not able to change the substance of the giant set of buildings and therefore he only embellished it. His interventions were limited to the façades and the tower: Straight roof lines became curved and received corner crowns, monotonous façades are divided by patterns

Stelle am Donaukanal, dass es von fern sichtbar ist.

Hundertwasser wollte die Umgestaltung des Fernwärmekraftwerkes Spittelau ursprünglich nicht übernehmen, da er prinzipielle Einwände gegen die Müllverbrennungsanlage hatte. Sein Ideal war Müllvermeidung und Müllwiederverwertung. Erst die bittere Erkenntnis, dass es für eine Millionenstadt wie Wien zu der Verbrennungsanlage keine Alternative gab, ließ ihn den Auftrag übernehmen, übrigens ohne Honorar.

Hundertwasser hat das riesige Bautenensemble nicht in der Substanz verändern können, er hat es nur verschönt. Seine Eingriffe beschränken sich auf die Fassaden und den Turm: gerade Dachlinien werden kurvig und erhalten Eckbekrönungen, eintönige Fassaden werden durch Muster und Farben unterteilt, Tanks und Häuser mit einem Liniennetz überzogen, Fenster individuell umrandet, Schlieren, die wie bunter Regen die Fassade hinunterlaufen, gliedern die riesigen Baumassen.

Der hohe Turm mit Fernwirkung erhält auf halber Höhe einen Bauch, der nachts wie von Sternen erleuchtet glitzert und eher an Disneyland denn an ein Heizkraftwerk denken lässt. Hundertwassers ideale Vision einer harmonischen Symbiose von Technik, Ökologie und Kunst ist das Fernwärmewerk sicher nicht. Seine Verschönerung bleibt eine Alibihandlung, wie dies auch für zahlreiche andere Kraftwerke in Europa gilt, die in den letzten Jahren von Architekten gefällig bemalt wurden.

and colors, tanks and houses are covered in a network of lines, windows are individually framed, cords which run down the building like colored rain divide up the giant building dimensions.

The tall tower, seen from a distance, swells to a belly about half way up, which at night twinkles like the stars, reminding one more of Disneyland than a combined heat and power station. Spittelau does not by any means embody Hundertwasser's vision of a harmonious symbiosis of technology, ecology and art; his embellishments remain alibis for the structure, as is the case with many power stations in Europe that in recent years have been pleasantly painted by architects.

Photos:
Hundertwasser-Archiv (pp. 186/187; Ansichten)
Hubert Kluger (pp. 184 u., 185 o. l., 185 u. l., 185 u. r.)
Miguel Raurich (p. 184 o., 185 o. r.)
Ernst Schauer (p. 180)
Herbert Schwingenschlögl (pp. 181, 182, 183)

4,1m

FERNWÄRME WIE

FWW SPITTELAU
ANSICHT NORD
MASST. 1:100

FENSTERGLAS VERSCHIEDENFARBIG VERSPIEGELT HAUPTSÄCHLICH BLAU
EMAIL PLATTEN AUF TRAPEZBLECH
SEITLICH BÜNDIG MIT TRAPEZBLECH
TRAPEZBLECH VARIIERT SCHWARZ
DH SCHWARZ IN VERSCHIEDENEN TÖNUNGEN.
JE PLATTE VERSCHIEDEN ODER IN DER PLATTE.
FARBE
BÄUME AUF DEM "BALKON"
← KERAMIK AUF BETON
BETON BEWURF ?
UNEBEN
FWW SPITTELAU

FWW SPITTELAU
ANSICHT OST
MA 19

In den Wiesen Bad Soden

(1990–1993)

Quellenpark 38, 65812 Bad Soden/Taunus, Deutschland
Neubau: Wohngebäude mit 17 Wohnungen von 120 bis 234 m^2, mit 22 begrünten Terrassen, Gewerbeflächen und Garage.
Auftraggeber: Wolfgang Wachendorff, Bad Soden
Planung: Peter Pelikan
Baubeginn: 27. November 1990
Richtfest: 27. August 1992
Fertigstellung und Eröffnung: Frühling 1993

> »Architektur soll den Menschen erheben und nicht gleichschalten und erniedrigen. Architektur soll für den Menschen da sein, er muss sich geborgen, er muss sich wie zu Hause fühlen können. Es muss seine dritte Haut sein können.«
>
> *Hundertwasser 1996*

In Bad Soden, im Herzen der Altstadt, zwischen dem Wilhelmspark und dem Quellenpark, liegt eine farbenprächtige Hundertwasserwohnburg von beachtlichen Ausmaßen. Mit 25 000 m^2 umbautem Raum ist die bunte Festung so groß wie das Hundertwasser-Haus in Wien. Auch hier handelt es sich um einen Neubau, und nicht um die optische Verbesserung eines vorhandenen Baus.

Die Wohnungen, die über fünf Treppenhäuser erschlossen werden, sind als Haus im Haus konzipiert, sie reichen teilweise über mehrere Geschosse, haben individuelle Grundrisse und zu jedem Wohnbereich einen Dachgarten bzw. begrünte Terrassen. Dass Hundertwasser Architektur als dritte Haut des Menschen betrachtet, teilt er mit vielen Architekten und Forschern. Dass er daraus eine besondere Phantasie und Sorgfalt für Wohnbauten ableitet, ist bei ihm konsequenter als bei anderen. Mit dem Wohnhaus will er dem Menschen ein Stück des verloren gegangenen Paradieses

In the Meadows Bad Soden

(1990–1993)

Quellenpark 38, 65812 Bad Soden/Taunus, Germany
New construction: residential building with 17 flats sized 120–234 sq. m., with 22 greened terraces, commercial sections and a garage.
Developer: Wolfgang Wachendorff, Bad Soden
Planning: Peter Pelikan
Start of construction: November 27, 1990
Topping-out ceremony: August 27, 1992
Completion and inauguration: spring 1993

> "Architecture should elevate man and not level and degrade him. Architecture must be for man who should be safe and feel as at home in it. Architecture must become his third skin."
>
> *Hundertwasser 1996*

In Bad Soden, in the heart of the old town center, between the Wilhelmspark and the Quellenpark, lies a colorful Hundertwasser residential hill of a quite considerable size. With 25,000 sq. m. of enclosed space the colorful stronghold is as large as the Hundertwasser House in Vienna. It, again, is a new structure and not simply an visual improvement on an existing building.

The apartments, which can be accessed by five stairwells, are conceived as a house

zurückgeben. Man mag dies für naiv und romantisch halten, aber Hundertwasser steht kompromisslos hinter diesem Konzept.

Seine Gestaltung in Bad Soden, wo die Einbettung in die Umgebung und die Natur gefordert war – deshalb ›in den Wiesen‹ – gleicht der anderer Projekte: unterschiedliche Fenster, bauchige, farbige Säulen, Farbschlieren, die wie Tränen oder Wasser über die (meist) weißen Fassaden rinnen, Türmchen, die von goldenen Kugeln gekrönt werden, begrünte Dächer. Dass der Eindruck einer märchenhaften Festung entsteht, liegt an dem kompakten Ensemble und den massiven Mauern, aus denen die Häuser in Ziegelbauweise mit Betondecken herauszuwachsen scheinen.

within a house; in part they extend over several floors, have individual footprints and a roof garden or terraces with plants for every living area. Hundertwasser's view that architecture is man's third skin is an opinion shared by many scholars. Hundertwasser is more consistent than others in terms of the special imagination and care which he derives from this for residential buildings. With his residential buildings he wants to give humans back a piece of their lost paradise. One could consider this attitude naive and romantic, but Hundertwasser stands uncompromisingly behind the concept.

His plans for Bad Soden, where he proposed that the complex nestle into the surroundings and into nature – thus the name 'In the Meadows' – shares similarities with other projects: different sorts of windows, pot-bellied colored columns, streaks of color that flow over the mostly white façades like tears or water, little towers crowned with golden balls, planted roofs. It is due to the compact ensemble and the massive walls from which the houses appear to grow with their brick construction and concrete roofs that it creates an impression of a fairy tale-like fortification.

Photos:
Wonge Bergmann (pp. 189, 191 u., 192 o. r., 193 o.)
Hundertwasser-Archiv (pp. 188: Logo)
Peter Mosdzen (pp. 191 o., 192 o. l., 192 u. l., 192 u. r.)
Miguel Raurich (p. 193 u.)
p. 190: Modellbau: A. Schmid

Wohnen unterm Regenturm

(1991–1994)

Marktstraße Süd, 73207 Plochingen am Neckar, Deutschland
Ein Mehrfunktionskomplex mit Wohnungen und Gewerbeflächen, Shopping-Center, Supermarkt und Garagen.
Neugestaltung der Fassaden und Balkone, Gestaltung des Innenhofs und der Eingangsbereiche.
Auftraggeber: Moll SFB Baubetreuungs GmbH, Gruibingen
Planung: Architektengemeinschaft Springmann + Kaltenbach, Plochingen
Entwurf- und Genehmigungsplanung: E. Flassak, S. Tehrani, Plochingen
Baubeginn: November 1991
Richtfest: 3. September 1992
Eröffnung: 2. September 1994

> »Mein Ziel war es immer, vielen Menschen Freude zu machen. Ich will den Menschen Dinge geben, die schön und brauchbar sind, die für sie etwas bedeuten und sie bereichern. Man muss sich freuen können, dass man diese Dinge hat.«
>
> *Hundertwasser 1984*

In Plochingen ist ein Hundertwasser Experiment entstanden, das es so nicht noch einmal gibt. Wer als Bewohner aus einem Fenster in den Innenhof schaut, erblickt

Living beneath the Rain Tower

(1991–1994)

Marktstrasse Süd, 73207 Plochingen am Neckar, Germany
A multi-purpose complex of residential and commercial areas, shopping centre, supermarket, garages.
Redesign of the façades, balconies and design for the courtyard and entrance areas.
Developer: Moll SFB Baubetreuungs GmbH, Gruibingen
Planning: Architektengemeinschaft Springmann + Kaltenbach, Plochingen
Design and building-permit planning: E. Flassak, S. Tehrani, Plochingen
Start of construction: November 1991
Topping-out ceremony: September 3, 1992
Inauguration: September 2, 1994

> "It was always my intention to bring joy to many people. I would like to share beautiful and useful things with people which have a meaning to them and enrich their lives. One must enjoy owning these things."
>
> *Hundertwasser 1984*

Plochingen was the venue for a quite unprecedented Hundertwasser experiment. Residents who look out their windows into the inner courtyard will see a thoroughbred

ein reines Hundertwasserhaus, wer zur anderen Richtung sieht, erblickt alles andere, nur keinen Hundertwasserbau.

Von 1985 bis 1990 planten die Architekten Heinz M. Springmann und Siegfried Kaltenbach die Bebauung der Marktstraße Süd in Plochingen. Als Lösung für das im Schnittpunkt der Verkehrswege liegende Areal entwickelten sie eine Anlage mit Innenhof. Auf Wunsch des Bürgermeisters und Bauherrn wurde Hundertwasser eingeladen, den Innenhof zu gestalten. Er erklärte sich unter der Bedingung dazu bereit, dass er die architektonische Umgestaltung des Innenhofes einschließlich der Innenfassade als eine Einheit übernehmen könne.

In Plochingen ist, technisch gesehen, das entstanden, was man Hundertwasser immer vorwirft: er hat eine Kulisse gebaut. Sein Auftrag endete an der Außenhaut des Innenhofes. So farbenfroh und kunterbunt dieser Innenhof ist, nach außen zur Stadt bestimmt zeitgenössische Architektur das Bild des Ensembles. Aber die Architekten konnten dies akzeptieren: »Hundertwasser tut etwas, wovor wir Angst haben. Er kehrt sein Innerstes nach Außen. Er lebt Träume, ... lässt uns in eine Märchenwelt blicken ... Wir nehmen uns dieses Recht nicht.« (Tilo Rombach, Heinz M. Springmann, Der Regenturm von Friedensreich Hundertwasser. Herba Druckverlag 1994, S. 59–60).

Die Übergänge der modernen Stadtfront zum Innenhof sind sanft. Im grünen Innenhof ist Hundertwasserland. 440 Fenster, alle verschieden in Form und Farbe und jedes von bunten Schlieren umflossen, schauen sich wie geschminkte Augen an. Wuchtige Säulen, keine wie die andere, tragen Balkone, die Dächer bilden. Farbige Bruchfliesen, die wie Regen die Fassaden herabfließen, gliedern sie. Was auf der Vorderseite der Häuser eine geradlinige Fassade ist, ist zum Innenhof eine bewegte. Das vorhandene Rastersystem wird von Hundertwasser aufgehoben. Stattdessen bestimmen den Innenhof, was sein Credo ist, »nicht reglementierte Unregelmäßigkeiten.«

Hundertwasser building while those who gaze in the other direction will see everything but.

From 1985 to 1990, architects Heinz M. Springmann and Siegfried Kaltenbach planned the edifice for Marktstrasse Sud in Plochingen. As a solution for the area where traffic routes intersect, they developed a complex with an inner courtyard. According to the wishes of the lord mayor and the developer, Hundertwasser was invited to design the inner courtyard. He declared himself willing, under the condition that he was able to include the interior façade in the architectonic redesign of the courtyard, treating them as a single unit.

What was created in Plochingen is, technically speaking, precisely what Hundertwasser is accused of doing: He built a backdrop. As colorful and varied as this inner courtyard is, outwards, towards the city, contemporary architecture determines the look of the ensemble. The architects, however, were able to accept this. "Hundertwasser does something that we are afraid of. He turns his innermost to the outside. He lives out his dreams ... allows us to glance into a fairy tale world ... we don't allow ourselves such things." (Tilo Rombach, Heinz M. Springmann, 'Der Regenturm von Friedensreich Hundertwasser', Herba Druckverlag, 1994, pp. 59–60).

The transition from the modern city façade to the inner courtyard is gentle. The green courtyard forms 'Hundertwasserland'. 440 windows all in different shapes and colors and all of them framed with colorful flowing streaks look at each other like made up eyes. Bulky columns, no two are alike, support balconies and form roofs. Colorful broken tiles which flow down the façades like rain create divisions. What appears on the outside of the buildings as a straight façade is organic on the inside. Hundertwasser has retained the existing grid system. Instead, the inner courtyard is characterized by "non-regulated irregularities" – his credo.

Photos:
Rosi Krey (p. 199)
Peter Mosdzen (pp. 198, 200, 201)
Miguel Raurich (pp. 195, 197)
p. 194: Modellbau:
H. Springmann / A. Schmid

Mit dem Regenturm, den er der Anlage hinzufügte, setzte Hundertwasser einen städtebaulichen Akzent und gab der Stadt Plochingen ein neues Wahrzeichen, das von der Autobahn und von vorbeifahrenden Zügen aus gesehen werden kann.

Den Namen wählte Hundertwasser in Anspielung darauf, dass er an Regentagen am glücklichsten war und dass an Regentagen die Farben und die Natur besonders leuchten.

Hundertwasser created an urban emphasis by adding a rain tower to the complex, giving the City of Plochingen a new emblem which can be seen from the highway as well as from passing trains.

Hundertwasser chose the name as an allusion to rainy days when he felt very happy and when the colours and nature appeared the best.

Kindertagesstätte Heddernheim (1988–1995)

Kupferhammer 93, 60439 Frankfurt am Main, Deutschland
Neubau
Bauherr: Stadt Frankfurt, Hochbauamt
Planung: Peter Pelikan und Hochbauamt Frankfurt
Grundsteinlegung: 20. Dezember 1988
Richtfest: 27. November 1990
Eröffnung: 22. Juni 1995 (auf Grund einer zeitlichen Unterbrechung, um den Boden zu entgiften)

> »Wenn jeder ganz natürlich, ganz einfach schöpferisch ist, ist da, wo er ist, ein Paradies, ein Königreich. Dann bräuchte man nicht lange zu gehen, um ins nächste Paradies, ins nächste Königreich zu kommen, denn das Paradies wäre beim Nachbarn um die Ecke."
>
> *Hundertwasser 1981–83*

Hundertwasser fühlte sich Zeit seines Lebens den Kindern eng verbunden. Er sah in ihnen Verbündete für eine bessere Welt. Deshalb nahm er auch den Auftrag für eine Kindertagesstätte an. Hier sah er die Gelegenheit, eine phantasievolle, kindgerechte Umgebung zu schaffen, die Individualität und Kreativität fördert. »Ich weigere mich, Häuser zu bauen, durch welche Natur, Tiere und Menschen, insbesondere die Seele des Menschen zu Schaden kommen.«

Der Kindergarten entstand in bewusstem Gegensatz zu den Wohn- und Verwaltungsbauten Heddernheims. Er liegt unter einem aus dem Gelände aufsteigenden und wieder abfallenden Erdhügel und lässt an märchenhafte Burgen denken, deren Türmchen vergoldet sind. Die schrägen Dachflächen sind begrünt und können als Spielflächen genutzt werden. Die Fassaden des Kindergartens im Auf und Ab ihrer Mauern scheinen zu tanzen. Bewegte senkrechte Schlierenflächen gliedern die Wände; Fenster aller Größen und Formen sehen

Children's Day-Care Centre Heddernheim (1988–1995)

Kupferhammer 93, 60439 Frankfurt/Main, Germany
New building
Developer: City of Frankfurt, Hochbauamt
Planning: Peter Pelikan and the Frankfurt Building Office
Laying of foundation stone: December 20, 1988
Topping-out ceremony: November 27, 1990
Inauguration: June 22, 1995 (due to an interruption for detoxifying the ground)

> "If everyone was quite naturally and quite simple creative, then where we lived would be a paradise, a kingdom. Then you would not have to walk far to arrive at the next paradise, the next kingdom, because it would be right around the corner at your neighbor's."
>
> *Hundertwasser 1981–3*

Throughout his life, Hundertwasser felt very close to children. He saw them as accomplices for a better world. It was for this reason he took on the task of designing a Day Care Center. He saw this as an opportunity to create an imaginative, child-friendly environment which would promote individuality and creativity. "I refuse to create buildings in which nature, animals and humans, and in particular the human soul would be damaged."

The Day Care Center was built as a deliberate contrast to the residential and administrative buildings of Heddernheim. It is located at the base of an earthen hill which rises and falls on the grounds, and is redolent of fairy-tale castles with its golden turrets. The slanted roof surfaces are planted and can be used as play areas. The façades of the kindergarten appear to dance in the rise and fall of the walls. Playful, vertical streaked areas divide the walls optically; windows of all shapes and sizes look like eyes; pot-bellied

einen wie Augen an; dickbauchige vielfarbige Säulen verankern das Haus am Boden.

Die Gruppen- und Mehrzweckräume im zweigeschossigen Inneren mit Galeriegeschoss haben teilweise direkten Zugang ins Freie. Alle Räume sind durch ihre besonderen Materialien Ziegel, Keramik und Holz gestaltet, überall ist die typische Hundertwasser Ornamentik ablesbar – unregelmäßige Putzflächen, Keramikstreifen, umrandete Fenster und Türen, aber das Innere des Kindergartens wirkt nicht überladen.

Die Form der Räume kurvt und vermeidet den rechten Winkel, den Hundertwasser so ablehnte. Der Kindergarten ist ein ›fließendes Haus‹, das seiner Meinung nach selbst Natur werden sollte. Jedenfalls eine kindgerechte Umgebung, deren Dachbewaldung Hundertwasser im Zuge einer Klage gegen die Stadt Frankfurt durchsetzen musste.

multicolored columns anchor the building to the ground.

The group and multi-purpose rooms in the two-story interior with gallery floor have, in part, a direct access outdoors. All rooms are designed with the usual materials of brick, ceramic and wood with Hundertwasser's typical ornamentation recognizable everywhere – irregular plaster surfaces, ceramic stripes, framed windows and doors. The interior of the day care center, however, does not have a cluttered effect.

The form of the rooms curves and flows, avoiding right angles which Hundertwasser abhorred. The day care center is a 'flowing house' which in Hundertwasser's opinion should itself become nature.
In any case, a child-friendly environment with a roof forest was built which Hundertwasser had to sue the City of Frankfurt for.

Photos:
Waltraud Krase
(pp. 203–209)

Martin Luther Gymnasium in Wittenberg (1997–1999)

Straße der Völkerfreundschaft 130, 06886 Wittenberg, Deutschland
Architektonische Umgestaltung des Betonplattenbaus eines Schulgebäudes für 1500 Schüler
Initiiert von den Schülern, dem Direktor Michael Sandau und Ulrike Kirchner
Planung: Peter Pelikan (Durchführung: Heinz M. Springmann)
Beginn der Umbaumaßnahmen: November 1997
Eröffnung: 29. Mai 1999

> »Die gerade Linie ist gottlos und unmoralisch. Die gerade Linie ist keine schöpferische, sondern eine reproduktive Linie. In Ihr wohnt weniger Gott und menschlicher Geist als vielmehr die bequemheitslüsterne, gehirnlose Massenameise.«
>
> *Hundertwasser 1958*

Der frühere Betonplattenbau der Schule gehört keineswegs zu den langweiligsten seiner Art. Aber natürlich entsprach er auch nicht den Anforderungen von

Martin Luther Gymnasium in Wittenberg (1997–1999)

Strasse der Völkerfreundschaft 130, 06886 Wittenberg, Germany
Architectural redesign of a prefabricated concrete slab school building for 1500 pupils
Initiated by the pupils, the headmaster Michael Sandau and Ulrike Kirchner
Planning: Peter Pelikan (Realization: Heinz M. Springmann)
Start of conversion work: November 1997
Inauguration: May 29, 1999

> "The straight line is godless and immoral. The straight line is not a creative line, it is a duplicating line, an imitating line. In it, God and the human spirit are less at home than the comfort-craving, brainless, intoxicated and unformed masses."
>
> *Hundertwasser 1958*

The former prefabricated concrete slab structure of the school was by no means one of the most boring of its kind. Yet needless to say it did not live up to the

Prof. Christian Rittelmeyer, dem Göttinger Fachmann für positive Schulgestaltung. »Sie soll anregungs- und abwechslungsreich sein. Negativ wirken Gebäude mit seriellen Fenstergestalten, monotonen Fluren, eintönigen Farben sowie die oft praktizierte Kastenarchitektur. Räume, Formen, Farben und die Inneneinrichtung sollen freilassend und nicht beengend wirken. Schwer anmutende Dächer, grelle Farben, enge Flure führen zum Eindruck eines unsympathischen Schulgebäudes. Außerdem soll die Schularchitektur Wärme und Weichheit statt Kälte und Härte

expectations of Prof. Christian Rittelmeyer, the Göttingen expert for positive school design. "A school building should be stimulating and varied. Buildings with serial window design, monotonous corridors, drab colors and the often practiced box-like architecture create a negative impression. Rooms, forms, colors and the interior design should allow for freedom and not create a restrictive feeling. Heavy-looking ceilings, garish colors and narrow passages in school buildings make them unappealing. Also, school architecture should radiate warmth and softness rather that cold

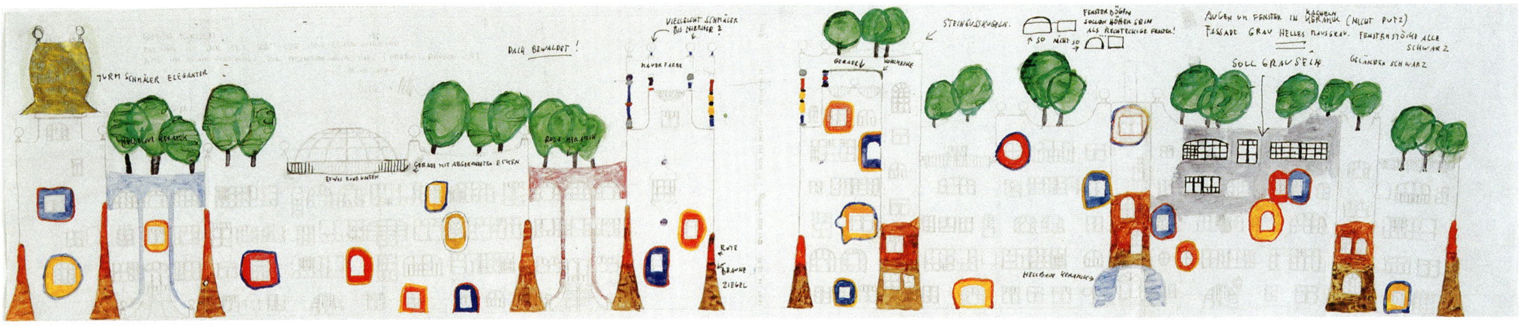

ausstrahlen. Kalt wirken graue Kunststoffwände, wärmer können sie durch Dekor, Bilder, Holzverkleidungen und die Farbgestaltung werden.« (Frankfurter Rundschau, 16. 11. 2004, S. 24)

Solchen Überlegungen entspricht Hundertwassers Umgestaltung, die auf Wunsch von Lehrern und Schülern zustande kam und sein erstes Projekt in den neuen Bundesländern darstellte. Dach- und Fassadenlinien sind heute bewegt, durch die Fassade scheint ein schräger Riss zu gehen. Die Proportionen sind verändert, das Ensemble wirkt kleiner als vorher. Runde, eckige und mit Bögen versehene Fenster wechseln sich ab; sie sind umrahmt von Hundertwassers kräftigem Blau, Gelb und Rot. Den Eingang kennzeichnen bunte Säulen, auf dem Dach sieht man die bekannten Hundertwasser Bekrönungen, die die Schule von weither erkennen lassen.

Was anfangs belächelt und skeptisch beäugt wurde, wird heute allgemein anerkannt. Michael Sandau, der Leiter der Schule, sagt sogar: »Wir Lehrer lachen hier mehr als vor der Sanierung.« Das tun auch Schüler, die an der Gestaltung der Räume mitbeschäftigt waren. Es ist also keineswegs, wie man Hundertwasser oft vorwirft, nur eine neue bunte Hülle entstanden, sondern vor allem eine andere Atmosphäre. Auch die Freianlagen zwischen dem Gymnasium und einer benachbarten Kindertagesstätte wurden auf Anregung Hundertwassers gestaltet.

and hardness. Grey synthetic walls produce a cold environment which can be made warmer with patterns, pictures, wooden cladding and color design." (Frankfurter Rundschau, Nov. 16, 2004, p. 24)

Hundertwasser's conversion plans, which represent his first project in what was once East Germany stemmed from the wishes of both teachers and pupils, and takes such considerations into account. Today, roof and façade lines are curved and it looks as if there is a diagonal crack in the façade. The proportions have been changed, the ensemble seems smaller than it was before. Round and angular windows alternate with arched ones; they are framed by Hundertwasser's strong blue, yellow and red. The entrance is characterized by colored columns while the roof features Hundertwasser's well-known domes which allow the school to be recognized instantly from a distance.

What was at first regarded with sniggers and skepticism now generally meets with due recognition. Michael Sandau, the headmaster, even says, "We teachers here laugh more than before the renovation." So do pupils who took part in the design. By no means was this just the creation of a new, colorful sheath – something which Hundertwasser was frequently accused of doing. He in fact created another atmosphere. The free spaces between the high school and a neighboring day-care center were also designed in line with Hundertwasser's suggestions.

Photos:
Hundertwasser-Archiv (p. 212: Entwurf [Tinte und Wasserfarben auf Faxpapier])
Foto Kirsch (p. 210)
Miguel Raurich (pp. 211, 213, 214, 215)

Die Wald-Spirale von Darmstadt (1998–2000)

Bürgerparkviertel, 64293 Darmstadt, Deutschland
Neubau; ca. 110 Einheiten, inklusive 102 Wohnungen
Grundstück: ca. 6600 m²
Wohnfläche: ca. 8800 m²
Umbauter Raum: ca. 30 000 m³
Auftraggeber: Bauverein Darmstadt AG
Planung: Heinz M. Springmann
Grundsteinlegung: 12. November 1998
Richtfest: 10. August 1999
Eröffnung: 15. September 2000

> »Die Spirale ist das Symbol des Lebens und des Todes ... Meine Spirale wächst und stirbt vegetativ, das heißt, die Spiralbahnen verlaufen ähnlich wie die Mäander der Flüsse nach dem Gesetz des Wachstums der Pflanzen. Ich tue dem Ablauf keinen Zwang, sondern lasse mich führen. Dadurch kann ich keine Fehler machen.«
>
> *Hundertwasser 1974*

Der Bauverein Darmstadt beauftragte Hundertwasser, im Bereich des heterogenen Bürgerparkviertels ein Gebäude mit 102 Wohneinheiten zu entwerfen.

Im Gegensatz zu den meisten Häusern Hundertwassers, die Umbauten vorhandener Gebäude sind, gab es bei diesem großen Neubau die Chance, nicht nur eine Verhübschung von Fassaden zu betreiben, sondern ein Gebäude aus einem Guss wie das erste Hundertwasserhaus in Wien zu erstellen.

The Forest Spiral of Darmstadt (1998–2000)

Bürgerparkviertel, 64293 Darmstadt, Germany
New building; approx. 110 units, including 102 flats
Size of grounds: approx. 6,600 sq. m.
Residential space: approx. 8,800 sq. m.
Enclosed space: approx. 30,000 m³
Developer: Bauverein Darmstadt AG
Planning: Heinz M. Springmann
Laying of foundation stone: November 12, 1998
Topping-out ceremony: August 10, 1999
Inauguration: September 15, 2000

> "The spiral is the symbol of life and death ... My spiral grows and dies like a plant – the lines of the spiral, like a meandering river, follow the laws governing plant growth. I let it take its own course and go along with it. That way I make no mistakes."
>
> *Hundertwasser 1974*

Bauverein Darmstadt commissioned Hundertwasser to design a building containing 102 residential units in the heterogeneous Bürgerparkviertel district.
In contrast to most of Hundertwasser's buildings, which involve converting existing buildings, here, with this large new building, he had the chance not only to beautify façades but to erect a building 'cast from a single mold' like the first Hundertwasser House in Vienna.

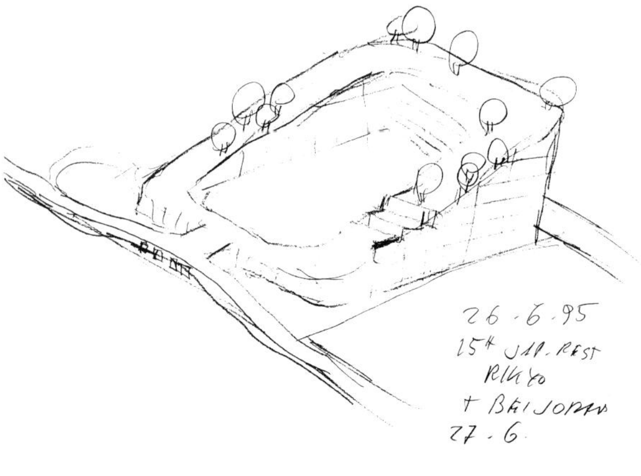

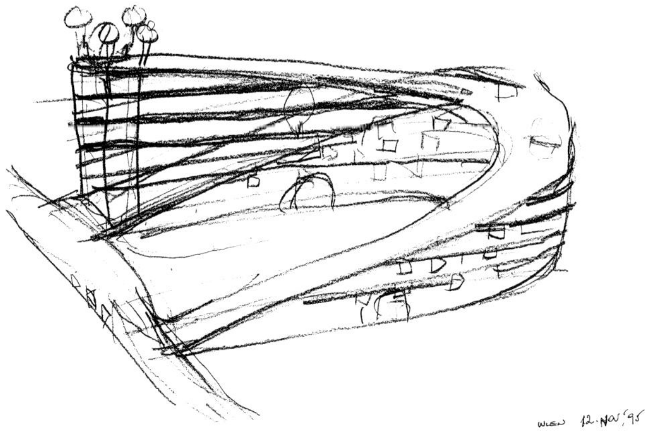

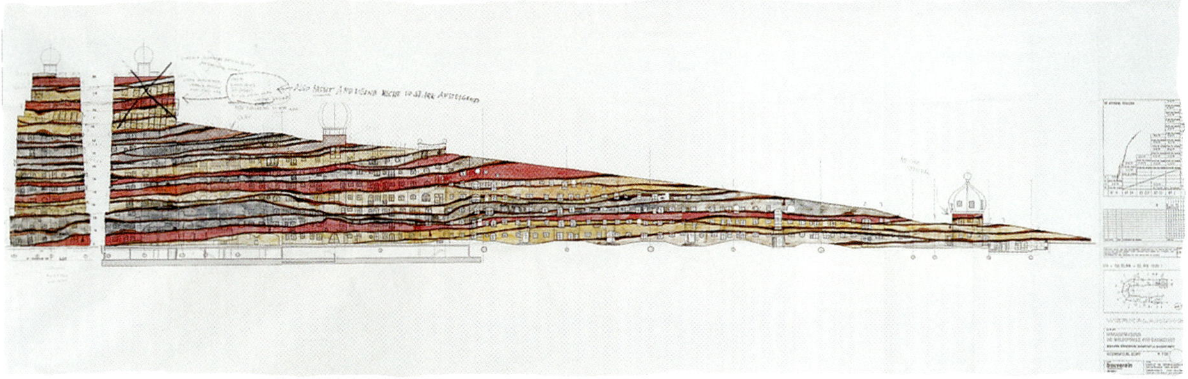

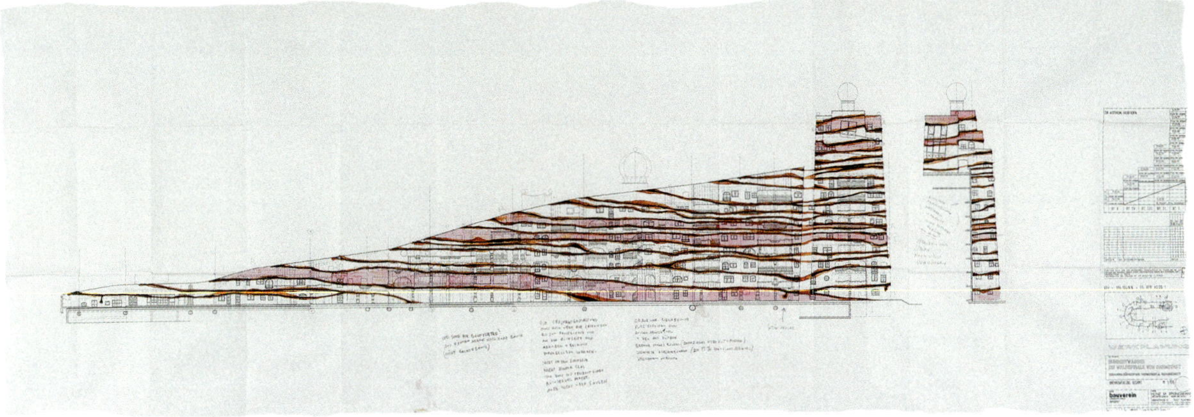

Hundertwasser erdachte und realisierte eine über das ganze Grundstück ansteigende, bepflanzte Spiralform. Der Baukörper entwickelt sich von der Südwestecke über die ständig ansteigende Schräge bis auf acht Geschosse an der Süd-Ost-Ecke. Hier überragt ein 12-geschossiger, gedrungen wirkender Turm das ungewöhnliche Ensemble. Er fungiert als Wahrzeichen.

Häuser sind veräußerlichte Träume des Menschen und Ausdruck innerer Formensprache. Die Gestaltungsprogrammatik der Waldspirale ist lupenrein à la Hundertwasser: Rundbögen, unter denen Balkone liegen, dickbauchige Säulen, ummalte Fenster in immer anderer Größe und Form, golden gleißende Turmbekrönungen, Baummieter, die Fenster bevölkern, ein Wald auf dem Dach, unterschiedliche Farbschlieren, die sich unregelmäßig um das Haus legen wie vom Wind getriebene Wasserschichten, Kachelbäder in allen Farben. Hundertwassers Farben sind an diesem Bau gelblich, rosa, bräunlich in gebrochenen Schattierungen, nicht in den klaren leuchtenden Farben, die er sonst meist verwendet.

Hundertwasser conceived and built a spiral form complete with plants which ascend over the entire property. The body of the building develops from the south-western corner over a constantly ascending slope, reaching eight stories at the south-eastern corner. Here, a 12-floor compact-looking tower presides over the unusual ensemble, functioning as a landmark.

Houses are the externalized dreams of people and expression of an inner language of forms. The design program underlying the Forest Spiral is thoroughbred Hundertwasser: Curved arches under which there are balconies, pot-bellied columns, windows – in a variety of different sizes and forms – which are painted around, towers crowned with glittering gold structures, tenant trees which populate windows, a forest on the roof, various streaks of color which lie irregularly around the house like layers of water blown by the wind, tiled bathrooms in all manner of colors. Hundertwasser chose for this building yellow tones, pink, broken shades

Photos:
Hundertwasser-Archiv (p. 216: Entwurf [Bleistift auf Papier], p. 218: Fassadenabwicklingen [Wasserfarben auf Faxkopie])
Peter Mosdzen (pp. 217, 219, 220, 221)

Die Spiralform lässt das Ensemble in der Überschneidung seiner unterschiedlichen Teile mächtig und kompakt wirken; die schönste Ansicht ist von der Rückseite und vom Garten her, den Hundertwasser in natürlicher Vielfalt liebevoll und für ihn typisch wie das Haus selbst gestalten ließ. Ob und wie die von Hundertwasser gewählte Spiralform auf die Bewohner der Wald-Spirale zurückwirkt, muss dahingestellt bleiben. Dass das farbenreiche Haus Besucher in Mengen anzieht und am Tag mehrere Busladungen lächelnder Menschen den Hof durchstreifen, kann jeder unvoreingenommene Beobachter feststellen.

of brown, rather not the clear bright colors he otherwise tended to use.

In the overlapping of its various parts, the spiral lends the ensemble a powerful and compact look; the most beautiful view is from the rear or from the garden, which Hundertwasser lovingly conceived to reflect natural diversity. It remains to be seen whether and how the spiral form which Hundertwasser chose affects the residents of the Forest Spiral. Any impartial observer will see for himself that the colorful house attracts throngs of visitors with several busloads of smiling people strolling around the courtyard every day.

Coyote Cafe

Hundertwasser Umweltbahnhof Uelzen

(1999–2000)

Uelzen, Deutschland
Neuplanung und Restaurierung des Bahnhofs und der Bahnhofshalle sowie die Schaffung von Geschäftsflächen, Restaurants, einem Service Center, Büros und einem Eingangsbereich und Begrünung der Dächer der Bahnsteige
Bauherr: Deutsche Bahn AG, Hamburg
Auf Initiative der ›Arbeitsgruppe EXPO 2000‹ R.Nowak, K.-D. Schlademann, J. Voigtländer
Ausführungsplanung: Peter Pelikan und Heinz M. Springmann
Ausführung vor Ort: Hasselbach und Mersmann, Arge Bauüberwachung, Braunschweig
Eröffnung: 25. November 2000

> »Wer die Vergangenheit nicht ehrt, verliert die Zukunft; wer seine Wurzeln vernichtet, kann nicht wachsen.«
>
> *Hundertwasser*

Das Bahnhofsgebäude Uelzen wurde 1887 fertig, es wurde vielfach umgebaut und war 1993 alles andere als ein Schmuckstück. Zu diesem Zeitpunkt wird erstmals die Idee

Hundertwasser Environmental Railway Station, Uelzen

(1999–2000)

Uelzen, Germany
Replanning and rebuilding of the station and hall, creating shopping areas, restaurants, service centre, offices and entrance area as well as platform roofs.
Developer: Deutsche Bahn AG, Hamburg
On the initiative of 'Arbeitsgruppe EXPO 2000' R. Nowak, K.-D. Schlademann, J. Voigtländer
Project planning: Peter Pelikan and Heinz M. Springmann
Construction management: Hasselbach and Mersmann, Arge Bauüberwachung, Braunschweig
Inauguration: November 25, 2000

> "He who does not honor the past loses the future; he who destroys his roots cannot grow."
>
> *Hundertwasser*

The Uelzen Railway Building first opened in 1887, it was rebuilt many times, and in 1993 it was anything but a joy to behold. At that time, people started to consider

diskutiert, den Bahnhof als Projekt für die Expo 2000 in Hannover einzureichen. Die Beauftragung zur Umgestaltung an Hundertwasser erfolgte nach zahlreichen Diskussionen zwischen ihm und der Bundesbahn, denn er forderte als Grundlage seiner Beauftragung die Rückbildung der Fassade des Wilhelminischen Bahnhofs.

Hundertwasser, der am 22. Februar 2000 starb, gab Uelzen einen Bahnhof wie aus dem Märchen. Ein Vorbau und schlanke

the idea of submitting the train station as a project for the World Expo 2000, in Hanover. The contract for remodeling the station building went to Hundertwasser after numerous discussions between him and the German Railways. Hundertwasser insisted on the restauration of the old façade of the Wilhelminian train station before he took on the job.

Hundertwasser, who died on February 22, 2000, bequeathed Uelzen a train station

von Goldkugeln gekrönte Säulen gliedern die alte Backsteinfassade, Bäume wachsen auf dem Dach, die Gestaltung des Vorplatzes schwingt und kurvt ohne jeden rechten Winkel, den Hundertwasser bekanntlich verachtete. Auf dem Bahnsteig eine Fülle Hundertwasserscher Ornamentik, bunt, bewegt, phantastisch. Selbst die Abgänge der Treppen in die Unterführung tragen seine Handschrift. In der Bahnhofshalle und ihrem offenen Café dominieren dickbauchige, verwegene Säulen, in leuchtenden Farben, eine Atmosphäre à la Ludwig Feuerbach: »Aber was ist Phantasie? Die schrankenlose, die unbeschränkte Sinnlichkeit.« Die Toiletten sind der schräge Höhepunkt des Bahnhofs.

Die alte und die neue Hundertwasser-Architektur vertragen sich, aber es ist die ästhetische Symbiose aus dem Märchen, wo alles geht, möglich und richtig ist.

which looks like something out of a fairy tale. A porch and slender columns crowned with golden balls structure the lines of the old brick façade. Trees grow on the roof, the design of the forecourt bends and curves without ever making a right angle, as Hundertwasser abhorred 90° turns. The platforms are festooned with an abundance of Hundertwasser ornamentation – full of color, motion and fantasy. Even the stairways descending to the underground passageway are typically Hundertwasser. In the station hall and its open café, bold, pot-bellied columns in bright colors dominate – an atmosphere reminiscent of Ludwig Feuerbach's saying. "But what is fantasy? Unbounded, unlimited sensuousness." The toilets are the off-beat highlight of the train station.

The old, and the new Hundertwasser architecture get along fine together – to form an aesthetic symbiosis of a fairy tale, where everything is possible and everything is the way it should be.

Photos:
Waltraud Krase
(pp. 223–229)
Stadt Uelzen
(p. 222; Postkarte)

BAHNHOF UELZEN

ARTE
Bar Restaurant Café
B

Bahnhofshalle
ReiseZentrum
WC

AMEROPA
Zeit für uns

WC
ServiceTeam

Ronald McDonald Haus

(2004–2005)

Unterm Sternenzelt 1, 45147 Essen, Deutschland
Bau eines Elternhauses auf Zeit für schwerkranke Kinder am Universitätsklinikum Essen.
Nutzfläche: 2300 m^2
Wohnfläche: 1030 m^2 (17 Apartments)
Auftraggeber: Ronald McDonald's Kinderhilfe GmbH, München
Planung: Architekt DI Heinz M. Springmann
Grundsteinlegung: 1. Juli 2004
Eröffnung: 1. Juli 2005

> »Nur wenn Architekt, Maurer und Bewohner eine Einheit sind … kann man von Architektur sprechen. Alles andere ist keine Architektur, sondern eine verbrecherische … Tat.«
>
> *Hundertwasser 1958*

Das Elternhaus am Uniklinikum Essen, wo Eltern von schwerkranken Kindern wohnen können, ist ein unverkennbarer Hundertwasserbau. Er soll den Gästen auf Zeit das Leben erleichtern und verschönern.

Der im Juli 2005 eröffnete Bau liegt inmitten des verschwenderischen Grüns des Grugaparks. Der Grundriss des Hauses ähnelt weitausgebreiteten Armen, die einen Innenhof mit Brunnen umschließen. Überragt wird der Bau in den Hundertwasserfarben Blau, Gelb und Rot mit den bekannten, farbig umrahmten Fenstern und Bändern aus gestückelten Kacheln von einem schwarzen Treppenturm mit goldener Kuppel.

Der wehrhaft wirkende Eindruck, der aber jedem Besucher großzügige Einblicke auf die im 1. OG vor den Zimmern durchlaufende Terrasse, den sanft gewellten Boden des Innenhofes und zahlreiche Baummieter freigibt, die aus den Fenstern herauswachsen, wird gemildert durch einen geschwungenen Weg, der im Erdgeschoß

Ronald McDonald House

(2004–2005)

Unterm Sternenzelt 1, 45147 Essen, Germany
A building as a temporary home for parents of seriously ill children at the University Hospital Essen.
Effective area: 2300 sq. m.
Living space and usable floor: 1030 sq. m. (17 apartments)
Developer: Ronald McDonald's Kinderhilfe GmbH, Munich
Planning: Architekt DI Heinz M. Springmann
Laying of the foundation stone: July 1, 2004
Inauguration: July 1, 2005

> „Only it the architect, masons and inhabitants form a unit can we speak of architecture … Everything else is not architecture but a criminal … act."
>
> *Hundertwasser 1958*

This Center attached to the Essen University Hospital, a home away from home for parents of seriously ill children, is unmistakably a Hundertwasser building. The house is destined to make life easier and more beautiful for its temporary inhabitants.

The building inaugurated in July 2005; it lies in the midst of the opulent greenery of the Gruga Park. The house's footprint resembles wide outspread arms that embrace a courtyard complete with fountain. A black turret, tipped by a gold dome, and containing the stair case towers over the building, which sports the typical Hundertwasser colours of blue, yellow and red, not to mention the windows with coloured sourrounds and ribbons of batches of tiles.

The fortress-like impression offers everyone a generous view of the gallery that runs round the first floor and along the rooms, of the courtyard with its slightly undulating surface and of the tree tenants, which grow out of the windows. This is softened by the curved path flanked by

Photos:
Waltraud Krase
(pp. 231–237)

beginnt und auf die bewaldete und begehbare Dachlandschaft führt und dort mündet. Ein Schild benennt den Weg als ›circle of life‹, einen bekannten Topos der naturbezogenen Philosophie Hundertwassers.

trees that runs from the ground floor all the way up to the roof, where it ends. A sign states that it is the 'circle of life', a well-known trope in Hundertwasser's philosophy, which was so influenced by nature.

Die Grüne Zitadelle von Magdeburg (2003–2005)

Breiter Weg 8–10, 39104 Magdeburg, Deutschland
Neubau: 55 Wohnungen, Büros, Restaurant, Geschäfte, Kindergarten, Hotel
Auf Initiative der Wohnungsbaugenossenschaft Stadt Magdeburg von 1954
Bauherr: Centum Aqua Immobilien GmbH und Co.KG, Magdeburg
Planung: Peter Pelikan
Baustart: 19. Dezember 2003
Grundsteinlegung: 19. März 2004
Richtfest: 4. März 2005
Einweihung: 3. Oktober 2005

> »Unsere Städte sind zu Beton gewordene Schnapsideen von Architekten, für die der Eid des Hippokrates nicht gilt, der da heißen soll: Ich weigere mich, Häuser zu bauen, wodurch Natur und die Seele des Menschen zu Schaden kommen«.
>
> *Hundertwasser 1983*

Die grüne Zitadelle in Magdeburg ist eines der Spätprojekte Hundertwassers. Im Zuge der Veränderungen am Magde-

The Green Citadel of Magdeburg (2003–2005)

Breiter Weg 8–10, 39104 Magdeburg, Germany
New building: 55 flats, offices, restaurant, shops, kindergarten, hotel
On the initiative of Wohnungsbaugenossenschaft Stadt Magdeburg von 1954
Developer: Centum Aqua Immobilien GmbH und Co.KG, Magdeburg
Planning: Peter Pelikan
Start of construction: December 19, 2003
Laying of foundation stone: March 19, 2004
Topping-out ceremony: March 4, 2005
Inauguration: October 3, 2005

> "Our cities are the concretisations of the hare-brained ideas of criminal architects, for whom the Hippocratic Oath does not apply, which should state, I refuse to build buildings which are harmful to nature and man."
>
> *Hundertwasser 1983*

The Green Citadel of Magdeburg is one of Hundertwasser's later projects. In the course of changes undertaken at Domplatz

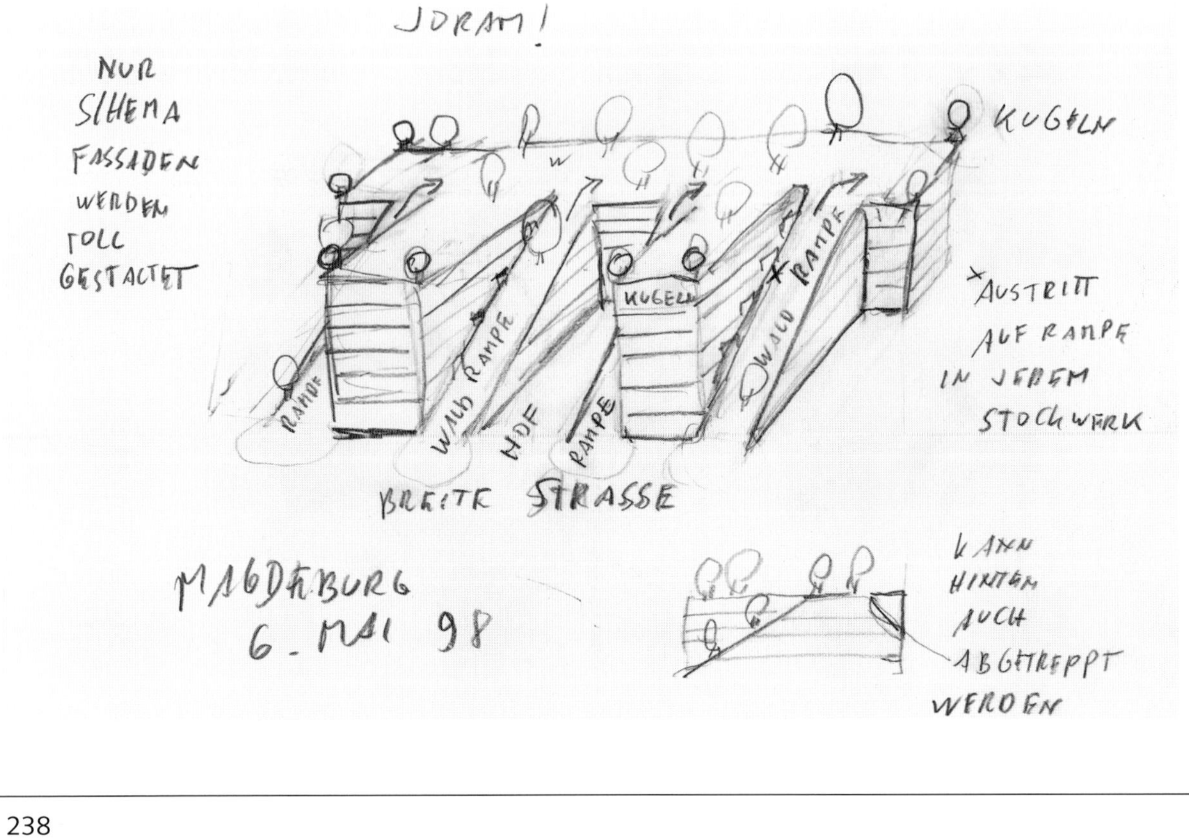

burger Domplatz, die auf ästhetische und städtebauliche Verbesserungen ausgerichtet sind, wurde einer der ersten gesichtslosen Plattenbauten der DDR durch die bunte Architektur Hundertwassers ersetzt. Das Architekturensemble umfasst Wohnungen, Läden, Büros und Restaurants – kein anderer Standort eines Hundertwasserbaus ist so zentral.

Die bunte innerstädtische Burg soll nach dem Willen des Bauherrn die graue Innenstadt interessanter und innovativer machen. Ob dies gelingt, muss sich erst noch erweisen. Dass die Bewohner Magdeburgs ihre bunte Mitte lieben, machen enthusiastische Kommentare deutlich, die die Fertigstellung des Baus seit Jahren begleiten.

in Magdeburg, intended to improve its aesthetic and city planning aspects, one of the first faceless prefabricated concrete buildings in former East Germany was replaced by a typically colorful piece of Hundertwasser architecture. The architectural ensemble includes apartments, shops, offices and restaurants – no other location for which Hundertwasser created the buildings is as central as this one.

The developers wanted the colorful city castle to make the grey inner city more interesting and innovative. Whether this succeeds has yet to be seen. Enthusiastic comments which have for years accompanied the completion of the complex make it clear that Magdeburg residents look forward to loving the city's colorful center.

Photos:

Hundertwasser-Archiv (p. 238: Entwurf [Bleistift auf Papier], p. 244: Fassadenentwürfe [Wasserfarben], p. 245: Fassadenentwürfe [Bleistift und Wasserfarben])
Waltraud Krase (pp. 239, 241, 242, 243)

p. 240: Modellbau: A. Bodi

Arthur-Ruppin-Straße
3,5t
MVS
MVS

BEVER
Gerüstbau
Magdeburg
maxit

WOHNTRÄUME
Dach-Klempnerei
BRAAS
FLIESENRAUM
MAGDEBURG
BEVER
Gerüstbau
Magdeburg

BEVER

DIE GRÜNE ZITADELLE VON MAGDEBURG
VERTIKALE ZINNEN STREIFEN
UNREGELMÄSSIG ETWAS SCHRÄG
VERSCHIEDEN BREIT UND HOCH
IN ZIEGEL BZW DACHZIEGEL
DAZWISCHEN ROSA PUTZ
FENSTERUMRANDUNG BLAUE KERAMIK
VERSCHIEDEN BLAU
BAUMTURM
BAUMTURM (QUERSCHNITT)
KUGELN GOLD
KUGELKRAGEN BLAU
GELÄNDER UND KUGELSÄULEN SCHWARZ
27. JUNI 99
NZ

SCHRÄGE (EISEN?) SÄULEN
IN GLEICHER SCHRÄGE
WIE ZIEGEL ZINNENSTREIFEN
SCHRÄGE SÄULEN SOLLEN ÜBEREINANDER SEIN
NICHT
KANTEN SCHWARZ
KUGELN GOLD LOCH!
FÄCHER INNEN WEISS
FÄCHER TURM
"DIE GRÜNE ZITADELLE" VON MAGDEBURG"

DUPLEX
K J I H G F E D C B A
HUNDERTWASSER
BREITER WEG/MAGDEBURG
ENTWURF
NORDANSICHT
PLANUNG: D.I.PELIKAN, 1130 WIEN
M 1:100 OKT.1999

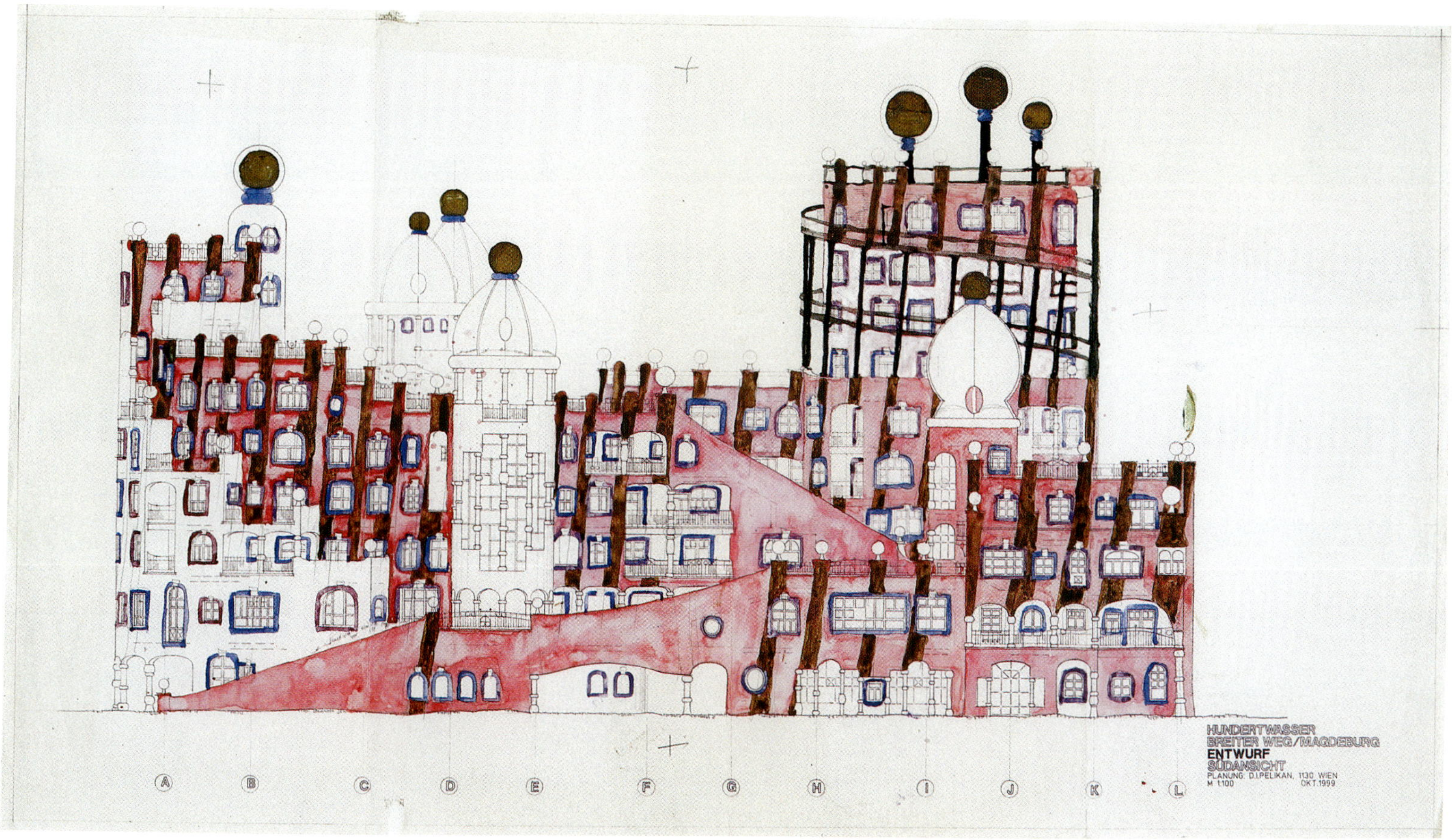
A B C D E F G H I J K L
HUNDERTWASSER
BREITER WEG/MAGDEBURG
ENTWURF
SÜDANSICHT
PLANUNG: D.I.PELIKAN, 1130 WIEN
M 1:100 OKT.1999

Die Autoren

Ingeborg Flagge

studierte Philosophie, Geschichte, Archäologie, Alte Geschichte, Ägyptologie, Kunst- und Baugeschichte. 1971 Promotion in Köln. 1971 bis 1974 Referentin für Öffentlichkeitsarbeit beim BDA, Bonn. 1974 bis 1998 Redaktion von ›Der Architekt‹. 1978 bis 1983 Bundesgeschäftsführung des BDA. Ab 1984 freiberufliche Journalistin. Von 1995 bis 2000 Lehrstuhl für Bau- und Architekturgeschichte HTWK Leipzig. Seit 2000 Direktorin des DAM.

Robert Fleck

geb. 1957, studierte Kunstgeschichte, Geographie und Philosophie, war tätig als Kurator, Autor, Rektor der Kunsthochschule Nantes und Leiter des Programms ›Kunst im öffentlichen Raum‹, für die neue Straßenbahn in Paris. Seit 2004 ist Robert Fleck Direktor der Deichtorhallen, Hamburg.

Joram Harel

Vorsitzender des Stiftungsrates ›Die Hundertwasser Gemeinnützige Privatstiftung Wien‹, Wegbegleiter, Freund und Manager Hundertwassers seit 1972.

Micha Hilgers

geb. 1954 in Aachen, ist Psychoanalytiker DGIP/DGPT, Gruppenanalytiker DAGG und Umweltmediator. Studierte Psychologie, Politische Wissenschaften und Niederlandistik in Amsterdam und Marburg. Seit 1983 arbeitet er als niedergelassener Psychologe in Aachen. Supervisor im Klinikum der RWTH Aachen. Seit 2001 beauftragter Lehranalytiker am Alfred-Adler-Institut Aachen-Köln.

Gerd Kähler

geb. 1942. Studium der Architektur an der TU Berlin; 1969 Diplom. 1969–1976 Mitarbeit in Architekturbüros. 1976–1986 Hochschulassistent an der Universität Hannover. 1981 Promotion, 1985 Habilitation. Gastprofessuren in Braunschweig, Berlin und Aachen. Lehraufträge an Universitäten in Hannover und Hamburg. Seit 1988 freiberuflich als Journalist und Wissenschaftler tätig. Lebt in Hamburg.

Arno Lederer

geb. 1947. Architekturstudium in Stuttgart und Wien. Seit 1979 selbstständig. 1985–1990 Professor für Konstruieren und Entwerfen an der HfT Stuttgart. Seit 1985 Bürogemeinschaft mit Jórunn Ragnarsdóttir, ab 1992 mit Marc Oei. 1990 Übernahme des Lehrstuhls für Baukonstruktion und Entwerfen I an der Universität Karlsruhe. Seit 1997 Leiter des Lehrstuhls für Gebäudelehre an der dortigen Architekturfakultät.

Bernd Lötsch

geb. 1941 in Wien, Biologe. Seit 1969 in Umweltfragen engagiert; ab 1986 Universitätsprofessor in Salzburg; Aufbau des Instituts für Umweltwissenschaften und Naturschutz. Ab 1986 Präsident des Nationalparkinstituts Donau-Auen. Seit 1994 Generaldirektor des Naturhistorischen Museums in Wien.

Bernhard Schäfers

geb. 1939 in Münster, studierte Soziologie, Volkswirtschaftslehre, Philosophie, Rechts- und Staatswissenschaften. 1965 Diplom in Soziologie der Universität Münster; 1967 Promotion und 1970 Habilitation. Von 1965 bis 1971 wissenschaftlicher Assistent und Abteilungsleiter im Zentralinstitut für Raumplanung an der Universität Münster. 1971 Professur für Soziologie an der Erziehungswissenschaftlichen Hochschule Rheinland-Pfalz. 1977 Professor für Soziologie an der Universität Göttingen, seit 1983 Leiter des Instituts für Soziologie an der Universität Karlsruhe.

Wieland Schmied

geb. 1929 in Frankfurt/Main. Studium in Wien: Jura und Kunstgeschichte. 1963–1973 Direktor der Kestner-Gesellschaft in Hannover, 1973–1975 Hauptkustos Nationalgalerie der Staatlichen Museen in Berlin. 1978–1986 Direktor des Berliner Künstlerprogramms des DAAD. Seit 1981 Leiter der Salzburger Sommerakademie. 1986–1994 Professor für Kunstgeschichte an der AdBK München, 1988–1993 deren Rektor. Seit 1988 Mitglied der BAdSK, von 1992–1995 Direktor Abteilung Bildende Kunst, seit 1995 Präsident.

Patrick Zöller

geb. 1972. Architekturstudium an der Universität Karlsruhe. Abschluss 2002 mit einer theoretischen Diplomarbeit zum Thema Wohnen. Preisträger des Wettbewerbs ›HAUSEN – wie will der Mensch zukünftig leben?‹. Tätigkeit als Autor, Redakteur, Gestalter. Konzeption, Gestaltung und Redaktion der Architektur-Fachzeitung ›ach, Egon‹. Seit 2004 Lehrauftrag für das Fach Architekturkritik an der Architekturfakultät Karlsruhe.

The Authors

Ingeborg Flagge

Studied Philosophy, History, Archaeology, Ancient History, Egyptology, and History of Art and Building. Gained PhD from the University of Cologne in 1971. Between 1971 and 1974, PR Consultant at the BDA. From 1974 until 1998 editor of 'Der Architekt'. 1978 to 1983 nationwide MD of BDA in Bonn. As of 1984 freelance journalist. From 1995 to 2000 Chair of the History of Construction and Architecture at HTWK in Leipzig. Since 2000 Director of the DAM.

Robert Fleck

Born 1957, studied History of Art, Geography and Philosophy, has worked as curator, author, Rector of the Academy of Art in Nantes and as Head of the 'Art in Public Spaces' program for the new streetcar system in Paris. Since 2004 Robert Fleck has been Director of Deichtorhallen in Hamburg.

Joram Harel

Chairman of the Council of the Hundertwasser Charitable Private Foundation in Vienna. Hundertwasser's companion, friend and manager from 1972.

Micha Hilgers

Born 1954 in Aachen, graduated in Psychology. He is a psychoanalyst with the DGIP/DGPT, a group analyst with the DAGG, and an environmental mediator. He studied Psychology, Political Science and Dutch Affairs in Amsterdam and Marburg. Since 1983 he has worked as a registered psychologist in Aachen. He is a Supervisor in the RWTH Clinic in Aachen. In 2001 he was appointed to the position of Teaching Analyst at the Aachen-Cologne Alfred Adler Institute.

Gerd Kähler

Born 1942. Studied Architecture at the TU in Berlin; graduated in 1969. Between 1969 and 1976 worked for architects' studios. 1976–1986 Assistant at the University of Hanover. Gained his PhD in 1981 and became a professor in 1985. Guest professorships in Braunschweig, Berlin and Aachen. Teaching appointments at the Universities of Hanover and Hamburg. Since 1988 has worked as a freelance journalist and academic. Lives in Hamburg.

Arno Lederer

Born 1947. Studied Architecture in Stuttgart and Vienna. Self-employed since 1979. 1985–1990 Professor of Constructing and Designing at the HfT Stuttgart. Since 1985 has had a joint studio together with Jórunn Ragnarsdóttir, as of 1992 with Marc Oei. In 1990 appointed to the Chair of Building Construction and Designing I at the University of Karlsruhe. Since 1997 Head of the Department of Building in the Architecture Faculty there.

Bernd Lötsch

Born 1941 in Vienna, biologist. Of 1969 involved with environmental issues. University professor in Salzburg since 1986, was involved in setting up the Institute of Environmental Science and Nature Protection. Since 1986 President of the National Park Institute Donau-Auen and since 1994 General Director of the Natural History Museum in Vienna.

Bernhard Schäfers

Born 1939 in Münster, studied Sociology, Economics, Philosophy, Jurisprudence and Political Science. Graduated from the University of Münster in 1965 with a degree in Sociology, where in 1967 he gained his PhD, and in 1970 became a professor. Between 1965 and 1971 Assistant Lecturer and Departmental Head in the Central Institute of Spatial Planning at the University of Münster. In 1971 awarded the Chair of Sociology of the Rhineland-Palatinate Academy of Educational Science. In 1977 he was appointed Professor of Sociology at the University of Göttingen, and since 1983 he has been Head of the Institute of Sociology at the University of Karlsruhe.

Wieland Schmied

Born 1929 in Frankfurt/Main. Studied Jurisprudence and History of Art in Vienna. From 1963 until 1973 Director of the Kestner Society in Hanover, and 1973–1975 Chief Curator of the National Gallery of the State Museums in Berlin. Between 1978 and 1986 Director of the Berlin Artists' Program of the DAAD. Since 1981 Head of the Salzburg Summer Academy. Between 1986 and 1994 Professor of History of Art at the AdBK in Munich and from 1988 through 1993 its Rector. Since 1988 a member of the BAdSK, Director of the Department of Fine Arts between 1992 and 1995, since 1995 President.

Patrick Zöller

Born 1972. Studied architecture at the University of Karlsruhe. Graduated in 2002 with a thesis on living. Won first prize in the 'LIVING – how will people want to live in the future?' competition. Author, editor, designer. Conception, design and editing of specialist architrecture newspaper 'ach, Egon'. Since 2004 lecturer in Architectural Criticism at the Faculty of Architecture in Karlsruhe.

Impressum

Dieser Katalog erscheint anlässlich der Ausstellung
›Friedensreich Hundertwasser – Ein Sonntagsarchitekt.
Gebaute Träume und Sehnsüchte‹
vom 19. November 2005 – 5. Februar 2006
veranstaltet vom Deutschen Architektur Museum,
Dezernat Kultur und Freizeit, Stadt Frankfurt am Main
5. März – 23. April 2006 Stiftung Schleswig-Holsteinische Landesmuseen Schloß Gottorf
Mai – September 2006 Bausparkasse Schwäbisch Hall AG, Hauptverwaltung, Schwäbisch Hall
10. September – 5. November 2006 Städtische Museen Zwickau, Kunstsammlungen

Herausgeberin des Kataloges: Ingeborg Flagge
Idee und Kuratorin der Ausstellung: Ingeborg Flagge
Assistenz: Uwe Bresan, Inka Plechaty
Ausstellungsgrafik: Mario Lorenz, deserve GbR
Übersetzung ins Englische: Jeremy Gaines
Modelle: Andreas Bodi, Alfred Schmid, Heinz M. Springmann
Fotografen: Wonge Bergmann, Emil Bilinski, Peter Dressler, Foto Kirsch, Helmut Klein, Hubert Kluger, Waltraud Krase, Christa Kreuter, Rosi Krey, Gerhard Krömer, Peter Mosdzen, Herwig Popelka, Miguel Raurich, Ernst Schauer, Alfred Schmid, Herbert Schwingenschlögl, Jürgen Wörndle
Gedicht: Rose Ausländer mit freundlicher Genehmigung des Verlages S. Fischer, Frankfurt am Main
Filmcrew: Mario A. Conte, Simone Wendel, Nick Würpel

Danksagung:
Die Hundertwasser Gemeinnützige Privatstiftung, Wien: Joram Harel, Andrea Fürst, Doris Truppe, Bogu Bilinski; Gruener Janura AG; DIE GALERIE, Frankfurt am Main: Peter Femfert; Artothek des Bundes, Wien; Bauverein Darmstadt; Galerie Brockstedt, Hamburg; Galerie Trigano, Paris; KunstHausWien; Martin-Luther-Gymnasium Wittenberg; McDonald's Kinderhilfe; Österreichische Galerie Belvedere, Wien; Andreas Bodi; Prof. Gustav Peichl; Peter Schamoni; Stadt Uelzen sowie weiteren privaten Leihgebern.

Umschlagabbildung und Frontispiz:
Friedensreich Hundertwasser mit verbogenem Lineal, Wien, 1985; Foto: Gerhard Krömer

Grüneburgweg 123, D–60323 Frankfurt am Main
www.die-galerie.com

Typographie, Gestaltung und Herstellung:
Heinz Ross, Obergries (heinzross@t-online.de)

Reproduktionen: ReproLine Genceller, München
Druck und Bindung: Westermann Druck Zwickau GmbH
Printed in Germany
ISBN 3–925 782–52–4 (Buchhandelsausgabe)
ISBN 3–925 782–51–6 (Katalogausgabe)